GUARDA DOS FILHOS
E MEDIAÇÃO FAMILIAR

ANNA DE MORAES SALLES BERALDO

GUARDA DOS FILHOS E MEDIAÇÃO FAMILIAR:

A EXPERIÊNCIA INGLESA CONTRIBUINDO PARA UMA MUDANÇA ESTRUTURAL NO BRASIL

DE ACORDO COM A LEI DE MEDIAÇÃO DE CONFLITOS Nº 13.140/2015
E A LEI DE GUARDA COMPARTILHADA Nº 13.058/2014

Del Rey EDITORA

Belo Horizonte
2016

EDITORA DEL REY LTDA.
www.livrariadelrey.com.br

Editor: Arnaldo Oliveira

Editor Adjunto: Ricardo A. Malheiros Fiuza

Editora Assistente: Waneska Diniz

Coordenação Editorial: Wendell Campos Borges

Diagramação: Lucila Pangracio Azevedo

Revisão: Rozely Campello Barroco

Capa: CYB Comunicação

Editora / MG
Rua dos Goitacases, 71- Lj. 20/24
CEP 30190-050 – Belo Horizonte – MG
Tel: (31) 3284-5845
editora@delreyonline.com.br

B482g Beraldo, Anna de Moraes Salles
Guarda dos filhos e mediação familiar. / Anna de Moraes Salles Beraldo. Belo Horizonte: Del Rey, 2016.
xiv + 266 p.
ISBN: 978-85-384-0466-8
1. Mediação familiar. 2. Guarda dos filhos. I. Título.
CDU: 347.6'925

À Luisa, minha filha, que me trouxe um novo olhar para a vida!

AGRADECIMENTOS

Ao querido professor Doutor Francisco José Cahali que, após ter participado da minha banca de mestrado na UERJ, aceitou ser meu orientador e contribuiu de forma essencial para a elaboração dessa obra.

Aos meus pais, Christina e Fernando, pilares da minha vida, por todo amor, amparo e incentivo.

Ao meu marido Beto, por estar ao meu lado em todos os momentos, ser meu grande companheiro e iluminar meus dias.

A Lisa Parkinson, grande mediadora inglesa, que foi uma mãe acadêmica durante minha estada na Inglaterra, proporcionando não só oportunidades de aprendizado, como também me ajudando a fazer contatos essenciais para minha pesquisa.

A Liz Trinder, minha orientadora no Reino Unido, que me acolheu de forma tão aberta e generosa, colaborando de maneira substancial para o acesso às pesquisas e discussões mais atuais sobre o tema.

À amiga Helena Mandelbaum, não só pelos trabalhos em conjunto, mas também pelo suporte e por ter me apresentado a Lisa Parkinson.

Não poderia deixar de agradecer especialmente a Águida Arruda Barbosa e a Giselle Groeninga, por terem me introduzido no enriquecedor universo da mediação de conflitos.

Aos professores José Manoel de Arruda Alvim, Everaldo Cambler e Maria Helena Diniz pelas fundamentais lições sobre o Direito Civil durante meu doutorado na PUC-SP.

Ao professor Dr. Guilherme Calmon Nogueira da Gama pelos ensinamentos fundamentais na época do meu mestrado, que me incentivaram a continuar essa trajetória.

À CAPES (Coordenação de Aperfeiçoamento de Pessoal de Nível Superior) pelo apoio a mim proporcionado durante o doutorado sanduíche na Inglaterra.

Aos colegas de doutorado, em particular, minhas novas amigas Júlia Cunha Mota e Juliana Cavalcante, pelos desabafos, pela troca de ideias e pela amizade que levarei com carinho.

Ao escritório de advocacia Dawson Cornwell por possibilitar uma imersão no cotidiano da Justiça inglesa, inclusive em julgamentos na Corte relativos ao tema.

Aos meus irmãos Thiago e Fê, além de Tuca e Silvia. E também à família Vilchez Yamato pelo acolhimento e carinho.

À Professora Martha Saad, pelo incentivo desde os tempos da graduação, sendo a responsável por despertar minha paixão pelo Direito de Família.

A todos aqueles que me incentivaram e, de certa forma, contribuíram para a elaboração desta pesquisa. E, principalmente, a Deus, por ter me proporcionado tantas oportunidades e uma vida tão abençoada.

SUMÁRIO

CAPÍTULO III – EXPERIÊNCIA INGLESA SOBRE "PARENTING"

CAPÍTULO IV – IMPLEMENTAÇÃO E SOLIDIFICAÇÃO DE INSTRUMENTOS FACILITADORES DA GUARDA DOS FILHOS ... 145

PREFÁCIO

O Direito de Família é riquíssimo para a produção científica diante de sua dinâmica e variedade de temas instigantes a serem tratados. Pontualmente a convivência paterno-filial após o rompimento da vida em comum dos genitores acompanha esta tendência, principalmente pelas recentes inovações legislativas.

Igualmente a mediação é um *tema do momento*. Valorizada nos últimos anos, veio a ser elevada à qualidade de etapa inicial dos processos pela legislação processual de 2015, tem seu destaque ressaltado nas ações de família, inclusive sugerindo-se a participação de equipe multidisciplinar para o mais apropriado cuidado ao menor, merecendo legislação própria através da Lei 13.140/2015.

Pelos campos frutíferos destes temas – *guarda de filhos* e *mediação familiar*, vários são e serão os escritos a respeito. Porém, o desafio de bem enfrentar estes institutos com adequada sintonia é para poucos.

Neste cenário comparece reluzente o primoroso trabalho de **Anna de Moraes Salles Beraldo**, desenvolvendo com perfeita harmonia o estudo da ***Guarda dos filhos e mediação familiar***.

A Autora, anote-se, foi muito mais além, imprimindo **singularidade surpreendente em sua produção**:

Durante o Doutorado, teve oportunidade de conhecer a **experiência inglesa**, em proveitoso período de investigação realizado em 2013 em Londres no qual, além do aprofundado estudo acadêmico do sistema jurídico, acompanhado pela **Profa. Liz Trinder** (sua *orientadora* no Reino Unido), desfrutou do acesso a proficiente *pesquisa de campo* a respeito do "*parenting*", enriquecida pela colaboração efetiva da **Mediadora Lisa Parkinson** (sua *mãe acadêmica* durante a estada na Inglaterra).

Nesta ebulição em sua trajetória acadêmica, o trabalho final passa a ser singular, sem precedentes, e provavelmente exclusivo durante muito tempo, na medida em que bem afinada a ***Guarda dos filhos e mediação familiar***, com um substancial valor agregado: ***A experiência inglesa contribuindo para uma mudança estrutural no Brasil***.

É daí a nossa enorme alegria em trazer ao público esta cintilante obra que enriquece a teoria e a prática sobre o tema no cenário jurídico, e ainda, incentiva e inspira experientes e debutantes pela qualidade dos estudos e profundidade da pesquisa, enriquecidas as reflexões com inteligência ativa, rica abordagem e profícuas conclusões.

Sua prodigiosa capacidade intelectual retratada na tese agora publicada foi submetida a respeitável e exigente Banca de Doutorado, quando então veio a ser examinada pelos prestigiados Professores **Guilherme Calmon Nogueira da Gama, Fernanda Rocha Lourenço Levy, Rosemarie Adalardo Filardi e Oswaldo Peregrina Rodrigues**, oportunidade em que recebeu os efusivos elogios pelo trabalho desenvolvido, merecendo a nota máxima (dez).

E fomos agraciados pela Autora ao poder acompanhar como Orientador os seus estudos nesta sua fase de Doutorado pela *PUC-SP*, após conhecer o seu talento, seriedade acadêmica, responsabilidade e dedicação, em razão da participação na sua Banca de Mestrado na *Universidade Estadual do Rio de Janeiro – UERJ*.

Ao encerrar estas linhas, seria impossível deixar de pontuar nossa admiração **intelectual** e **pessoal** à **Anna de Moraes Salles Beraldo**, pela sua coragem e determinação ao enfrentar desafios, com notáveis resultados como, dentre outros, o aqui apresentado.

Fica assim o nosso carinho e gratidão por merecer o privilégio de apadrinhar mais esta sua criação.

FRANCISCO CAHALI

INTRODUÇÃO

As significativas transformações sociais ocorridas nas últimas décadas refletiram diretamente nos vínculos familiares. As figuras do "chefe de família" e da "mulher dona-de-casa" subserviente deram lugar a relações mais equilibradas. Observou-se a paulatina inserção da mulher no mercado de trabalho e, paralelamente, a presença de um pai mais participativo, ocasionando uma nova distribuição dos papéis familiares.

A Constituição Federal procurou acompanhar as mudanças sociais ocorridas, buscando privilegiar os valores existenciais, como o da dignidade da pessoa humana. Assim, a família não é mais protegida por si mesma, mas sim quando contempla a evolução da personalidade de cada um de seus integrantes.

A Carta Magna também privilegiou os princípios do melhor interesse da criança; da igualdade entre homens e mulheres; da paternidade responsável e o da convivência familiar. Nesse sentido, almejou incentivar uma participação mais ativa dos pais, avós e outros familiares na vida quotidiana dos menores. O objetivo é criar e fortalecer os vínculos afetivos e de parentesco, proporcionando o fortalecimento emocional dessas crianças, aumentando sua autoestima e segurança.

Em 2013, foram concedidos 139.627 divórcios a casais com filhos menores, envolvendo 211.202 crianças e adolescentes.[1] Com o crescente número de dissoluções da sociedade conjugal, as questões que envolvem a guarda dos filhos ganham cada vez mais relevância. Isso porque a ruptura da relação entre os genitores afeta diretamente a vida dos menores, pois modifica a estrutura da família. Normalmente, com a separação,[2] a criança passa por duas perdas: a da unidade familiar, que se transforma e a da companhia contínua de um dos pais.

Durante o casamento ou união estável, é comum existirem divergências entre o casal em relação à melhor maneira de se educar os filhos. O desafio é

---

1 IBGE Instituto Brasileiro de Geografia e Estatística. Estatística do Registro Civil de 2013. Tabela 6.7, p. 169. Disponível em: <//fttp.ibge.gov.br/Registro_Civil/2013/rc2013.pdf.> Acesso em: 5 jan. 2015.

2 Nesse estudo, o termo "separação" será utilizado de uma maneira ampla, representando o término do relacionamento dos pais.

ainda maior após a dissolução da relação conjugal. Com a ruptura, todos os personagens envolvidos experimentam uma transição dolorosa, provocando uma desarrumação familiar.

O ideal é assegurar um meio para que ambos os genitores mantenham suas funções parentais ativamente, participando da educação e da formação dos filhos. A realidade, no entanto, demonstra que, após o divórcio, na maioria das vezes, cabe à mãe a guarda única, restando ao pai somente o direito quinzenal de "visitas".

Esses arranjos que definem o pai como mero provedor/"visitante" o desestimulam a exercer um papel parental ativo. Por consequência, há um natural afastamento do genitor não guardião, pois a convivência passa a ser esporádica e o pai não tem a oportunidade de participar do cotidiano dos filhos.

Entretanto, essa realidade está começando a mudar; os papéis sociais já não estão mais tão definidos e os genitores masculinos pretendem resguardar seus direitos no processo de criação da sua prole. Assim, manter o modelo tradicional de família, arraigado de preconceitos, pode ser prejudicial aos filhos.

Diante desse quadro, em 2008 foi aprovada a lei nº 11.698, referente à guarda compartilhada, com o objetivo de reforçar a necessidade da presença de ambos os progenitores na vida dos filhos. Essa lei alterou os artigos nº 1.583 e 1.584 do Código Civil e instituiu que, quando não houvesse acordo entre os pais quanto à guarda do filho, seria aplicada, sempre que possível, a guarda compartilhada.

Embora o número de guardas compartilhadas tenha dobrado nos últimos anos, em 2011 ela ainda representava apenas 5,4% dos casos – enquanto em 2001 correspondia a 2,7%. A guarda única foi concedida à mãe em 87,6% dos casos em 2011, e ao homem apenas em 5,3%.[3]

Em 2013[4] houve pouca mudança, já que apenas 5,8% das guardas foram compartilhadas, e em 86,3% dos casos a guarda única foi concedida à mãe.[5]

---

3 IBGE Instituto Brasileiro de Geografia e Estatística. Sala de imprensa. Notícias. 17/12/2012. "Registro Civil 2011: taxa de divórcios crece 45,6% em um ano". Disponível em: <http://saladeimprensa.ibge.gov.br/noticias?view=noticia&id=1&busca=1&idnoticia=2294>. Acesso em: 14 abr. 2013.

4 Até o fechamento dessa edição, o IBGE não havia fornecido os dados estatísticos do Registro Civil de 2015. Disponível em: http://www.ibge.gov.br/home/estatistica/pesquisas/pesquisa_resultados.php?id_pesquisa=10 Acesso em: 24 abr. 2016.

5 IBGE Instituto Brasileiro de Geografia e Estatística. Estatística Registro Civil 2013. Disponível em: <http://www.ibge.gov.br/home/estatistica/populacao/registrocivil/2013/default.shtm.> Acesso em: 15 dez. 2014.

Esses índices demonstram que ainda há um longo caminho a ser percorrido a fim de incentivar uma participação mais atuante dos genitores paternos.[6]

Um exemplo bastante relevante para a discussão e que reflete os preconceitos ainda existentes sobre a parentalidade é a repercussão decorrente do depoimento de uma jornalista à revista Época sobre a guarda de seu filho. No relato, a mãe afirma que o pai sempre foi muito participativo e amoroso, que possui maior estabilidade financeira e que havia constituído uma nova família. Depois de muito dialogarem e amadurecerem a ideia, Fabiana Faria se convenceu de que o melhor para seu filho seria morar junto com o pai, o irmão e a madrasta grávida, com quem se dava muito bem. Ademais, o horário de trabalho da mãe era muito instável e, por vezes, a criança tinha que ficar por horas sozinha com a babá à noite. A genitora ponderou que seria uma atitude egoísta privar seu filho dessa experiência de estar mais perto da família paterna.[7]

Ao expor seu posicionamento, Fabiana sofreu severas críticas, a maioria, inclusive por parte de mães, como no exemplo abaixo:

> [...] penso que se você abriu mão de conviver e cuidar diariamente do seu filho, isso já é um motivo suficiente para todos entendermos que o melhor para o João não é mesmo ficar com a mãe. Que bom que ele tem um pai amoroso para acolhê-lo.[8]

Manifestações como essa corroboram o fato de que a sociedade ainda tem bastante arraigada a noção de que cabe à mãe o dever de ficar com os filhos, pois ela teria mais capacidade do que o outro genitor. Quando a genitora decide dividir as responsabilidades com o pai da criança, é comum que ela seja julgada de maneira impassiva, como se tivesse abandonado o filho.

Essa conjuntura e pressão social acarretam algumas consequências negativas. Em primeiro lugar, instiga e acirra a disputa judicial pela guarda única, pois ambos os pais buscam um "selo de aprovação" que comprove quem é o melhor cuidador. Por consequência, propicia a noção, ainda que

---

6 De acordo com a tabela 6.7, da página 169 do IBGE 2013, foram concedidas a guarda dos menores em: 7.224 dos casos ao marido; em 120.464 à mulher; em 9.560 a ambos e em 1.419 a outros. Em 960 casos não houve declaração. IBGE Instituto Brasileiro de Geografia e Estatística. Estatística do Registro Civil de 2013. Disponível em: <fttp://ftp.ibge.gov.br/Registro_Civil/2013/rc2013.pdf> Acesso em: 5 jan. 2015.

7 BUSCATO, Marcela. Não sou uma mãe pior porque meu filho mora com o pai. Disponível em: <http://epoca.globo.com/vida/noticia/2014/08/bnao-sou-uma-mae-piorb-porque-meu-filho-mora-com-o-pai.html> Acesso em: 20 ago. 2014.

8 Comentário de Aline em 14/8/2014 no blog "Depois que eu descobri", de Fabiana Farias. Disponível em: <http://depoisqueeudescobri.com.br/coisas-da-fabi/sim-joao-vai-morar-com-o-papai/>. Acesso em: 20 ago. 2014.

equivocada, de que o genitor não guardião tem um papel apenas secundário na criação dos filhos, o que fomenta um afastamento entre pai e filho ao longo do tempo. Ademais, dificulta a percepção de que a prioridade deve ser o interesse dos menores e não dos genitores.

À vista disso, evidencia-se que, de fato, existe um preconceito e um estigma da sociedade que impõe à mãe o dever incondicional e quase que exclusivo de cuidar do filho. Fica clara a diferença de tratamento entre homens e mulheres, já que o genitor masculino não é julgado da mesma maneira quando se ausenta na criação dos menores. Portanto, certos paradigmas ainda têm um peso muito forte na manutenção desse quadro, o que dificulta tanto a busca do pai por uma participação mais influente na vida dos filhos, como também uma divisão mais equânime dos papéis parentais, sem sobrecarregar um dos lados.

Outro aspecto a ser enfatizado é o de que há uma confusão de conceitos entre poder familiar, guarda única, guarda compartilhada e guarda alternada. No relato acima apresentado, Fabiana Faria afirma que o filho passou a morar com o pai, mas que a criança passa os finais de semana com ela, e mantêm contato durante a semana. Ademais, a genitora continua levando o filho ao médico, quando necessário, e ambos os genitores tomam, conjuntamente, as decisões mais importantes.

Apesar de isso claramente configurar uma guarda compartilhada com fixação de residência única, os pais, por desconhecimento, intitulam tal arranjo como guarda única. A simples nomenclatura pode fomentar tanto o preconceito da sociedade, como se observou no comentário citado, como também um eventual litígio entre os pais, pois, por vezes, eles disputam a guarda única meramente para não serem considerados genitores "visitantes".

Nesse sentido, a terminologia utilizada, de fato, traz fortes impactos jurídicos e sociais. Não é à toa que a Inglaterra, após muitos debates, decidiu substituir a nomenclatura "residence and contact order" por "child arrangement order", com o intuito de alterar a percepção de que há um genitor prevalecente sobre outro. Esse debate será mais bem analisado ao longo da obra, em especial no item 3.7.1.

A presente obra objetiva inicialmente demonstrar que a sociedade, embora esteja evoluindo em muitos aspectos, ainda possui um ranço machista que impõe à mulher, de forma exclusiva, o dever da criação dos filhos. No entanto, os genitores masculinos estão reivindicando cada vez mais seu espaço na educação dos menores.

Outrossim, será abordado o fato de que a dissolução da conjugalidade não significa o término da parentalidade. É preciso realizar somente uma adaptação às novas funções parentais. Isso porque o poder familiar não se altera com a ruptura da relação conjugal, como dispõe o ordenamento jurídico.

Este livro também pretende questionar se a solução ideal é a imposição da guarda compartilhada como regra, até mesmo em casos de litígios, como pretende a recente Lei nº 13.058, publicada em 23/12/2014. Seria esta a saída mais adequada? As decisões judiciais referentes à guarda dos filhos vão, efetivamente, ao encontro do melhor interesse da criança? Há outros meios, que não o judicial, para abordar questões relativas à guarda dos menores?

O primeiro Capítulo irá versar sobre a noção de poder familiar e guarda dos filhos, procurando esclarecer a diferença entre os dois institutos, pois, na prática, há uma imprecisão dos conceitos. Já no capítulo seguinte, o foco será na guarda dos filhos, dando-se ênfase à guarda compartilhada. Nesse momento, será discutido se realmente a promulgação das Leis nº 11.698/2008 e 13.058/2014 sobre a guarda compartilhada foram necessárias, tendo em vista a disposição da autoridade parental no Código Civil.

O Capítulo três apresentará um panorama geral sobre a responsabilidade parental no ordenamento inglês, bem como analisará alguns estudos realizados na Inglaterra, sobre os meios mais adequados de se lidar com a separação dos pais, mantendo o foco no interesse primordial dos infantes. Algumas pesquisas inglesas irão evidenciar que nem sempre o que prega o senso comum vai ao encontro do interesse dos filhos. Assim, nem mesmo a guarda compartilhada pode ser considerada como a fórmula ideal.

Ao longo desse estudo, será demonstrada a importância da participação dos filhos nesse processo, já que são eles os mais afetados pela decisão dos pais e se encontram ainda numa fase de desenvolvimento, merecendo atenção e cuidado maiores, correspondentes ao seu estágio de maturidade. Por isso, diante da necessidade de respeito ao desenvolvimento de suas personalidades, não se pode esquecer que os menores também devem ser protagonistas no processo decisório dessa nova etapa de suas vidas.

A sociedade brasileira ainda tem uma cultura voltada para a judicialização dos conflitos, principalmente no âmbito familiar. Dessa forma, as partes tendem a ingressar no Judiciário, terceirizando suas divergências por meio de advogados, o que pode acarretar a exacerbação da disputa, distanciando ainda mais os genitores.

Portanto, com vistas a garantir o melhor interesse da criança, faz-se necessário buscar novos paradigmas, pelos quais a comunicação entre os pais seja encorajada e o foco seja a necessidade dos filhos no caso concreto, em vez de fórmulas preestabelecidas.

O direito à convivência familiar é fundamental e a observância desse dispositivo é um dever não só da família e da sociedade, mas também do Estado. O que se espera é que a família encontre meios para que o poder familiar seja exercido de modo que haja respeito aos ditames constitucionais do princípio da dignidade humana, da parentalidade responsável e do melhor interesse da criança.

Diante desse desejo de preservar o melhor interesse dos menores, será verificado se nas questões familiares envolvendo os filhos, a imposição de uma sentença judicial sobre a guarda dos menores é a solução mais apropriada.

A hipótese levantada é a de que são os genitores e não os magistrados, as pessoas mais adequadas para decidir qual é o melhor arranjo para aquele núcleo familiar, pois são eles que estão presentes na rotina dos filhos. Sendo assim, provavelmente nenhum juiz conseguirá entender a dinâmica daquela família melhor do que os que nela estão envolvidos.

Mas, muitas vezes, diante de um período tão conturbado que é o rompimento da relação, os ex-parceiros não conseguem manter um diálogo adequado, de modo que um auxílio externo pode ser bastante produtivo.

Assim sendo, a mediação de conflitos pode ser uma ferramenta que os auxilie na comunicação, possibilitando um caminho saudável e eficiente para amenizar as perdas decorrentes da ruptura conjugal, além de reforçar a coparentalidade. Havendo uma ponte que facilite o entendimento dos pais, é mais provável que ambos escolham um plano de convivência paterno-filial que proporcione a participação mais ativa de ambos os genitores na vida dos filhos.

Além de mediar os conflitos familiares e de escutar as crianças – quando se entender benéfico para aquele arranjo familiar –, outros caminhos também podem ser trilhados a fim de auxiliar os membros da família nessa jornada. Dessa maneira, seria positiva a instalação, a exemplo do modelo inglês, de programas de apoio aos pais separados com o objetivo de prover informação e suporte a todos os membros da família, nesse momento de grandes mudanças.

Outro aspecto favorável seria a implementação e solidificação de pesquisas e de estudos brasileiros relativos à guarda dos filhos no que tange ao cotidiano familiar, a fim de se descobrir os pontos mais benéficos e os eventuais prejuízos em cada tipo de guarda. É preciso associar essas análises teóricas com pesquisas práticas para se verificar se os conceitos propagados estão em consonância com a realidade brasileira dessas famílias.

Faz-se necessária também uma nova abordagem dos operadores do Direito, que se iniciaria com a inserção de treinamento especializado dos profissionais que atuam na área da família. Ademais, bastante relevante é buscar desafogar o trabalho dos magistrados, para que possam focar numa análise mais minuciosa do caso concreto, substituindo, assim, os planos de "visitas" predefinidos, para uma análise individual daquele arranjo familiar.

Portanto, o que se procurará demonstrar é que não basta a simples inserção de uma lei sobre a guarda dos filhos para que os problemas sejam solucionados. Sem um trabalho conjunto de diversas áreas da sociedade e do Estado, visando uma transformação sistêmica que proporcione uma paulatina mudança de mentalidade, não haverá avanço representativo na responsabilização dos pais na criação de seus filhos.

Para finalizar, cabe aqui informar que se decidiu incluir um estudo a respeito da experiência inglesa em relação ao vínculo paterno-filial, por algumas razões. Primeiro, porque o Direito de Família na Inglaterra estava passando por um processo de transformação e reforma, decorrente dos constantes anseios da sociedade pela atualização das leis. Em segundo lugar, porque as questões e controvérsias acerca da criação e da convivência com os filhos demonstraram ser bastante semelhantes ao que ocorre no Brasil.

Ademais, houve a oportunidade de se ter contato com a renomada pesquisadora inglesa Liz Trinder, que há anos vem estudando esse tema e que teve um papel marcante nas mudanças ocorridas a partir de 2012 nesse país. Por fim, com o apoio da CAPES (Coordenação de Aperfeiçoamento de Pessoal de Nível Superior), diante da concessão de uma bolsa de doutorado sanduíche, foi possível acompanhar a fase intermediária das discussões e consultas públicas feitas, com vistas a realizar ou não determinadas mudanças no âmbito da responsabilidade parental naquele território. Muitas dessas reivindicações são semelhantes aqui no Brasil, de modo que tais discussões podem ser absorvidas pelo ordenamento brasileiro.

Nos Capítulos referentes à experiência na Inglaterra, optou-se por manter algumas expressões em inglês, pois esse ordenamento não contém o termo "guarda dos filhos", mas tão somente responsabilidade parental. As expressões *shared care*, *shared parenting* e *shared residence* são utilizadas apenas doutrinariamente. Além disso, a própria doutrina inglesa ainda não chegou a um consenso sobre a diferenciação dos termos.

Dessa maneira, decidiu-se por não traduzir tais vocábulos para que não haja desvios de interpretação e eventual perda do sentido da ideia de determinado autor citado já que, por vezes as expressões são utilizadas como sinônimas e, em outras ocasiões, pode haver uma diferenciação de significados. De mais a mais, a própria intenção deste estudo é demonstrar a importância de deixarmos claras as diferenciações entre guarda compartilhada e guarda alternada, bem como os benefícios e desvantagens de cada um dos arranjos familiares.

Outros vocábulos utilizados que merecem destaque são "separação dos pais" e "término da relação conjugal". Estes serão usados de forma genérica, abrangendo os casos de genitores que se separaram, se divorciaram, romperam uma união estável, bem como pais que nunca se relacionaram com o objetivo de formar uma família. As expressões buscam definir as hipóteses dos genitores que não vivem sob o mesmo teto, independentemente do tipo de arranjo familiar, sejam eles homo ou heteroafetivos.

CAPÍTULO I
AUTORIDADE PARENTAL E GUARDA DOS FILHOS, SOB UMA PERSPECTIVA CIVIL-CONSTITUCIONAL

1.1 DIREITO CIVIL-CONSTITUCIONAL

O Código Civil de 1916, considerado a "Constituição do direito privado", era fruto da doutrina individualista do Código de Napoleão, cuja propriedade e contrato necessitavam ser protegidos dos privilégios feudais. O objetivo era frear a ingerência estatal, visando à circulação de riquezas. Desse modo, o Código Civil era o monopolizador das relações privadas, buscando a segurança e a estabilidade.[1] Nessa época prevalecia a ideia de que o Estado não deveria intervir em certos vínculos, pois pertenciam puramente à ordem privada.

Com a industrialização e a reivindicação de direitos por movimentos sociais, observou-se a necessidade de uma intervenção estatal cada vez mais acentuada na economia, por meio de leis extravagantes, a fim de reequilibrar o quadro social. Assim, diante dessa evolução, o Código Civil perde sua centralidade, tendo em vista os inúmeros estatutos que passam a formar microssistemas de direito privado. Ocorre que essa fragmentação do ordenamento, por vezes, mostrava algumas incoerências entre normas e até disparidades de valores.[2]

O objetivo do texto constitucional de 1988 foi, então, proporcionar uma nova unidade ao sistema, por meio de uma releitura do ordenamento, através de princípios e cláusulas gerais, dos quais cabe ao intérprete depreender os comandos normativos. Ademais, a Constituição Federal passou a priorizar os valores existenciais em detrimento dos estritamente patrimoniais.

---

1 TEPEDINO, Gustavo. Premissas metodológicas para a constitucionalização do direito civil, In: ______. *Temas de direito civil*. 3. ed. atual. Rio de Janeiro: Renovar, 2004, p. 01-03.

2 Ibidem, p. 04-11.

Verifica-se, assim, uma mudança de perspectiva com a função promocional do Direito.

O ordenamento jurídico brasileiro é um sistema no qual, ao lado das normas legais, existem princípios que incorporam as exigências de justiça e valores éticos. Esses princípios, como explica Flavia Piovesan, constituem o suporte axiológico que confere coerência interna e estrutura harmônica a todo ordenamento jurídico. "Assim, a interpretação constitucional é aquela interpretação norteada por princípios fundamentais, de modo a salvaguardar, da melhor maneira, os valores protegidos pela ordem constitucional".[3]

Nesse sentido, os conceitos do Código Civil passam a ser relidos à luz da Carta Magna e não mais de maneira isolada. O Direito contemporâneo procura compatibilizar o Direito Civil e as legislações especiais com o texto constitucional. Há uma interpenetração entre a esfera pública e a privada. Elucidadoras são as palavras de Gustavo Tepedino:

> A perspectiva de interpretação civil-constitucional permite que sejam revigorados os institutos de direito civil, muitos deles defasados da realidade contemporânea e, por isso mesmo, relegados ao esquecimento e à ineficácia, repotencializando-os, de modo a torná-los compatíveis com as demandas sociais e econômicas da sociedade atual.[4]

Nota-se, pois, uma irradiação dos princípios constitucionais nos espaços de liberdade individual, havendo um emprego direto das normas constitucionais nas relações jurídicas de direito privado.[5] Dessa forma, na aplicação do Direito, jamais podem ser esquecidos os princípios inseridos na Constituição, os quais devem servir de base para todo o ordenamento, pois eles são responsáveis por proporcionar um papel reunificador no sistema, definindo parâmetros hermenêuticos e visando a realização dos direitos fundamentais.

1.1.1 Princípios Constitucionais norteadores do Direito de Família

Diante das constantes transformações sociais, o legislador não consegue acompanhar todas essas modificações. Nessa dinâmica, há sempre novos interesses e expectativas, o que demonstra a incompletude do sistema,

---

3 PIOVESAN, Flavia; RUSSO Júnior, Rômolo. Direitos humanos, dignidade e direitos da personalidade. In: *O Código Civil e sua interdisciplinaridade*. Belo Horizonte: Del Rey, 2004, p. 3-19, p. 10.

4 TEPEDINO, Gustavo. Premissas metodológicas para a constitucionalização do direito civil, op. cit., p. 21.

5 Idem. Normas constitucionais e direito civil na construção unitária do ordenamento. In: SOUZA NETO, Cláudio Pereira; SARMENTO, Daniel (Coord.). *A constitucionalização do direito*: fundamentos teóricos e aplicações específicas. Rio de Janeiro: Lumen Juris, 2007, p. 309.

deixando notória a necessidade de constante adaptação do ordenamento jurídico.

Por isso, a Carta Magna de 1988 optou por dar ênfase aos princípios, que são diretrizes gerais, com conteúdo ético, sendo responsáveis pelos valores fundantes do ordenamento, promovendo sua coesão e unidade.

Os princípios constitucionais, por serem mais amplos e possuírem maior grau de abstração, têm, entre outras funções, a de preencher lacunas e amoldar as normas infraconstitucionais aos valores impostos pela Constituição. Esses princípios, que são também considerados normas, têm aplicação imediata e, caso entrem em atrito, é necessário fazer a ponderação de interesses diante do caso concreto.

O conceito de família, inicialmente marcado pelo modelo patriarcal, passou por diversas evoluções até chegar ao modelo contemporâneo atual. A família foi expressamente tratada em nível constitucional desde a Carta Magna de 1934, não obstante ser de uma maneira bastante conservadora, visando somente a paz familiar.[6]

Em razão das transformações na sociedade, textos legislativos posteriores procuraram atenuar esse conservadorismo, mas foi somente a Constituição Federal de 1988 que trouxe uma mudança sensível de paradigmas no ordenamento jurídico e, em especial, no Direito de Família. Isso porque buscou priorizar o personalismo em detrimento do patrimonialismo, por meio do respeito ao *princípio da dignidade da pessoa humana*,[7] contemplado em seu artigo 1º, inciso III. Esse princípio caracteriza-se por ser o valor fundamental do sistema jurídico brasileiro, de modo que todas as situações jurídicas devem ser condicionadas ao seu cumprimento.

Flávia Piovesan e Rômolo Russo lembram que a primazia da pessoa, fundada na dignidade humana, é resposta à aguda crise sofrida pelo positivismo jurídico, a exemplo do nazismo na Alemanha e do fascismo na Itália, que ascenderam ao poder dentro do quadro da legalidade. A Declaração Universal de 1948,[8] ao introduzir a concepção contemporânea de direitos humanos, acolhe a dignidade humana como valor a iluminar o universo de

---

6 GAMA, Guilherme Calmon Nogueira da. *Princípios constitucionais de direito de família*: guarda compartilhada à luz da lei nº 11.698/08: família, criança, adolescente e idoso. São Paulo: Atlas, 2008, p. 113-114.

7 MORAES, Maria Celina Bodin de. *Danos à pessoa humana*. Uma leitura civil-constitucional dos danos morais. Rio de Janeiro: Renovar, 2003, p. 85.

8 A Declaração Universal dos Direitos Humanos afirma expressamente que: "o reconhecimento da dignidade inerente a todos os membros da família humana e de seus direitos iguais e inalienáveis é o fundamento da liberdade, da justiça e da paz no mundo".

direitos. "A condição humana é requisito único e exclusivo, reitere-se, para a titularidade de direitos".[9]

Maria Celina Bodin de Moraes ensina que o substrato material da dignidade pode ser desdobrado em quatro postulados: i) o sujeito moral (ético) reconhece a existência dos outros sujeitos iguais a ele; ii) merecedores do mesmo respeito à integridade psicofísica de que é titular; iii) é dotado de vontade livre, de autodeterminação; iv) é parte do grupo social, em relação ao qual tem a garantia de não vir a ser marginalizado.

O valor da dignidade humana é incondicionado, ou seja, é inerente ao ser humano pelo simples fato de existir, não podendo sofrer restrições. Como orientava Kant, o ser humano é um fim em si mesmo, jamais um meio para a realização de outros interesses.

Diante dessa conjuntura, a família deixa de ser merecedora de proteção por si mesma como instituição, passando, diante de seu aspecto solidarista, a ser funcionalizada. Nesse sentido, importante princípio destacado no caput do artigo nº 226 da Constituição é o *princípio da tutela especial à família.* Por ele, verifica-se que a família tem lugar privilegiado na sociedade, devendo ser protegida, na medida em que seja um espaço de fortalecimento da dignidade de seus integrantes; busque os seus interesses e promova o completo desenvolvimento de suas personalidades.

É o que se denomina família eudemonista, ou, nas palavras de Nelson Rosenvald "tendente à felicidade individual de seus membros, a partir da convivência, permitindo que cada pessoa se realize, pessoal e profissionalmente, convertendo-se em seres socialmente úteis, não mais se confinando ao estreito espaço da sua própria família".[10]

Em relação a essa mudança de perspectiva, uma grande novidade inserida no artigo nº 226, §§ 3º e 4º da Carta Magna de 1988 foi o reconhecimento constitucional do *pluralismo das entidades familiares,* ou seja, além do casamento, outras espécies de família são também reconhecidas e protegidas, tais como a união estável e a família monoparental. Vale aqui ressaltar que essas entidades familiares são citadas de maneira exemplificativa e não em *numerus clausus.*

O *princípio da igualdade entre homens e mulheres* nas relações de casamento e união estável foi uma relevante evolução, pois o homem não é mais

---

9 PIOVESAN, Flavia; RUSSO Júnior, Rômolo. Direitos humanos, dignidade e direitos da personalidade, op. cit., p. 7.

10 FARIAS, Cristiano Chaves de; ROSENVALD, Nelson. *Curso de Direito Civil.* Famílias. v. 6, 6 ed. Bahia: JusPodivm, 2014, p. 88.

o único provedor e chefe de família e a mulher deixou de ter uma postura submissa. Atualmente, os direitos e deveres estão desvinculados do gênero, sendo ambos corresponsáveis pelas decisões familiares, conforme estipula o § 5º do artigo nº 226 da Constituição Federal.

Outro reflexo dessa alteração de conjuntura foi a disposição expressa pela Carta Magna no artigo nº 227 do *princípio da igualdade entre os filhos* e a proibição de qualquer forma de discriminação. Esta foi uma relevante conquista, já que por muitos anos os filhos decorrentes de relações extramatrimoniais não gozavam de proteção. Hoje, os descendentes possuem todos os direitos, independentemente da origem da filiação e da existência de vínculos entre os pais.

O *princípio da liberdade de planejamento familiar*, disposto no artigo nº 226, §7º da Constituição, refere-se aos direitos reprodutivos, ou seja, ao fato de o casal poder livremente decidir sobre o seu projeto de família, como o número de filhos, métodos contraceptivos, por exemplo. Cabe ao Estado propiciar recursos educacionais e científicos para o exercício desse direito, sendo vedada qualquer forma de coerção estatal. Mas esse princípio não tem caráter absoluto, devendo se levar em conta outros princípios, tais como o da dignidade da pessoa humana dos envolvidos e o do melhor interesse da criança. Ao lado do direito ao planejamento familiar, há o princípio da responsabilidade.

Relacionado ao princípio anterior está o *princípio da paternidade responsável*, também inserido no artigo nº 226, § 7º da Constituição. Por tal princípio verifica-se que, paralelamente ao direito à liberdade sexual, há a responsabilidade ao se tornar pai ou mãe. Guilherme Calmon faz a seguinte síntese a respeito desse princípio:

> [...] há responsabilidade individual e social das pessoas do homem e da mulher que vêm a gerar, no exercício das liberdades inerentes à sexualidade e à procriação, uma nova vida humana, cuja pessoa – a criança – deve ter priorizado o seu bem-estar físico, psíquico e espiritual, com todos os direitos fundamentais reconhecidos em seu favor.[11]

A forma mais apropriada seria a utilização do termo “parentalidade”, em vez de “paternidade”, pois é uma nomenclatura mais genérica, que abrange tanto o genitor masculino como o feminino.

Tal princípio deve ser interpretado de acordo com a doutrina da proteção integral da criança e do adolescente, visando seu pleno desenvolvimento.

---

[11] GAMA, Guilherme Calmon Nogueira da. *Princípios constitucionais de direito de família*, op. cit., p. 78.

Para isso, é preciso um comprometimento dos genitores desde a opção pela procriação até a maioridade dos filhos.

Outro princípio essencial, vinculado ao anterior e que está inserido no artigo nº 227 do texto constitucional é o *princípio do melhor interesse da criança e do adolescente*. Por ele, deve ser dada absoluta prioridade aos indivíduos ainda em formação, resguardando seus direitos, de maneira que possam ter uma adequada criação, possibilitando o aprimoramento de suas potencialidades. É importante destacar que o filho não pode mais ser considerado objeto da relação com seus pais, mas sim sujeito de direitos, que necessita de atenção especial, pois está em fase de aprendizado. Trata-se de um dever tanto da família, como da sociedade e do Estado e engloba o direito à vida, à saúde, à convivência familiar, à isonomia entre filhos, colocando-os a salvo de toda forma de discriminação.

Angela Maria Soldá e Paulo César Martins afirmam que o conteúdo do melhor interesse da criança apresenta variedade de conteúdo, sendo consagrado como uma cláusula geral e como um princípio protetivo que deve se adequar a cada caso concreto.[12]

É preciso também mencionar o *princípio da convivência familiar*, que está associado ao princípio do melhor interesse da criança. Esse princípio encontra-se no artigo nº 227 da Constituição de 1988 e está ligado à noção de uma participação ativa dos pais, avós e outros familiares na vida quotidiana dos menores, de modo a criar e fortalecer os vínculos afetivos e de parentesco. O objetivo é que essa convivência proporcione um melhor desenvolvimento dessas crianças, aumentando sua autoestima e segurança.

O *princípio da solidariedade*, inserido no artigo 3º, I da Carta Magna leva em conta a interdependência entre o indivíduo e a sociedade, pois é clara a influência do contexto social na evolução da personalidade de cada pessoa. Assim, as ações do ser humano devem ser voltadas ao bem-estar social. No âmbito do Direito de Família, a solidariedade fica ainda mais evidente, tanto na comunhão de vida entre os cônjuges, como na criação dos filhos.

Portanto, diante desses princípios, o que se nota é que a Constituição Federal busca privilegiar os valores existenciais, como o da dignidade da pessoa humana, visando propiciar a evolução da personalidade de cada ser

---

12 SOLDÁ, Ângela Maria; MARTINS, Paulo César Ribeiro. A nova lei da guarda compartilhada e o princípio do melhor interesse da criança. *Revista jurídica Unigran*, v.12, n. 23, p. 143-154, jan./jun. de 2010. Disponível em: <http://www.unigran.br/revista_juridica/ed_anteriores/23/artigos/artigo08.pdf.> Acesso em: 4 out. 2014, p. 8.

humano, individualmente, e, em especial, dos incapazes, que necessitam de maior proteção.

Diante da generalidade desses princípios, pode ocorrer, no caso concreto, colisões principiológicas, em razão do seu elevado grau de abstração. Nesses casos, é preciso utilizar a técnica de ponderação de interesses. Nas palavras de Cristiano Chaves, "trata-se de uma técnica disponibilizada para a solução dos conflitos normativos, devendo ser sopesados para que se descubra qual dos valores colidentes respeita, com maior amplitude, a dignidade humana".[13]

O estrito positivismo foi substituído pela busca do cumprimento da função social da família. Assim, no Direito de Família, em particular, as normas do ordenamento civil devem ter validade constitucional, ou seja, é necessário observar o respeito aos princípios da igualdade entre filhos, da paternidade responsável e do melhor interesse da criança, por exemplo.

1.2 PANORAMA SOBRE A EVOLUÇÃO DO PODER FAMILIAR

No direito romano, havia a figura do *pater familias*, que era considerado o chefe e provedor da família e sua soberania não podia ser contestada nem mesmo pelo Estado. Ele tinha autoridade sobre todos os membros e poder irrestrito sobre seus bens. Os filhos eram considerados parte de seu patrimônio, podendo deles dispor, de acordo com o seu julgamento.[14] Nessa concepção patriarcal, o objetivo maior era a proteção do patrimônio familiar, em detrimento dos interesses de seus integrantes.

Silvio Rodrigues afirma que, no direito romano, o pátrio poder é representado por um conjunto de prerrogativas conferidas ao *pater*, na qualidade de chefe da organização familiar, e sobre a pessoa de seus filhos. Tratava-se de um direito absoluto, praticamente ilimitado, cujo escopo era efetivamente reforçar a autoridade paterna, a fim de consolidar a família romana, célula-base da sociedade, que nela encontra o seu principal alicerce.[15]

O Direito brasileiro recebeu forte influência da estrutura familiar romana já que importou sua legislação de Portugal, cuja origem era basicamente romana. Mas as Ordenações já acolheram o instituto após importantes

---

[13] FARIAS, Cristiano Chaves de; ROSENVALD, Nelson. *Curso de Direito Civil*. Famílias, op. cit., p. 72-73.

[14] TEIXEIRA, Ana Carolina Brochado. *Família, guarda e autoridade parental*. 2 ed. Rio de Janeiro: Renovar, 2009, p. 15-16.

[15] RODRIGUES; Silvio. *Direito Civil*. Direito de Família, v. 6, 28 ed., rev. atual. por Francisco José Cahali. São Paulo: Saraiva, 2008, p. 354.

abrandamentos através dos tempos.[16] Ademais, ao longo dos séculos, o ordenamento jurídico passou por fortes transformações, em que a família patriarcal, hierarquizada e absoluta, foi, paulatinamente, cedendo lugar para um núcleo em que se buscava a proteção de seus integrantes.

Ocorre que essa mudança foi bastante lenta, de modo que, no Código Civil de 1916, o marido ainda era considerado o chefe da sociedade conjugal, sendo o responsável pela administração dos bens comuns e dos bens particulares da esposa. À mulher cabia a função de colaboradora do marido.[17] O mesmo se dava em relação aos bens dos filhos: somente na ausência paterna competia à genitora sua administração.[18]

No que se refere ao pátrio poder, o Código Civil de 1916 inicialmente estipulava que ele deveria ser desempenhado exclusivamente pelo homem, chefe da sociedade conjugal, cabendo à mãe seu exercício somente excepcionalmente. Tratava-se de um poder que, em geral, não levava em conta o melhor interesse da criança, mas sim o poder soberano do genitor.

Em 1962, a Lei nº 4.121, referente ao Estatuto da Mulher Casada, deixou de considerá-la relativamente incapaz e alterou alguns artigos do Código Civil, passando a permitir a colaboração da mulher no exercício do pátrio poder. No entanto, em caso de divergência, ainda prevalecia a decisão do genitor, ressalvado à mãe o direito de recorrer ao Judiciário. Além disso, trouxe um relevante progresso ao dispor que a mulher que contraísse novas núpcias não perderia o direito ao pátrio poder em relação aos filhos de leito anterior.[19]

Apesar do avanço, havia uma nítida discrepância entre as funções paternas e maternas. A família ainda era uma instituição matrimonializada e protegida de ingerências externas, de modo que os filhos havidos fora do casamento ficavam à margem da família.[20] Tudo isso em nome da paz doméstica e da proteção do patrimônio. Em outras palavras, em certos casos, como o dos filhos considerados espúrios, a irresponsabilidade paterna era protegida até mesmo pelo legislador e também era aceita socialmente.

Não era raro notar o abandono afetivo do genitor masculino por razões diversas, tais como a formação de uma nova família, a recusa no pagamento de pensão alimentícia e até mesmo pela conivência da sociedade.

---

16 Ibidem. p. 355.

17 Artigo nº 233 do Código Civil de 1916.

18 Artigo nº 385 do Código Civil de 1916.

19 Artigo nº 380 e 393 do Código Civil de 1916.

20 Artigo nº 379 do Código Civil de 1916.

Por consequência, os filhos eram os maiores prejudicados, já que, por vezes, eram privados do convívio com ambos os pais.

As transformações sociais, como a inclusão da mulher no mercado de trabalho, a posição de um pai mais participativo, entre outros fatores, colaboraram para a mudança de certos paradigmas, trazendo uma carga solidarista e uma preocupação maior com os aspectos existenciais do ser humano. Assim, a concepção de família deixa de ser exclusivamente matrimonializada e patrimonialista, dando lugar ao personalismo e à igualdade entre seus membros.

Nesse sentido, houve a inserção de novas legislações no ordenamento, tais como o Estatuto da Criança e do Adolescente e a Constituição Federal, que procuraram promover o aprimoramento da personalidade dos integrantes da família, em especial os menores de idade, que ainda estão em fase de desenvolvimento e merecem atenção especial. As situações patrimoniais passaram a ser funcionalizadas, havendo também a valorização do afeto. A família matrimonializada deu lugar a novas concepções, como a família monoparental e a decorrente de união estável, por exemplo.

O Código Civil de 2002 procurou refletir essas mudanças, na busca do respeito aos direitos da personalidade; na proteção da criança e do adolescente, seres mais vulneráveis. Sendo assim, no âmbito do Direito de Família, a nomenclatura "pátrio-poder" deu lugar a "poder familiar".

1.2.1 Delimitação conceitual de poder familiar

A Constituição Federal, no seu artigo nº 227 preconiza:

> É dever da família, da sociedade e do Estado assegurar à criança e ao adolescente, com absoluta prioridade, o direito à vida, à saúde, à alimentação, à educação, ao lazer, à profissionalização, à cultura, à dignidade, ao respeito, à liberdade e à convivência familiar e comunitária, além de colocá-los a salvo de toda forma de negligência, discriminação, exploração, violência, crueldade e opressão.

O artigo nº 229 do mesmo dispositivo estabelece que "os pais têm o dever de assistir, criar e educar os filhos menores". Já o Estatuto da Criança e do Adolescente, no artigo nº 22, determina que "aos pais incumbe o dever de sustento, guarda e educação dos filhos menores, cabendo-lhes ainda, no interesse destes, a obrigação de cumprir e fazer cumprir as determinações judiciais".

Nesse sentido, nota-se que o Estado procurou dar absoluta prioridade à criança e ao adolescente. Assim, no âmbito familiar, os genitores têm o dever de dar assistência aos seus filhos, não podendo se eximir de tais obrigações.

O poder familiar pode ser conceituado como um complexo de direitos e deveres, pelos quais os pais exercem sua autoridade, visando o melhor interesse de seus filhos. Ele compreende tanto o aspecto material, como também o existencial, abrangendo a criação, a educação e o afeto.

De acordo com a definição de Waldyr Grisard Filho, o poder familiar "é o conjunto de faculdades encomendadas aos pais, como instituição protetora da menoridade, com o fim de lograr o pleno desenvolvimento e a formação integral dos filhos, mental, moral, espiritual e social".[21]

Maria Helena Diniz classifica o poder familiar como "um conjunto de direitos e obrigações, quanto à pessoa e bens do filho menor não emancipado, exercido, em igualdade de condições, por ambos os pais, para que possam desempenhar os encargos que a norma jurídica lhes impõe, tendo em vista o interesse e a proteção do filho".[22]

Apesar do avanço decorrente da mudança de nomenclatura, a denominação atual, "poder familiar", ainda sofre muitas críticas, pois passa a ideia de comando, e desse instituto não decorre somente um poder, mas também um dever, uma responsabilidade. Por isso, há autores que preferem denominar o poder familiar como "autoridade parental" ou ainda "responsabilidade parental". Outros doutrinadores, como Silvio Rodrigues, cuja obra de Direito de Família foi atualizada por Francisco Cahali, criticam a expressão "poder familiar", pois ela não inclui na identificação o seu real conteúdo, que, antes de poder, representa uma obrigação dos pais, e não da família, como sugere o nome proposto.[23]

Há até mesmo proposta legislativa para alteração do termo no Projeto de Lei do Senado nº 470/2013, conhecido como no "Estatuto das Famílias".

> Abandonou-se a concepção de poder dos pais sobre os filhos para a de autoridade parental, que, mais do que mudança de nomenclatura, é a viragem para a afirmação do múnus, no melhor interesse dos filhos, além de contemplar a solidariedade que deve presidir as relações entre pais e filhos. O direito de visita, já abandonado pelas legislações recentes, é

---

21 GRISARD FILHO, Waldyr. *Guarda Compartilhada*: um novo modelo de responsabilidade parental. 5 ed. rev. atual. São Paulo: RT, 2010, p. 35.

22 DINIZ, Maria Helena. *Curso de Direito Civil Brasileiro*. Direito de Família, v. 5, 26 ed. São Paulo: Saraiva, 2011, p. 588.

23 RODRIGUES, Silvio. *Direito Civil*. Direito de Família, op. cit., p. 355.

substituído pelo direito à convivência do pai não-guardião em relação ao filho e deste em relação àquele.[24]

Ana Carolina Brochado Teixeira tece algumas críticas a respeito da nomenclatura atual e, em seguida, define o poder familiar como "um conjunto de direitos e deveres referentes à pessoa e ao patrimônio do menor não emancipado, ao qual os pais estão atrelados, sendo composto por um rol de deveres para com os filhos, principalmente os de cunho material, intelectual, além da gerência dos bens que possam ter".[25]

Para Guilherme Calmon, a expressão que melhor identifica o instituto é a da autoridade parental, "eis que destaca que os interesses dos pais estão condicionados ao melhor interesse do filho", prestigiando a noção de poder-função ou de direito-dever.[26] Já Fernanda Levy entende que a expressão mais adequada é dever parental, pois espelha seu real significado.[27]

Paulo Lôbo defende a ideia de que o conceito de autoridade, nas relações privadas, traduz melhor o exercício da função ou de múnus, em espaço delimitado, fundado na legitimidade e no interesse do outro, além de expressar uma simples superioridade hierárquica, análoga à que se exerce em toda organização, pública ou privada. Para o autor, "parental" destaca mais adequadamente "a relação de parentesco por excelência que há entre pais e filhos, o grupo familiar, de onde deve ser haurida a legitimidade que fundamenta a autoridade, além de fazer justiça à mãe".[28]

Nessa obra serão utilizadas as expressões "autoridade parental", por ser preferível, já que há uma gama de direitos e deveres inerentes ao seu exercício; e "poder familiar", tendo em vista ser a expressão utilizada pelo ordenamento.

O poder familiar melhor se enquadra como um poder jurídico ou *potestà*, conforme ensina Pietro Perlingieri, já que se trata de uma situação híbrida, havendo um direito-dever. Assim, como fundamento da atribuição dos poderes existe o dever de exercê-los, ou seja, seu exercício se dá no interesse de outrem, no caso, os filhos.[29]

---

24 ESTATUTO DAS FAMÍLIAS. Projeto de Lei nº 2.285/2007, atualmente substituído pelo de nº 470/2013. Justificativa, p. 14.

25 TEIXEIRA, Ana Carolina Brochado. *Família, guarda e autoridade parental*, op. cit. p. 95.

26 GAMA, Guilherme Calmon Nogueira da. *Direito civil:* família. São Paulo: Atlas, 2008, p. 470.

27 LEVY, Fernanda Rocha Lourenço. *Guarda de filhos*. Os conflitos no exercício do poder familiar. São Paulo: Atlas, 2008, p. 20.

28 LÔBO, Paulo Luis Netto. *Direito Civil*: famílias. 4 ed., São Paulo: Saraiva, 2011, p. 296.

29 PERLINGIERI, Pietro. *Perfis do direito civil*, op. cit., p. 129.

Portanto, a autoridade parental é um múnus que deve ser exercido com o objetivo de realização do bem-estar dos filhos e não no interesse dos pais. Desse modo, a interferência dos genitores só encontra respaldo jurídico quando ocorre em benefício da prole.

Tânia da Silva Pereira afirma que a vulnerabilidade dos filhos deve ser atendida no intuito de protegê-los: afastada a ideia de um direito potestativo, o poder familiar representa, antes de tudo, um conjunto de responsabilidades, sem afastar os direitos pertinentes.[30]

Gustavo Tepedino esclarece que a autoridade parental não pode ser reduzida a uma pretensão juridicamente exigível em favor de seus titulares, nem a um instrumento jurídico de sujeição dos filhos à vontade dos pais: "há de se buscar o conceito da autoridade parental na bilateralidade do diálogo e do processo educacional, tendo como protagonistas os pais e os filhos, informados pela função emancipatória da educação".[31]

Em razão de ser um múnus, o autor critica a utilização da expressão "poder familiar", pois, nesse caso, se transcende o interesse pessoal, já que os filhos não são objeto dos pais. Há, sim, uma visão dinâmica e dialética de seu exercício.[32]

Waldyr Grisard define o poder familiar sob o enfoque da relação paterno-filial como:

> um conjunto incindível de poderes-deveres, que deve ser altruisticamente exercido pelos pais no interesse dos filhos, à vista de seu integral desenvolvimento, até que se bastem a si mesmos. São poderes (autoridade) aos quais correspondem deveres (obrigações) que o titular não pode deixar de cumprir, pois é de interesse público que os cumpra.[33]

A autoridade parental decorre da parentalidade e subsiste enquanto os filhos forem menores ou não emancipados. Desse modo, não importa se existe ou não relacionamento entre os genitores, e sua eventual ruptura não altera o vínculo parental. Assim, o poder familiar não é abalado pelo divórcio dos pais. Estabelece o art. n° 1.632 do Código Civil: "A separação judicial, o divórcio e a dissolução da união estável não alteram as relações

---

[30] PEREIRA, Tânia da Silva; FRANCO; Natália Soares. O Direito fundamental à convivência familiar e a guarda compartilhada. In: COLTRO, Antônio Mathias; DELGADO; Mário Luiz (Coords.). Guarda Compartilhada. Rio de Janeiro: Forense; São Paulo: Método, 2009, p. 343-358, p. 357.

[31] TEPEDINO, Gustavo. A disciplina da guarda e a autoridade parental na ordem Civil-Constitucional. In: PEREIRA, Rodrigo da Cunha (Coord.). *Afeto, Ética, Família e o Novo Código Civil.* Belo Horizonte: Del Rey, 2004, p. 305-324, p. 313.

[32] Ibidem, p. 314.

[33] GRISARD FILHO, Waldyr. *Guarda Compartilhada*, op. cit., p. 43.

entre pais e filhos senão quanto ao direito, que aos primeiros cabe, de terem em sua companhia os segundos".

O artigo nº 1.579 do Código Civil também menciona que o divórcio não modifica os direitos e deveres dos pais em relação aos filhos e que novo casamento de qualquer dos pais não poderá acarretar restrições em seus direitos e deveres. No mesmo sentido, os artigos nº 1.588 e 1.636 do referido diploma afirmam que o pai ou a mãe que contraírem novas núpcias ou estabelecerem união estável não perderão o direito ao poder familiar nem de terem consigo os filhos.

Sem prejuízo do exercício conjunto, o poder familiar pode ser exercido separadamente (o que não significa exclusivamente) por qualquer dos pais quando se tratar de atos comuns de guarda do filho e dos atos de administração ordinária.[34]

Os atributos do poder familiar desdobram-se nos incisos do artigo nº 1.634 do Código Civil, conforme exposto a seguir:

> I- dirigir aos filhos a criação e educação;
>
> II- tê-los em sua companhia e guarda;
>
> III- conceder-lhes ou negar-lhes consentimento para casarem;
>
> IV- nomear-lhes tutor por testamento ou documento autêntico, se o outro dos pais não lhe sobreviver, ou o sobrevivo não puder exercer o poder familiar;
>
> V- representá-los até os 16 anos, nos atos da vida civil, e assisti-los após essa idade, nos atos em que forem partes, suprindo-lhes o consentimento;
>
> VI- reclamá-los de quem ilegalmente os detenha;
>
> VII- exigir que lhes prestem obediência, respeito e os serviços próprios de sua idade e condição.

Trata-se de um rol meramente exemplificativo, pois não há como o ordenamento abordar todas as hipóteses que estimulem a criação dos filhos.

Quanto ao dever de criação, os pais devem atuar diretamente na formação intelectual, moral e até mesmo religiosa de seus descendentes. Os genitores têm o dever de matricular os menores na escola e acompanhar seu aproveitamento escolar, sob pena de se caracterizar abandono intelectual. A criação também inclui o dever de sustento, que é variável de acordo com as possibilidades de cada família. A carência de recursos materiais,

---

34 LÔBO, Paulo Luis Netto. *Direito Civil*: famílias, op. cit., p. 297.

por si só, não constitui motivo suficiente para a perda ou suspensão do poder familiar, mas o descumprimento injustificado pode acarretar crime de abandono material.[35]

Portanto, diante da função promocional da autoridade parental, os pais devem prover as necessidades dos menores, visando seu completo desenvolvimento e, ao mesmo tempo, estabelecer limites, além de protegê-los de riscos de qualquer natureza. É recomendável que os filhos participem das escolhas referentes à sua educação, respeitando-se o seu grau de maturidade.

Extingue-se o poder familiar pela morte dos pais ou do filho; pela emancipação; pela adoção ou por decisão judicial, na forma do artigo nº 1.638, ou seja, perderá o poder familiar o pai ou a mãe que:

> I- castigar imoderadamente o filho;
>
> II - deixar o filho em abandono;
>
> III- praticar atos contrários à moral e aos bons costumes;
>
> IV- incidir, reiteradamente, nas faltas previstas no artigo nº 1.637, como o abuso de sua autoridade.

1.3 A GUARDA DOS FILHOS

A guarda é aplicada em dois regimes jurídicos diferenciados, o Código Civil e a Lei nº 8.090/90, conhecida como o Estatuto da Criança e do Adolescente (ECA). Embora ambos os diplomas busquem proteger os menores, o foco das legislações é diferente.

No Código Civil, o instituto da guarda decorre do poder familiar e está disposto nos artigos nº 1.583 a 1.589 sob o título "da proteção da pessoa dos filhos", no Capítulo XI do Subtítulo I – "Do casamento".

Esse instituto, inserido no ordenamento civil, é voltado para o amparo do menor quando há o poder familiar. Assim, em caso de dissolução da sociedade conjugal, por exemplo, o Código Civil estabelece algumas diretrizes em razão de os pais deixarem de conviver sob o mesmo teto. Vale dizer que isso também ocorre se os pais nunca tiveram uma relação afetiva, bastando serem genitores reconhecidos como tal. Nesses casos, é necessário regulamentar o local em que os filhos menores irão morar e como será a convivência com cada genitor.

---

35 TEPEDINO, Gustavo. BARBOZA, Heloisa Helena; MORAES, Maria Celina Bodin. *Código Civil Interpretado conforme a Constituição Federal*. v. IV, Rio de Janeiro: Renovar, 2014, p. 236.

Já a Lei nº 8.069/90 objetiva atender ao paradigma constitucional de proteção integral da criança e do adolescente que se encontra em situação irregular ou de risco. Ao tratar do instituto da guarda nos artigos nº 33 a 35, o ECA busca regulamentar a posse de fato, podendo ser deferida liminar ou incidentalmente, nos procedimentos de tutela e adoção, ou de forma excepcional, para atender situações peculiares ou suprir a falta eventual dos pais ou responsáveis.

A diferença entre a guarda regulada pelo Código Civil e a estatutária é que, nesta, as crianças e adolescentes estão com direitos ameaçados ou violados. Portanto, diferentemente do Código Civil, a guarda prevista no Estatuto dispõe sobre hipóteses de orfandade, ou sobre a possibilidade de haver omissão dos pais ou dos responsáveis.

O ideal é que o menor seja criado na família natural, mas, não sendo possível, será colocado em família substituta, mediante a guarda, tutela ou adoção, conforme dispõe o Estatuto da Criança e do Adolescente, nos artigos nº 9 e 28.

De acordo com as diretrizes do ECA e do Código Civil, quando a guarda é deferida a terceiros, alguns parâmetros devem ser observados, tais como o grau de parentesco e a relação de afinidade e de afetividade, a fim de atenuar as consequências de tal medida. Outro ponto importante é procurar manter os irmãos unidos quando houver eventual rompimento do núcleo familiar originário, conforme dispõe o artigo nº 92, V do ECA.

No entanto, mesmo que haja o deferimento de guarda a terceiros, os genitores continuam com o direito de "visitas", já que ainda detêm o poder familiar. Nesse sentido, também continuam obrigados a prestar assistência material, moral e educacional à criança ou adolescente. Somente perderão esses direitos e obrigações caso venham a ser destituídos do poder familiar.

Feitas essas ponderações, cabe esclarecer que no presente estudo a guarda será analisada sob a perspectiva do Código Civil, ou seja, quando os filhos estão sujeitos ao poder familiar, portanto, os pais estão presentes na criação dos filhos.

Sendo assim, uma vez que os genitores não convivam sob o mesmo teto, faz-se necessário regular a rotina dos menores e estabelecer quais serão os momentos em que os pais terão os filhos menores sob sua companhia.[36] Trata-se de um direito dos pais e, paralelamente, de uma obrigação, pois os filhos têm direito ao convívio familiar.

---

36 Sobre a crítica quanto à nomenclatura "guarda", vide item 2.1.

No direito anterior, a guarda era atribuída ao genitor inocente da separação judicial,[37] mesmo que ele não tivesse as melhores condições na criação dos filhos, conforme o artigo nº 326 do Código Civil de 1916. Com o advento da Constituição Federal de 88 e o princípio do melhor interesse da criança, a guarda passou a ter outro enfoque, visando proteger a criança tanto no âmbito pessoal, patrimonial, quanto no social e no familiar. Isso porque o menor é sujeito de direitos que, por estar em fase de formação, necessita de atenção especial e primordial.

Nesse sentido, o advento do novo ordenamento civil deixa de vincular a guarda dos filhos à culpa dos cônjuges. Assim, não se indaga mais quem deu causa à separação, mas sim quem tem melhores condições de criar os menores.

O mais adequado é que a atribuição da guarda decorra de acordo entre os pais, pois isso evita maiores conflitos e seus reflexos negativos sobre os filhos. Não havendo consenso, ela terá de ser determinada por sentença, interferindo, dessa forma, o Judiciário no ambiente familiar.

No divórcio consensual será observado o que os pais acordarem a respeito da guarda dos filhos, já que se presume que eles são as pessoas mais aptas para decidir sobre as questões dos menores. No entanto, mesmo a convenção dos pais se sujeita à ratificação judicial, sendo que o Judiciário pode recusá-la se entender que o acordo não preservou suficientemente os interesses da criança (artigo nº 1.574, parágrafo único do Código Civil).

Nesse sentido, o magistrado poderá até mesmo designar a guarda do menor a um terceiro, se verificar que a convivência com os genitores não ocorre em proveito dos filhos. Nesses casos, deve-se considerar o grau de parentesco e a afinidade do guardião com o menor (artigo nº 1.584, § 5º do Código Civil).

O princípio fundamental deve ser o da proteção do melhor interesse da criança e do adolescente, de modo que o juiz tem a liberalidade de decidir de forma diferente dos critérios estabelecidos no capítulo referente à proteção dos filhos, conforme dispõe o artigo nº 1.586 do Código Civil.

Durante muito tempo os textos do ordenamento civil foram interpretados de forma a se vincular a guarda do menor ao poder familiar, de maneira

---

[37] Com a nova redação do § 6º do art. nº 226 da Constituição Federal houve a extinção da separação judicial e a discussão da culpa pelo término da relação. Sobre esta questão há dois entendimentos: Aquele que, diante da emenda constitucional número 66, afirma que não existe mais a separação judicial e a outra, no sentido de que a separação judicial é uma liberalidade dos cônjuges. A V Jornada de Direito Civil de 2012 formulou o seguinte enunciado sobre o tema: 513: "Art. 1.571: A Emenda Constitucional n. 66/2010 não extinguiu o instituto da separação judicial e extrajudicial". No entanto, o que atualmente predomina é o fato de ter havido a extinção da separação judicial.

que o titular do poder familiar acabava por ter um direito quase absoluto à guarda do filho.[38]

Atualmente, é certo afirmar que a guarda é somente um dos atributos do poder familiar, mas não sua essência. Esses direitos podem conviver de maneira independente. Normalmente, ela é exercida pelos pais, seja na constância ou não do casamento ou de outra forma de conjugalidade, ou por meio da monoparentalidade.

Mas, ainda que a guarda da criança tenha sido confiada a terceiro, os pais continuam a deter o poder familiar. Ou seja, a autoridade parental pode ser exercida sem a guarda e vice-versa. O essencial é que os interesses dos menores sejam respeitados.

O Código Civil, assim como o Estatuto da Criança e do Adolescente, optou por não criar uma definição legal da guarda, o que causa uma série de dificuldades para delimitar seu conteúdo.[39]

Waldyr Grisard Filho reconhece a complexidade de se conceituar a guarda, dada sua multiplicidade de fatores. Para o autor, a guarda não se define por si mesma, senão através dos elementos que a asseguram. Ela surge como um direito-dever natural e originário dos pais, que consiste na convivência com seus filhos e é o pressuposto que possibilita o exercício de todas as funções parentais, elencadas no artigo nº 1.634 do Código Civil.[40]

Para Paulo Lôbo, a guarda consiste "na atribuição a um dos pais separados, ou a ambos, dos encargos de cuidado, proteção, zelo e custódia do filho. Quando é exercida por um dos pais, diz-se unilateral ou exclusiva; quando por ambos, compartilhada. Nessas circunstâncias, a guarda integra o poder familiar, dele destacando-se para a especificação do exercício".[41]

A guarda é considerada um poder-dever, uma vez que é exercida sempre com base no interesse da criança e do adolescente. Dessa forma, ao lado do poder de opor-se a terceiros, por exemplo, há um feixe de obrigações, como a prestação de assistência material, moral e educacional, de acordo com o que dispõe o ECA.[42]

Seu descumprimento pode acarretar suspensão ou até perda do direito de guarda, além de eventuais consequências criminais decorrentes da negligência.

---

38 CURY, Munir (Coord.). *Estatuto da criança e do adolescente comentado*. Comentários Jurídicos e sociais. 10 ed. São Paulo: Malheiros, 2010, p. 163.

39 Vide discussão sobre a diferença entre guarda e poder familiar no item 2.1.

40 GRISARD FILHO, Waldyr. *Guarda Compartilhada*, p. 58.

41 LÔBO, Paulo Luis Netto. *Direito Civil*: famílias. op. cit., p. 190

42 Artigo nº 33 do ECA.

O § 4º do artigo nº 1.584 do Código Civil preconiza que o descumprimento imotivado de cláusula de guarda poderá implicar a redução das prerrogativas atribuídas a seu detentor. No entanto, não se pode esquecer que o foco é o menor, que está em situação peculiar, merecendo especial atenção.

De todo modo, a sentença judicial relativa à guarda dos filhos pode ser revista a qualquer tempo, de acordo com a mudança das circunstâncias.

Caso o filho atinja a maioridade, mas seja incapaz de reger os atos da vida civil, em razão de impossibilidade física ou mental, sua interdição deverá ser promovida e as disposições relativas à guarda e prestação de alimentos se estenderão a essas hipóteses, conforme dispõe o artigo nº 1.590 do Código Civil.

1.3.1 - Modalidades de guarda

Durante a vigência do casamento ou união estável, o exercício da guarda é feito conjuntamente pelos pais. É a chamada guarda comum. Sua origem não é legal nem judicial, mas natural, decorrente da paternidade e da maternidade.

No entanto, quando o casal não vive mais junto, é preciso definir um plano de convivência em relação aos filhos. O ideal é que os próprios pais tomem conjuntamente essa decisão, levando-a ao Judiciário para homologação. Mas quando há litígio, é preciso que o Judiciário interfira para definir qual é o modelo de guarda mais apropriado àquela criança.

Nesses casos, normalmente é determinado um estudo psicossocial com um assistente social, que buscará averiguar o ambiente familiar em que cada genitor se encontra para verificar quem tem melhores condições emocionais para lidar com a rotina da criança, com o intuito de preservar seu bem-estar.

A guarda pode ser provisória ou definitiva. É provisória quando é deferida liminarmente, na pendência de um processo judicial para regularizar uma situação fática. Já a guarda é considerada definitiva quando decorre de acordo dos pais e é ratificada pelo juiz ou por decisão judicial final. Mas, mesmo com a sentença, a guarda nunca é imutável, podendo ser modificada a qualquer tempo, de acordo com a alteração das circunstâncias, já que deve prevalecer o interesse do menor. Portanto, a guarda dos filhos não faz coisa julgada material, apenas formal.

Alguns autores, tais como Fernanda Levy,[43] Waldyr Grisard[44] e Maria Lúcia Leiria,[45] fazem diferença entre a guarda jurídica e a guarda material ou física. Por esse entendimento, a guarda jurídica decorre da titularidade do poder familiar, em que se exercem os direitos e deveres de criação dos filhos, podendo ser exercida à distância. Já a guarda material consiste em ter os filhos em sua companhia, ou seja, o convívio direto por meio da companhia diária.

Em 2008, o Código Civil de 2002 foi alterado pela Lei nº 11.698/2008, que passou a definir dois tipos de guarda: a guarda única e a guarda compartilhada. Já em 23 de dezembro de 2014, houve a promulgação da Lei nº 13.058/2014 que efetuou algumas alterações nos dispositivos referentes à guarda.[46]

1.3.1.1 Guarda única

A guarda única, também chamada unilateral, ocorre quando é exercida de forma exclusiva por um dos genitores. Ela pode decorrer da titularidade exclusiva do poder familiar, como, por exemplo, na monoparentalidade ou nas hipóteses de perda ou suspensão do poder familiar por um dos genitores. Pode resultar do acordo entre os pais, ou por decisão judicial que atribui a guarda a somente um deles. Nesses casos, há um redimensionamento das atribuições de cada genitor.

Para Fernanda Levy, no modelo de exercício unilateral, o genitor que possui a guarda contínua detém maior parcela do conteúdo do poder familiar (guarda, educação e criação), restando ao guardião descontínuo o poder-dever de fiscalização e visitação.[47]

A guarda única deve ser deferida ao genitor que tiver melhores condições para exercê-la. No entanto, com a alteração legislativa da Lei nº 13.058/2014 houve a supressão dos incisos I, II e III do § 2º do artigo nº 1.583, o qual indicava os seguintes critérios para aferição dessas condições:

> I - Afeto nas relações com o genitor e com o grupo familiar;

---

43 LEVY, Fernanda Rocha Lourenço. *Guarda de filhos*, op. cit., p. 52-53.

44 GRISARD FILHO, Waldyr. *Guarda Compartilhada*, p. 89-90.

45 LEIRIA, Maria Lúcia Luz. Guarda Compartilhada. A difícil passagem da teoria à prática: a realidade da lei nº 11.698/2008. *Revista jurídica*, Porto Alegre, v. 59, nº 409, p. 9-25, nov. de 2011. Disponível em: <http://www.rkladvocacia.com/arquivos/artigos/art_srt_arquivo20130422215538.pdf.> Acesso em: 4 dez. 2014, p. 3.

46 Esses dispositivos serão analisados mais a fundo no item 2.9.1.

47 LEVY, Fernanda Rocha Lourenço. *Guarda de filhos*, op. cit., p.82.

II - Saúde e segurança;

III - Educação.

Em 2007, ou seja, antes da alteração no Código Civil sobre a guarda compartilhada, Suzana Borges, ao discorrer sobre a expressão "melhores condições", sustentava que deveria ser levado em conta fatores tais como a disponibilidade dos genitores, seu estado emocional, os laços de afeto para com o menor e, em último plano, sua capacidade financeira:

> Embora não seja fator determinante, o aspecto financeiro do genitor que pretende obter a guarda deve ser levado em consideração em conjunto com os demais elementos essenciais para a identificação do genitor mais apto. Contudo, não deve servir de óbice ou vantagem para o seu deferimento, uma vez que a fixação de alimentos poderá suprir qualquer necessidade que o menor venha a apresentar.[48]

Já Flávio Tartuce afirmava que a inserção do § 2º ao artigo nº 1.583 do Código Civil feita pela Lei nº 11.798/2008, havia afastado qualquer interpretação no sentido de que teria melhores condições o genitor com mais recursos financeiros.[49]

O afeto entre o filho e o genitor é um fator preponderante, mas não o único. É preciso encontrar um ambiente sadio, harmônico, que possibilite segurança e facilite o desenvolvimento da criança. Em determinados casos, a situação econômica e a estrutura da moradia podem vir a interferir nessa escolha, mas a condição financeira, por si só, não deve ser o diferencial, já que o magistrado deve analisar a situação como um todo.

Nas ações que envolvem menores as decisões sobre guarda, contato e alimentos devem ser interpretadas sempre em favor das crianças e não dos adultos, já que aquelas têm absoluta prioridade, por serem vulneráveis.

O § 5º do artigo nº 1.583 do Código Civil passou a ter a seguinte redação, dada pela Lei nº 13.058/2014:

> A guarda unilateral obriga o pai ou a mãe que não a detenha a supervisionar os interesses dos filhos, e, para possibilitar tal supervisão, qualquer dos genitores sempre será parte legítima para solicitar informações e/ou prestação de contas, objetivas ou subjetivas, em assuntos ou situações

---

[48] LIMA, Suzana Borges Viegas de. *Guarda compartilhada*. Efetivação dos princípios constitucionais da convivência familiar e do melhor interesse da criança e do adolescente. Dissertação de mestrado em Direito da Universidade de Brasília. Brasília, 2007, p. 61.

[49] TARTUCE, Flávio. *Manual de Direito Civil*, 4 ed. São Paulo: Método, 2014, p. 1223.

que direta ou indiretamente afetem a saúde física e psicológica e a educação de seus filhos.

O artigo nº 1.589 do Código Civil dispõe que "o pai ou a mãe em cuja guarda não estejam os filhos, poderá visitá-los e tê-los em sua companhia, segundo o que acordar com o outro cônjuge, ou for fixado pelo juiz, bem como fiscalizar sua manutenção e educação."

Em tese e conforme determina o ordenamento jurídico, apesar de a guarda unilateral ser atribuída a apenas um dos genitores, o poder familiar não se altera. Na prática, porém, o genitor que não detém a guarda deixa de ser o guardião que era durante a vigência do casamento e passa a ser um "visitante" com direito de vigiar. Nesse tipo de guarda, o guardião será o responsável por decidir sobre as questões mais relevantes e cotidianas do filho, cabendo ao outro genitor, em caso de divergência, o direito de invocar o Judiciário para fazer valer suas opiniões, tendo um verdadeiro papel secundário.[50]

Quando não há consenso entre os pais e a demanda é encaminhada ao Judiciário, havendo determinação para a guarda única, é bastante comum que os juízes se utilizem de uma planilha fixa sobre as "visitas" do genitor não guardião. Ocorre que essas "visitas" são normalmente quinzenais, nos finais de semana, o que impede esse pai de acompanhar o dia a dia e participar da educação dos filhos. Isso sem falar que essa planilha muitas vezes é aplicada em casos diferentes, não levando em consideração a etapa de desenvolvimento e as necessidades individuais de cada criança. Essa conjuntura acaba provocando uma perda de intimidade entre pais e filhos e um natural afastamento entre eles, em vez de reforçar o relacionamento em benefício do bem-estar da criança.[51]

Como observa Waldyr Grisard Filho, a ausência sistemática do filho pela periodicidade forçada desestimula o exercício da guarda, podendo levar os pais, que se sentem negligenciados pela sociedade, a se afastarem do convívio com os filhos.[52]

No Brasil, a guarda única é, sem dúvida, o modelo mais utilizado atualmente. Numa pesquisa realizada pelo IBGE em 2014, verificou-se que em 86,3% dos divórcios realizados em 2013, a guarda foi concedida exclusivamente a um

---

50 Por isso, esse estudo defende que o diálogo e a flexibilidade devem preponderar nas questões relativas à guarda dos menores.

51 Diante desse quadro, houve a promulgação da Lei nº 13.058/2014, visando tornar a guarda compartilhada a regra. No entanto, a letra da lei pode trazer expectativas irreais e deixar em segundo plano o melhor interesse da criança. Vide discussão no item 2.10.

52 GRISARD FILHO, Waldyr. *Guarda Compartilhada*, p. xx.

dos genitores: no caso, as mulheres.[53] Importante destacar que, entre 2001 e 2011 houve redução da porcentagem de decisões que determinavam a guarda aos genitores homens: 5,7% e 5,3% respectivamente.[54]

Esses números demonstram a dificuldade que o pai ainda encontra para ter um estreitamento da relação com seus filhos. No entanto, atualmente há um movimento cujo o objetivo é buscar uma maior participação na vida dos menores, o que poderá, por vezes, ocorrer por meio da guarda compartilhada. Esse tipo de guarda já vinha sendo timidamente aplicada, mas ainda não era reconhecida juridicamente até 2008, ano em que se inseriu expressamente o termo no ordenamento. Com a promulgação da Lei nº 13.058/2014, a guarda compartilhada passa a ser a regra, conforme será analisado no item 2.9.1.

1.3.1.2 Guarda alternada

Antes de entrar mais especificamente no assunto guarda compartilhada, cumpre mencionar a guarda alternada, que, apesar de não regulamentada pelo Código Civil, deve ser explicitada, tanto por ser bastante conhecida e, por vezes utilizada, como pela confusão que traz em relação à guarda compartilhada.

O Enunciado 518 da V Jornada de Direito Civil do Conselho da Justiça Federal defende a possibilidade de haver outros arranjos em relação à guarda, além dos expressos no Código Civil:

> A Lei nº 11.698/2008, que deu nova redação aos arts. 1.583 e 1.584 do Código Civil, não se restringe à guarda unilateral e à guarda compartilhada, podendo ser adotada aquela mais adequada à situação do filho, em atendimento ao princípio do melhor interesse da criança e do adolescente. A regra aplica-se a qualquer modelo de família. Atualizados os Enunciados n. 101 e 336 em razão de mudança legislativa, agora abrangidos por este enunciado.[55]

A guarda alternada é determinada aos dois genitores, havendo alternância no período em que o menor morará com cada um dos pais. Nesses períodos predeterminados, que podem ser semanais, quinzenais ou em dias alternados,

---

[53] IBGE. Instituto Brasileiro de Geografia e Estatística. *Estatística de Registro Civil 2013*. Disponível em: <http://www.ibge.gov.br/home/estatistica/populacao/registrocivil/2013/default.shtm>. Acesso em: 15 dez. 2014.

[54] IBGE: *Guarda dos filhos dobra em 2011, mais ainda representa só 5,4% do total*. Disponível em: <http://noticias.uol.com.br/cotidiano/ultimas-noticias/2012/12/17/ibge-guarda-compartilhada-de-filhos-dobra-em-2011-mas-ainda-representa-so-54-do-total.htm>. Acesso em: 13 abr./2013.

[55] Enunciados do Conselho da Justiça Federal de 2011.

o genitor que está com a criança decide sobre as questões rotineiras durante o período de tempo em que lhe é confiada a guarda.

Para Renata Vilela e Vitor Almeida, na guarda alternada, os pais exercem de forma alternada tanto a custódia legal como a custódia física e, ao contrário da guarda compartilhada, em cada período a responsabilidade e as decisões são daquele que está exercendo a guarda.[56]

Suzana Borges afirma que a guarda alternada se traduz no revezamento dos filhos entre a casa da mãe e a do pai, durante períodos preestabelecidos, podendo ser de semanas, meses, ou até anos de alternância. Assim, enquanto um dos pais detém a guarda no período que lhe cabe estar com o menor, ao outro é dado o direito de visitas.[57]

O Enunciado n. 5.21 da VII Jornada de Direito Civil do Conselho da Justiça Federal, realizada em setembro de 2015, esclarece que na guarda alternada, além da divisão de tempo de permanência dos filhos com os pais, há também o exercício exclusivo da guarda pelo genitor que se encontra na companhia do filho.[58]

Esse tipo de arranjo é bastante criticado, pois dificulta o princípio da continuidade, prejudicando o bem-estar da criança. A guarda alternada pode até funcionar em certas famílias, mas, em geral, não é satisfatória para o menor, pois é ele e não seus pais que terá de viver em constante mudança.[59]

Flávio Tartuce critica esse tipo de guarda, pois ela pode trazer confusões psicológicas para a criança. Ele também se refere a essa guarda como "guarda pingue-pongue" ou "guarda do mochileiro", pois o filho sempre deve arrumar a sua malinha para ir de uma casa a outra, de modo que a criança perde seu referencial, recebendo tratamentos diferentes quando na casa materna ou paterna.[60]

---

56 MULTEDO, Renata Vilela; ALMEIDA, Vitor. Guarda Compartilhada: entre o consenso e a imposição judicial – Comentários ao REsp. 1.251.000/MG. In: *Revista Civilística*, ano 1 n. 2.2012, p. 09.

57 LIMA, Suzana Borges Viegas de. Guarda Compartilhada: a nova realidade. In: COLTRO, Antônio Mathias; DELGADO; Mário Luiz (Coords.). *Guarda Compartilhada*. Rio de Janeiro: Forense; São Paulo: Método, 2009, p. 331-341, p. 339.

58 Enunciado n. 5.21 do Conselho da Justiça Federal: Guarda compartilhada/divisão do tempo: "A divisão, de forma equilibrada, do tempo de convívio dos filhos com a mãe e com o pai, imposta na guarda compartilhada pelo § 2° do artigo n° 1.583 do Código Civil, não deve ser confundida com a imposição do tempo previsto pelo instituto da guarda alternada, pois esta não implica apenas a divisão do tempo de permanência dos filhos com os pais, mas também o exercício exclusivo da guarda pelo genitor que se encontra na companhia do filho".

59 Esse tema será mais bem analisado no item 4.2.1.1, referente às pesquisas estrangeiras realizadas com crianças em "shared residence".

60 TARTUCE, Flávio. *Manual de Direito Civil*, op. cit., p. 1224.

De modo geral, a guarda alternada não é recomendável, por questões logísticas e práticas. Nesse sentido deve ser levada em conta a distância entre as residências; se o filho se sente em casa nos dois ambientes; se há estrutura nas duas residências, como material escolar, remédio etc. Mas, em primeiro lugar, o que deve pesar mais na decisão são as constantes mudanças que o filho terá de fazer e como esse fato o afetará. Não se pode esquecer que os interesses do menor vêm em primeiro lugar.

Apesar de a guarda alternada dificultar a adaptação da criança, devendo, portanto, ser desestimulada, generalizações absolutas não devem ser feitas. Nesse sentido, um exemplo que merece ser citado é o da família Gorin, cujo genitor, por considerar esse tipo de guarda bem-sucedido, escreveu um livro sobre o tema.[61]

Ilan Gorin sustenta que ser um pai pleno é conviver de perto com o filho, ter uma rotina com ele, o que não é possível com visitas quinzenais. Ele afirma que os filhos se sentem mais seguros quando continuam convivendo com ambos os genitores e que o contato com duas culturas diferentes é saudável para que o menor possa fazer escolhas mais maduras no futuro. Para isso, é necessário ter planejamento, organização e, de preferência, morar em lugares próximos.[62]

No caso dessa família, os filhos tinham dois computadores, roupas e calçados em ambas as casas e era comum que se comprasse remédios em duplicidade. No entanto, cadernos e livros escolares não podiam ser duplicados. Por isso, o genitor contratou um taxista que levava de uma casa para a outra o material mais pesado, evitando que a criança tivesse de carregar na mochila uma bagagem volumosa. Ademais, os pais passavam para a escola uma planilha com os dias em que os filhos estariam em cada casa, para que o ônibus escolar os levasse para o destino certo. Os genitores dividiam todas as recomendações médicas após as consultas e mantinham uma agenda em que escreviam os recados para o outro genitor.[63]

Ora, nota-se que é preciso ter muito compromisso, foco e responsabilidade para manter uma rotina como essa sem que haja mal-entendidos. Isso sem falar na questão financeira. Mas, ao que tudo indica, para essa família a guarda alternada funcionou, trazendo resultados positivos para esses filhos.

---

61 Adiante será abordada a questão da confusão de conceitos entre a guarda alternada e a guarda compartilhada. O próprio genitor e autor do livro, confunde os conceitos: "[...] a guarda compartilhada total (alternada) que implica uma convivência permanente, metade do tempo com um dos pais, metade do tempo com outro, tende a funcionar muito bem. Assim, os filhos podem passar uma semana com a mãe, outra semana com o pai, ou no sistema de dias alternados, como é o meu caso". GORIN, Ilan. *A guarda compartilhada e a paternidade*, 2010, p. 21-22. Vide www.guardacompartilhada.com.br.

62 GORIN, Ilan. *A guarda compartilhada e a paternidade*, op. cit., p. 39-40, 95, 99.

63 Ibidem.

Cita-se um trecho do depoimento da filha, Michelle Gorin, quando ela tinha 14 anos:

> [...] Tenho duas casas idênticas e ao mesmo tempo diferentes. Muitas pessoas vivem me perguntando como consigo levar essa vida, e respondo habitualmente que estou acostumada. [...]
>
> Estou aqui somente para dizer como é importante que tanto o pai quanto a mãe estejam absolutamente conscientes do papel importante e indispensável que fazem na vida de seus filhos [...]
>
> Orgulho-me demais de levar essa vida aparentemente maluca e ter essa família muito grande. Orgulho-me dos meus pais por terem conseguido fazer as coisas desse modo, por terem conseguido entrar nesse acordo, por viverem bem com essa "divisão", por construírem uma nova família, e principalmente por terem entendido o papel que cada um deles faz na minha vida e terem me educado e amado de uma forma tão boa, que me leva a ser quem sou hoje, e levar essa vida extremamente deliciosa.

Por isso, em que pese todas as ressalvas sobre a guarda alternada, é preciso respeitar as especificidades de cada família e, nesse caso, o exemplo citado foi uma boa exceção, pois o arranjo foi permeado pelo diálogo e respeito a todos os envolvidos.

No entanto, de modo geral, esse arranjo pode provocar instabilidade emocional, pois a criança necessita de um referencial, para que sua rotina diária seja preservada. Cabe citar o depoimento de uma pessoa que passou pela alternância de residência "Se eu tivesse que dar conselhos aos pais, eu recomendaria que as crianças ficassem em uma casa e os pais é que tivessem que mudar de casa (risos)... Eu acho que seria mais justo." (Angela, 20 anos).[64]

Nesse sentido, são as palavras de Suzana Borges:

> a fixação de residência única é fundamental, pois é em torno dela que gira o seu cotidiano, em que desenvolve suas atividades escolares e sociais. Desse modo, a residência permanente com um dos pais é elemento indispensável para a preservação de hábitos e da estabilidade emocional do menor, possuindo um referencial contínuo, que é a sua casa.[65]

1.3.1.3 Aninhamento ou Nidação

Somente a título de curiosidade, cita-se o aninhamento ou nidação, espécie de guarda que raramente é aplicada, tendo em vista suas dificuldades

---

[64] SMART, Carol. *Equal shares*: rights for fathers or recognition for children? In: *Critical Social Policy*. Out., 2004. V. 24. London: Sage, p. 484-503, p. 501.

[65] LIMA, Suzana Borges Viegas de. *Guarda Compartilhada*: a nova realidade, op. cit., p. 339.

práticas. Na nidação são os pais que se revezam, mudando-se para a casa em que vivem os menores, em períodos alternados. Entretanto, pelos altos custos, já que são necessárias três casas, uma para o pai, uma para mãe e outra para as crianças, ela é praticamente irrealizável.

1.3.1.4 Guarda Compartilhada

De acordo com o disposto no Código Civil, no artigo nº 1.583, § 1º, a guarda compartilhada é a responsabilização conjunta e o exercício de direitos e deveres do pai e da mãe que não vivam sob o mesmo teto, concernentes ao poder familiar dos filhos comuns.

Paulo Lôbo caracteriza a guarda compartilhada como a manutenção responsável e solidária dos direitos-deveres inerentes ao poder familiar, minimizando-se os efeitos da separação dos pais, além de incitar o diálogo.[66] Maria Lúcia Leiria afirma que a guarda compartilhada é a guarda jurídica atribuída a ambos os genitores.[67]

A proposta da guarda compartilhada, conforme Taise Trentin e Aline Casagrande, "é a mantença dos laços afetivos, buscando minimizar os efeitos que uma separação acarreta nos filhos, conferindo aos pais o exercício igualitário da parentalidade, ela reflete fielmente o que se entende por poder familiar."[68]

Na guarda compartilhada a criança, em geral, tem a referência de uma casa principal, mas os pais têm maior liberdade para planejar a rotina da criança e a convivência com os genitores, havendo uma participação mais ativa de ambos na vida dos filhos.

A Ministra do STJ, Fátima Nancy Andrighi, menciona que a guarda compartilhada reflete, com muito mais acuidade, a realidade da organização social atual, em que cada vez mais ficam apenas na lembrança as rígidas divisões de papéis sociais definidas pelo gênero dos pais.[69]

Tendo em vista as peculiaridades da guarda compartilhada, ela será analisada em capítulo próprio.

---

66 LÔBO, Paulo Luis Netto. *Direito Civil*: famílias, op. cit., p. 200.

67 LEIRIA, Maria Lúcia Luz. *Guarda Compartilhada. A difícil passagem da teoria à prática*, op. cit., p. 4.

68 TRENTIN, Taise Rabelo Dutra; CASAGRANDE, Aline. Guarda Compartilhada: mediação como meio adequado e eficaz no tratamento do conflito nas relações familiares. *Revista dos Tribunais online*. Revista dos Tribunais Sul, v. 6 a 8, jul-dez 2014, pp. 215-221.

69 STJ, REsp nº 1.428.596 – RS. Rel. Ministra Nancy Andrighi. Dje 25.06.2014. No mesmo sentido: REsp nº 1.251.000 – MG (2011/0084897-5). Rel. Ministra Nancy Andrighi.

CAPÍTULO II
GUARDA COMPARTILHADA NO BRASIL

2.1 PODER FAMILIAR X GUARDA. DISCUSSÃO SOBRE A NECESSIDADE DA LEI DE GUARDA COMPARTILHADA

Um tema bastante nebuloso e pouco discutido é verificar a diferenciação entre a guarda e o poder familiar, já que, na prática, há uma linha muito tênue entre os dois institutos, uma vez que, ao longo do tempo, foi-se atribuindo cada vez mais importância à guarda, relegando o poder familiar a um instituto secundário, quando, na verdade, a guarda é somente um dos atributos da autoridade parental.

A guarda está disciplinada no Capítulo XI, referente à proteção da pessoa dos filhos, do subtítulo I – "Do casamento", nos artigos nº 1.583 e seguintes do Código Civil. Já o Poder Familiar se encontra disciplinado no subtítulo II – "Das relações de parentesco", a partir do artigo nº 1.634.

As opiniões doutrinárias variam bastante, na medida em que alguns autores dão uma importância maior e outros, uma menor relevância à guarda, conforme se verificará a seguir.

Maria Helena Diniz defende que, com a ruptura da relação conjugal, ambos continuam titulares do poder familiar, mas seu exercício pode ser alterado pela atribuição do direito de guarda a um deles, ficando o outro com o de visitar a prole. Assim, no caso de guarda única, por exemplo, haveria um "deslocamento do exercício do poder familiar", já que aquele que tem a guarda única tomará as decisões e o outro titular do poder familiar poderá recorrer ao Judiciário para pleitear eventual modificação de decisão tomada pelo guardião.[1] Por esse entendimento, aquele que detém a guarda tem o poder de decisão sobre as questões do filho, cabendo ao outro genitor, em caso de discordância, ingressar com ação judicial.

---

1 DINIZ, Maria Helena. *Curso de Direito Civil Brasileiro*. Direito de Família, op. cit., p. 591.

Para Waldyr Grisard, com o término do relacionamento dos pais, a guarda se dissocia, debilitando o poder familiar. Para o autor, embora não afete os direitos e deveres dos pais, há um desdobramento da guarda, que é atribuída a um deles, e o direito de visitas ao outro. Grisard defende que tal desdobramento enfraquece o poder familiar do genitor não guardador, que fica impedido do amplo exercício do seu direito, com a mesma intensidade e na mesma medida que o outro, o guardador. Desse modo, apenas aquele que obtém a guarda material exerce a guarda em toda sua extensão.[2]

Suzana Borges afirma que, com o rompimento do casal, o exercício da autoridade parental e o da guarda sofrem uma cisão e a guarda passa a ser exercida de maneira desmembrada, sofrendo considerável alteração:

> Ao guardião é conferido o cuidado cotidiano dos menores, bem como o exercício da autoridade parental de maneira quase exclusiva, o que por vezes leva a distorções, passando a ser um direito absoluto, comumente instrumento de abuso por parte de seu detentor.
>
> [...] Consequentemente, há um distanciamento natural do genitor não guardião, o que vem a enfraquecer o próprio exercício da autoridade parental na prática, embora a sua titularidade permaneça intacta.[3]

A autora afirma que, embora o artigo nº 1.632 garanta a ambos os pais a titularidade da autoridade parental mesmo após o divórcio, o seu exercício sofre visíveis restrições no que diz respeito ao genitor não guardião:

> a quem resta o direito de visitas, apenas podendo fiscalizar a educação e o sustento de seus filhos a distância. Aquele termina não participando diretamente das decisões de maior significância acerca da educação e criação dos menores, sendo a sua contribuição mínima. Nessa condição, somente lhe resta intervir por meio do juiz e família, em caso de divergência quanto às decisões tomadas pelo detentor da guarda.[4]

Fernanda Levy sustenta que com a ruptura dos laços conjugais, apesar de a titularidade da autoridade parental permanecer inalterada, há desdobramentos decorrentes do fracionamento do poder familiar, diante da bipartição da guarda do filho. Para a autora, a guarda jurídica refere-se ao exercício conjunto de deveres e direitos inerentes à guarda, ao passo que a guarda material refere-se à convivência contínua com o filho sob o mesmo teto:

---

[2] GRISARD FILHO, Waldyr. *Guarda Compartilhada*, op. cit., p. 90-91.

[3] LIMA, Suzana Borges Viegas de. *Guarda compartilhada*, op. cit., p. 65-58.

[4] Ibidem, p. 64.

> Àquele genitor que é atribuído exercício do poder familiar (guarda do filho como gênero) são atribuídas as guardas jurídica e material, pois exerce todos os poderes inerentes ao exercício unilateral do poder familiar: guarda jurídica e, tendo o filho em convívio direto, pois mora com ele, guarda material. De fato, e esta é a crítica ao exercício unilateral da guarda em casos de rompimento do núcleo familiar: o genitor guardião contínuo exerce grande parcela ou parcela mais importante do poder familiar que deveria restar inalterado em face da ruptura conjugal.
>
> Ao genitor guardião-descontínuo cabe o direito de fiscalização e o direito de ter o menor em sua companhia (ou seja, exercício da guarda material de maneira esporádica) através do chamado direito de visita.[5]

Assim, por esse entendimento, quando a guarda é atribuída aos pais, ambos adquirem a guarda jurídica e aquele que possui a guarda de fato, ou seja, o genitor que tem o filho em sua companhia tem sua guarda material.

Fernanda Levy utiliza a expressão "fracionamento do poder familiar". Se se entender que com a estipulação da guarda única há fracionamento do exercício da autoridade parental, consequentemente a guarda dos filhos tem uma importância maior, pois aquele que detiver a guarda terá mais atribuições do que o genitor "visitante".

E o que na prática ocorre, ainda que de forma indevida, pois o que deveria prevalecer é o poder familiar. A autora ainda explica que, com a separação, o exercício da autoridade parental pode variar e, usualmente, não se fala em "ajustamento ou regulação do exercício do poder familiar, como adequadamente dever-se-ia fazer, mas sim em atribuição da guarda dos filhos, tendo em vista que na guarda se consubstancia grande parcela dos atributos do poder familiar."[6]

Por outro lado, Paulo Lôbo afirma que, quando do divórcio ou dissolução da união estável, o poder familiar permanece íntegro, exceto quanto ao direito à companhia dos filhos. Desse modo, o autor defende que, ainda que a guarda esteja sob a detenção de um, o poder familiar continua sob a titularidade de ambos os pais. Nesse sentido, o que não detém a guarda tem o direito não apenas de visita ao filho, mas também pode compartilhar das decisões fundamentais que lhe dizem respeito.[7]

Giselle Groeninga lembra que nas separações pode haver confusão quanto ao exercício do poder familiar e a guarda:

---

[5] LEVY, Fernanda Rocha Lourenço. *Guarda de filhos*, op. cit., p. 52-53.

[6] Ibidem, p. 81.

[7] LÔBO, Paulo Luis Netto. *Direito Civil*: famílias, op. cit., p. 301.

> Confusão que encontrava certa facilidade para ocorrer no tempo em que eram mais rigidamente divididos os papéis atribuídos à mãe e ao pai, e quando o ordenamento contemplava a guarda única. Tal confusão e adequação aos tempos atuais é que a lei da Guarda Compartilhada veio a tentar prevenir, enfatizando a responsabilidade conjunta de pai e mãe, resgatando o conceito de poder familiar que, por vezes, se via distorcido pelo exercício da guarda única. Nestas circunstâncias, imperavam as motivações subjetivas e mesmo egoístas, ao invés de ser mantido o altruísmo que deve caracterizar as relações familiares.[8]

No que tange à guarda compartilhada, Paulo Lôbo afirma que, nesse caso, a guarda é substituída pelo direito de convivência dos filhos em relação aos pais. Ainda que separados, os pais exercem em plenitude o poder familiar. O doutrinador defende que a finalidade da guarda compartilhada é a igualdade na decisão em relação ao filho ou corresponsabilidade em todas as situações existenciais e patrimoniais. Assim, "os pais permanecem com as mesmas divisões de tarefas que mantinham quando conviviam, acompanhando conjuntamente a formação e o desenvolvimento do filho".[9]

Gustavo Tepedino argumenta que os artigos nº 1.583 e seguintes do Código Civil não tiveram a pretensão de regular, sob a égide da guarda, as relações de filiação propriamente ditas, "limitando-se a estabelecer parâmetros normativos mínimos para propiciar o acordo no que tange à visita periódica para o genitor que não tiver filhos em sua companhia – aspecto diminuto dos cuidados inerentes ao exercício comum da autoridade parental".[10]

Para ele, toda a disciplina das relações de filiação propriamente ditas está associada ao poder familiar e não à guarda dos filhos. Desse modo, as regras de conduta relacionadas à autoridade parental se encontram em seção específica do Código Civil no Capítulo V, subtítulo II – "Das relações de parentesco", combinado com os artigos nº 21 e seguintes do Estatuto da Criança e do Adolescente, o que não ocorre com a guarda.

Por esse motivo, o autor acrescenta que as modalidades de guarda são um problema menos jurídico e mais pscológico, atinente ao

---

8 GROENINGA, Giselle. Alienação parental: revisão necessária. Decisão comentada. TJRS; AI 70028169118; 7ª C. Cív.; Rel. Des. André Luiz Planella Villarinho; DOERES 24.03.2009. In: *Revista Brasileira de Direito das Famílias e Sucessões*, n. 11, Porto Alegre: Magister; Belo Horizonte: IBDFAM, ago-set/2009, p. 109-114, p. 111.

9 LÔBO, Paulo Luis Netto. op. cit., p. 200.

10 TEPEDINO, Gustavo. A disciplina da guarda e a autoridade parental na ordem Civil-Constitucional, op. cit., p. 311.

comportamento, à personalidade, ao caráter e ao temperamento de cada genitor após a separação.[11]

Portanto, faz-se necessário apurar as distinções entre a guarda dos filhos e o poder familiar, para se rediscutir os papéis parentais dos genitores, inclusive daquele que não detém a guarda. Nesses casos, quais seriam os limites e a abrangência de atuação de cada um deles?

A resposta dessa pergunta levará à análise sobre a real necessidade da promulgação de leis sobre a guarda compartilhada no ordenamento, tendo em vista a existência da autoridade parental.

Num exame mais superficial, parece não haver dificuldades para se distinguir a guarda do poder familiar, no entanto, analisando os conceitos mais profundamente, é possível verificar a dificuldade para diferenciar esses dois institutos. Ressalta-se que até mesmo os magistrados retiram preceitos da autoridade parental e os inserem nas atribuições da guarda, sobrecarregando-a.

Cabe mais uma vez reforçar a ideia de que o poder familiar não se altera com o divórcio ou a ruptura do relacionamento entre os pais, conforme dispõe o artigo nº 1.632 do Código Civil. Dessa maneira, a responsabilização conjunta é a regra, havendo exercício desse poder de maneira única apenas na falta ou impedimento de um deles, conforme menciona o artigo nº 1.631 do Código Civil.

Consequentemente, mesmo não sendo o guardião de forma material, o genitor deve participar das decisões importantes da vida do filho, tais como, lhe prover educação, escolher colégio, opção religiosa, determinado tratamento médico, fornecer alimentos, além de ter o filho em sua companhia.

Na realidade, o que a prática demonstra no Brasil é que há uma contradição pois, embora o ordenamento enfatize que o poder familiar não se altera com a separação, aquele que não detém a guarda acaba por somente supervisionar as decisões rotineiras do outro genitor e fiscalizar os interesses do filho. O próprio ordenamento, no artigo nº 1.589 do Código Civil, menciona as expressões "fiscalizar sua educação", o que evidencia o papel secundário do genitor não guardião:

> Artigo 1.589: O pai ou a mãe em cuja guarda não estejam os filhos, poderá visitá-los e tê-los em sua companhia, segundo o que acordar com o outro cônjuge, ou for fixado pelo juiz, bem como fiscalizar sua manutenção e educação.

---

[11] Idem.

A Ministra Fátima Nancy Andrighi corrobora esse entendimento, afirmando: "embora seja cediço que a separação ou divórcio não fragilizam, legalmente, o exercício do Poder Familiar, na prática, a guarda unilateral se incumbia dessa tarefa".[12]

Atualmente, o que prevalece, em tese, é a autoridade parental, que não se modifica; mas, na prática, o instituto mais importante é a guarda. Seria mais claro se o ordenamento brasileiro optasse pela primazia de um dos institutos: o poder familiar ou a guarda dos filhos.

No entanto, mantendo os artigos nº 1.632 e 1.589 do Código Civil, o que se nota é certa obscuridade na intenção do legislador, que acaba gerando imprecisão, dúvidas e incertezas. Por isso, é importante elucidar o conteúdo de cada instituto para se delimitar as funções de cada um deles.

Parece que o real intuito do legislador foi enfatizar que ambos os genitores devem manter um papel ativo e presente na vida dos filhos após a ruptura conjugal, dando continuidade ao seu papel parental, mantendo o cumprimento de suas obrigações e direitos. Mas, para isso não era necessário mencionar que o poder familiar não se alteraria, pois, de certa forma, há uma modificação, já que é impossível manter o mesmo arranjo que havia quando os pais moravam sob o mesmo teto. Uma sugestão seria dispor que a autoridade parental sofreria ajustes diante da ruptura da relação dos pais.

Caso o ordenamento brasileiro optasse por manter a predominância do poder familiar, uma saída seria diminuir a importância prática da guarda, que abrangeria apenas o local em que os filhos iriam residir e o arranjo de convivência com os genitores. Assim, os demais direitos e deveres dos pais estariam inseridos no poder familiar, independentemente do tipo de guarda, impedindo, desse modo, a existência de um papel principal e um secundário que ocorre no dia a dia, como na Inglaterra.

De fato, bastaria levar à risca as disposições do artigo nº 1.632 do Código Civil, em que a única alteração do poder familiar seria a adaptação quanto à convivência e à residência do menor:

> A separação judicial, o divórcio e a dissolução da união estável não alteram as relações entre pais e filhos *senão quanto ao direito, que aos primeiros cabe, de terem em sua companhia os segundos*. (grifo nosso)

Nesse mesmo raciocínio, o Instituto Brasileiro de Direito de Família (IBDFAM), ao elaborar o Estatuto das Famílias (Projeto de Lei n° 470/2013),

---

12 STJ, REsp nº 1.428.596 –RS. Rel. Ministra Nancy Andrighi. Dje 25.06.2014. No mesmo sentido: REsp nº 1.251.000 – MG (2011/0084897-5). Rel. Ministra Nancy Andrighi.

defende a substituição da nomenclatura guarda por convivência familiar, pois aquele termo "pode causar falsa impressão de 'disputa' por um objeto, o que não apresenta uma compatibilidade com os avanços sociais, que devem ser orientados sempre pela busca do melhor interesse da criança e do adolescente".[13]

A problemática no Brasil ocorre porque a prática se diferencia dos preceitos civis, já que na realidade, aquele que não detém a guarda dos filhos acaba relegado a um mero "visitante" e fiscalizador, não tendo um papel ativo na criação dos seus descendentes.

Cabe citar os comentários da Ministra Fátima Nancy Andrighi nesse sentido:

> [...] A errônea consciência coletiva que *confundia guarda com o Poder Familiar*, atribuindo a quem detinha a guarda o exercício uno do Poder Familiar, teve como consequência mais visível o fenômeno denominado *Sunday dads* – pais de domingo.
>
> Nessa circunstância, o genitor que não detém a guarda – usualmente o pai – *tende a não exercer os demais atributos do Poder Familiar, distanciando-se de sua prole e privando-a de importante referencial para a sua formação*
>
> Com a custódia física concentrada nas mãos de apenas um dos pais e a convivência do outro com a prole, apenas quinzenalmente, ou mesmo semanalmente, o ex-cônjuge que não detém a guarda, *quando muito, limita-se a um exercício de fiscalização e, de regra, inócuo.*
>
> Os filhos da separação e do divórcio foram, e ainda continuam sendo, no mais das vezes, órfãos de pai (ou mãe) vivo (a), onde até mesmo o termo estabelecido para os dias de convívio – visita – demonstra o distanciamento sistemático daquele que não detinha, ou detém, a guarda.[14] (grifo nosso)

Sendo assim, ao menos no Brasil, onde a autoridade parental se mantém inalterada, a guarda dos filhos não deveria ter o peso que possui, se comparada à existência do poder familiar, este, muito mais amplo, englobando todos os deveres inerentes à paternidade.

Nesse mesmo sentido, Suzana Borges sustenta que no direito brasileiro há um apego excessivo ao instituto da guarda, pois muitos a encaram como instrumento de poder, em face do genitor não guardião:

---

13 IBDFAM. Projeto que torna a guarda compartilhada obrigatória é aprovado no CC http://ibdfam.org.br/noticias/5424/Projeto+que+torna+guarda+compartilhada+obrigat%C3%B3ria+%C3%A9+aprovada+na+CC>. Acesso em: 7 out. 2014.

14 STJ, REsp nº 1.428.596 –RS. Rel. Ministra Nancy Andrighi. Dje 25/6/2014. No mesmo sentido: REsp nº 1.251.000 –MG (2011/0084897-5). Rel. Ministra Nancy Andrighi.

> Devido a essa forte inclinação, as disputas se eternizam, apenas para alimentar ressentimentos e egoísmo decorrentes do relacionamento fracassado, gerando como consequência fortes divergências acerca da educação e formação moral que será dispensada aos filhos.
>
> Diante de tal realidade, vemos a necessidade de funcionalizar o instituto da guarda para harmonizá-lo com o exercício da autoridade familiar, sobretudo nos casos de pais separados, de modo que os menores possam beneficiar-se dos efeitos positivos que decorrem da co-parentalidade.[15]

Por isso, concordo com as ideias defendidas por Tepedino, quando este afirma que a guarda deve ter uma importância diminuída, já que o que deve prevalecer é o poder familiar, que não se modifica com o divórcio. Assim, ao explanar sobre a experiência brasileira, Tepedino sustenta que a guarda está limitadíssima no que tange a consequências jurídicas, pois a disciplina da autoridade parental permanece inalterada.[16]

Ana Carolina Brochado Teixeira também divide a mesma opinião ao afirmar que a guarda implica pequenos aspectos do poder familiar, recebendo referência legislativa apenas incidentalmente, enquanto a autoridade parental recebe tratamento específico. No ordenamento brasileiro, privilegiou-se o poder parental, o que não acontece em outros países, tais como Portugal e Itália.[17]

A confusão dos conceitos decorre, em parte, em razão de a guarda compartilhada ter sido importada de modelos estrangeiros, em que o poder familiar se finda com o término do relacionamento. Teixeira faz uma crítica ao afirmar que no Brasil busca-se a implementação desse modelo no direito pátrio sem avaliar seu real cabimento.[18]

Na Inglaterra, por exemplo, o poder familiar não é automático, portanto, há genitores que, embora sejam pais biológicos, não detêm a autoridade parental. Ademais, no ordenamento inglês a responsabilidade parental pode ser deferida a terceiros, que não os pais. Outro aspecto é que não há o instituto da guarda, o que existia até 2014 era somente uma ordem de residência.[19] Dessa forma, observa-se que há claras diferenças com o Brasil.

---

15 LIMA, Suzana Borges Viegas de. *Guarda compartilhada*, op. cit., p. 64.

16 TEPEDINO, Gustavo. A disciplina da guarda e a autoridade parental na ordem Civil-Constitucional, op. cit., p. 320.

17 TEIXEIRA, Ana Carolina Brochado. *Família, guarda e autoridade parental*, op. cit., p. 112.

18 Ibidem, p. 112.

19 O Direito de Família inglês será abordado mais profundamente no Capítulo III.

Na Itália, embora a autoridade parental não cesse com a separação, seu "exercício diz respeito exclusivamente ao cônjuge que tem a guarda".[20]

Em alguns países o exercício da autoridade parental fica a cargo do genitor que detém a guarda ou ordem de residência do filho. No Brasil, entretanto, está claro que a autoridade parental não se altera com a ruptura da relação conjugal, de forma que ambos os genitores mantêm o poder familiar, independente do tipo de guarda.

Aqui, como o poder familiar é inerente à paternidade e já inclui uma gama de direitos e deveres, a guarda não deveria ter tanta força como ocorre em outros países, em que há dissociação da guarda com a autoridade parental.

Diante disso, questiona-se a real necessidade da elaboração de leis sobre a guarda compartilhada, já que o dever de criação e proteção dos filhos decorre do poder familiar, de modo que, mesmo aquele que não detém a guarda material, deve cumprir tais funções.

Águida Arruda Barbosa cita a falta de critério e defende a releitura do instituto da guarda compartilhada no Brasil, "pois, em nome dela, muitas aberrações estão ocorrendo, dada a falta de rigor científico para a construção teórica de critérios para seu conceito e sua implantação". A autora lembra que há a insistência de que a guarda compartilhada serviria para garantir ao genitor, não guardião, o direito de participar de escolha de escola, por exemplo, "como se o poder familiar já não atribuísse esse direito constitucional."[21]

Para Priscila Côrrea da Fonseca, a guarda compartilhada nada mais representa do que o exercício conjunto de um dos atributos do poder familiar: dirigir a criação e educação dos filhos. Para a autora, como o conteúdo da guarda compartilhada identifica-se, em toda sua extensão, com um dos aspectos do poder familiar, era desnecessário que o legislador o tivesse repetido sob nova roupagem.[22]

Assim, a promulgação da Lei nº 11.698/2008 sobre guarda compartilhada revelar-se-ia, para a advogada, como "absolutamente inócua", além de ser um contrassenso. Isso porque, em sua opinião, a corresponsabilidade pela educação dos filhos configura dever legal que compete a ambos os

---

20 TEPEDINO, Gustavo. A disciplina da guarda e a autoridade parental na ordem Civil-Constitucional, op. cit., p. 318.

21 BARBOSA, Águida Arruda. Guarda compartilhada e mediação familiar – uma parceria necessária. *Revista Nacional de Direito de Família e Sucessões*, n. 1 – jul-ago 2014, p. 21.

22 FONSECA, Priscila M. P. Côrrea da. Guarda compartilhada x Poder familiar. Um inconcebível contra-senso. *Revista de Direito das Famílias*, n. 49, ago-set 2008, pp. 7-1x, p. 8.

genitores e, se assim não ocorre na prática, é em razão do descaso ou comodidade do genitor não titular da custódia.[23]

Priscila Fonseca argumenta que, pela interpretação literal do novo diploma legal da guarda, outorgou-se o exercício dos direitos e deveres concernentes ao poder familiar "apenas e tão somente" aos titulares da guarda compartilhada, retirando do genitor não guardião o direito ao exercício do poder familiar, passando este a ficar "jungido à detenção da custódia".[24]

Vejamos o que dispunha a lei n° 11.698/08:[25]

> Artigo 1.583: A guarda será única ou compartilhada.
>
> § 1º - Compreende-se por guarda unilateral a atribuída a um só dos genitores ou a alguém que o substitua e, por guarda compartilhada a responsabilização conjunta e o exercício de direitos e deveres do pai e da mãe que não vivam sob o mesmo teto, concernentes ao poder familiar dos filhos comuns.
>
> § 2º - A guarda unilateral será atribuída ao genitor que revele melhores condições para exercê-la e, objetivamente, mais aptidão para propiciar aos filhos os seguintes fatores:
>
> I – afeto nas relações com o genitor e co o grupo familiar;
>
> II – saúde e segurança;
>
> III – educação.
>
> § 3º - A guarda unilateral obriga o pai ou a mãe que não a detenha a supervisionar os interesses dos filhos.
>
> [...]

Efetivamente, a redação do artigo nº 1.583 do Código Civil dada pela Lei nº 11.698/2008 não foi muito acertada, na medida em que estabelece que a guarda compartilhada é a responsabilização conjunta "concernente ao poder familiar". Na realidade o dispositivo só está reforçando ainda mais a influência da guarda em detrimento do poder familiar, o que não deveria ocorrer, já que a guarda é apenas um dos atributos da autoridade parental. A Lei nº 13.058/2014, apesar de ter alterado os §§ 2º, 3º e 5º do artigo nº 1.583 do Código Civil, manteve o § 1º, objeto de referida crítica. Com isso, perdeu-se uma excelente oportunidade de aclarar essa confusão de conceitos.

---

23 Ibidem, p. 8.

24 Ibidem, p. 10.

25 Em 23/12/2014 houve a promulgação da Lei nº 13.058/2014, que novamente alterou os §§ 2º, 3º e 5º do artigo n° 1.583 do Código Civil. No entanto, manteve o §1º, objeto de crítica.

Ademais, o dispositivo traz a noção de que quem detém a guarda detém todos os poderes concernentes à autoridade parental, quando na verdade isso já está garantido aos detentores do poder familiar. Desse modo, a Lei n° 11.698/2008, em vez de esclarecer a diferença entre os institutos, só intensifica a celeuma entre eles. Isso porque a responsabilização será conjunta independentemente do tipo de guarda estabelecida. Em vista disso, o legislador não foi feliz na escolha das expressões, perdendo excelente oportunidade de eliminar essa indefinição e obscuridade existente.

No entanto, *data venia*, não obstante as respeitáveis críticas feitas a essa lei e a desnecessidade de sua elaboração, a interpretação literal do texto, mencionada por Priscila Fonseca não pode prosperar. Dessa forma, apesar de o ordenamento ter dado um peso maior do que deveria à guarda, causando confusão de conceitos, o poder familiar não está restrito ao detentor da guarda compartilhada. Por isso, mesmo o genitor não guardião tem o poder-dever na criação de seus filhos, não perdendo sua condição de titular da autoridade parental.

De fato, se o poder familiar fosse exercido de maneira correta, não haveria necessidade de promulgação da lei de guarda compartilhada. Isso porque a guarda é somente um dos atributos do poder familiar e não sua integralidade ou completude. Contudo, na prática social esses preceitos não estavam tendo o peso adequado, na medida em que até mesmo os juristas consideravam que aquele que tivesse a guarda teria o poder de decidir, efetivamente, sobre a rotina dos filhos.

Desse modo, buscou-se uma forma de colocar nos eixos os atributos de ambos os genitores na relação paterno-filial. Assim, a grande valia da norma é reforçar a ideia de que a participação de ambos os pais na criação dos filhos é essencial para o completo desenvolvimento dos menores.

Na realidade, pode-se dizer que a Lei nº 11.698/2008 sobre a guarda compartilhada tem uma finalidade mais pedagógica do que jurídica, pois trouxe à tona a importância de ambos os pais participarem ativamente da rotina dos filhos. Ademais, antes de sua promulgação, era comum encontrar no Judiciário certa oposição à guarda compartilhada, pois ela não estava expressa no ordenamento e o entendimento do que seria a guarda única já estava bastante arraigado.

Nessa esteira, já que a lei foi promulgada e está em plena vigência, que pelo menos sirva como um reforço à ideia de que os filhos se beneficiam da coparentalidade, bem como um incentivo para que os pais busquem uma participação mais efetiva na criação da prole.

Nesse mesmo sentido encontra-se Ana Carolina Broxado Teixeira que sustenta que o real mérito da guarda compartilhada é mais social do que jurídico e serviu para popularizar a discussão da coparticipação parental na vida dos filhos, pois não haveria necessidade de uma lei.[26]

A autora acrescenta que, diferentemente do que é proposto pela maioria da doutrina, o poder-dever de proteção e provimento das necessidades encontram abrigo muito mais na autoridade parental do que na guarda, pois ambos os pais têm a função promocional da educação dos filhos. Tais tarefas não incumbem apenas ao genitor guardião. No entanto, essa discussão tem feito com que os pais busquem a implantação do modelo que, quando efetivado, seus efeitos abrangerão a "experiência do pleno exercício da autoridade parental".[27]

Fernanda Levy afirma que, "embora seja habitual falar-se em 'guarda compartilhada', na verdade o que ocorre é o efetivo exercício conjunto pelos pais, em termos isonômicos, dos atributos do poder familiar".[28]

No que tange ainda ao respeito da função educacional de ambos os genitores, Ana Carolina Teixeira faz importantes considerações a respeito do papel do não guardião: "A relação parental não se esgota em visitas e fiscalização. Se assim fosse, como o Código Civil poderia prever que as relações entre pais e filhos não mudam com o fim da conjugalidade dos pais?"

Diante do exposto, o que se nota é que, em tese, a lei de guarda compartilhada (Lei nº 11.698/2008) acabou fortalecendo a confusão de conceitos, pois ela não era necessária, já que a função do poder familiar já abrangia todos os deveres dos genitores. Apesar disso, não se pode negar que ela trouxe benefícios.

Um dos aspectos positivos foi trazer maior efetividade à autoridade parental, promovendo uma maior corresponsabilização dos pais. Isso porque, com a separação e o deferimento da guarda única, o genitor guardião tinha forte primazia no direcionamento, na rotina e educação do filho, restando ao outro genitor somente o poder de fiscalização.

A importância da referida norma de 2008 foi, portanto, buscar uma mudança de cultura. Na realidade, ela não inovou o sistema jurídico, pois seus atributos já estão inseridos dentro do poder familiar. A lei apenas criou uma célula no sistema, nomeando-a, com o intuito de conferir mais força e visibilidade aos direitos e deveres parentais.

---

26 TEIXEIRA, Ana Carolina Brochado. *Família, guarda e autoridade parental*, op. cit., p. 110.

27 Ibidem, p. 109-111.

28 LEVY, Fernanda Rocha Lourenço. *Guarda de filhos*, op. cit., p.55.

Como no exemplo citado por Francisco Cahali, essa situação se assemelha ao "bullying" que, embora sempre tivesse existido, essa denominação não era conhecida. Ao se nomeá-lo, proporcionou-se um maior reconhecimento social, facilitando o modo de lidar com a situação.

Um paralelo pode ser aplicado com a guarda compartilhada, que buscou dar uma força maior à responsabilização dos pais na criação dos filhos. De uma maneira geral, a sociedade e até mesmo profissionais do Direito entendiam que era somente o genitor guardião que tinha o poder de decisão sobre o modo de educação dos filhos. Por isso, muitos pais não buscavam exercer seus direitos, pois sequer tinham conhecimento deles. Acreditavam que lhes restava o mero direito quinzenal de "visitas", a obrigação alimentar e o direito de fiscalização, o que acabava causando um natural afastamento dos filhos.

Por isso, o caráter é mais pedagógico do que legal, já que mesmo antes da lei, os pais poderiam acordar o plano de guarda que melhor lhes aprouvesse, conforme a então redação do artigo nº 1.538 do Código Civil:

> No caso de dissolução da sociedade ou do vínculo conjugal pela separação judicial por mútuo consentimento ou pelo divórcio direto consensual, observar-se-á o que os cônjuges acordarem sobre a guarda dos filhos.

Entretanto, contradizendo o que rezava o referido artigo, algumas decisões judiciais não permitiam esse tipo de guarda, por não estar expressamente disposto do ordenamento civil ou por não se saber exatamente os atributos desse arranjo familiar:

> Direito de Família. Divórcio consensual. *Acordo sobre a guarda dos filhos, de forma compartilhada, rechaçada pelo Juízo a quo ao fundamento de que, se os menores residirão com a genitora, a guarda deverá ser expressamente atribuída à mesma.* [...]
>
> O simples fato da fixação da residência dos menores com a mãe ou dos pais residirem em bairros distintos e distantes, por si só, não tem o condão de afastar a intenção dos agravantes de exercerem, conjuntamente, os poderes inerentes ao pátrio poder, de forma igualitária e com a mesma intensidade participando das grandes decisões relativas às crianças, consagrando o direito dos filhos de serem criados por seus dois pais. - 6) Provimento do agravo. Decisão unânime.
>
> (TJRJ AI - 0005617-92.2007.8.19.0000 (2007.002.02406). Des. Paulo Mauricio Pereira. Julgto: 08.05.2007, 9ª Câm. Cível) (grifo nosso)

Assim sendo, outro aspecto positivo da lei de 2008 foi ratificar esse entendimento e dispor expressamente sobre a permissão para esse tipo de composição familiar.

Dessa forma, a guarda compartilhada acaba sendo um selo de aprovação da participação dos pais na vida dos filhos. Na verdade, se o poder familiar tivesse realmente efetividade, a guarda única se constituiria somente no local onde o menor iria residir, não necessitando ter essa nomenclatura que acaba por acirrar a disputa.

Mas como o poder familiar foi relegado a um segundo plano, a determinação da guarda única acabava representando uma vitória daquele genitor, demonstrando que era ele, que detinha a maior responsabilidade pelo cuidado com a criança.

Diante das considerações acima sobre a diferenciação entre os atributos da autoridade parental e da guarda dos filhos, notam-se dois tipos de argumentação:

1) Seguindo os preceitos civis, deve haver a prevalência do poder familiar, já que essa foi a opção do legislador e em razão da guarda ser somente um dos atributos daquele. Por isso, ela deve ser enquadrada de maneira apropriada, passando a ter uma importância menor. Assim, a guarda deve ser considerada somente o arranjo relativo ao local de residência e convivência do menor com seus pais. Nesse sentido, como preceitua o ordenamento civil, independente do local de residência da criança, ambos os genitores manteriam um papel ativo na criação e educação de seus descendentes. Predominando esse entendimento, a guarda compartilhada se tornaria desnecessária.

2) Já que o poder familiar, disposto no ordenamento civil não era aplicado de maneira apropriada, a guarda compartilhada deve prevalecer, pois trouxe à evidência a importância da participação de ambos os pais na vida dos filhos, após a ruptura do relacionamento conjugal. Desse modo, não obstante os atributos da guarda terem invadido o âmbito da autoridade parental, seus benefícios perpassam essa invasão de esfera, devendo esse tipo de guarda ser mantido.

Analisando tais argumentos, o mais acertado teria sido a opção número um, ou seja, que em vez de se ter promulgado a lei de guarda compartilhada, se tivesse dado o peso adequado ao poder familiar, pois, não obstante a boa intenção da lei, a existência desses dois dispositivos, que de certo modo se contradizem, acaba reforçando a confusão de entendimentos. Nesse sentido, tendo o Código Civil brasileiro optado pelo poder familiar, não era necessária a inclusão do instituto da guarda, bastando a fixação da residência do filho e o arranjo de convivência.[29]

Mas, apesar de desnecessária, não há como negar que trouxe o aspecto positivo de evidenciar a importância do papel mais ativo de ambos os pais na vida dos filhos. Nesse sentido, cabe citar os ensinamentos da Min. Nancy Andrighi:

> A guarda compartilhada, *apesar de tecnicamente não se traduzir em uma sensível alteração legal*, dado que a interpretação sistemática das disposições relativas à guarda dos filhos já possibilitaria a sua aplicação, *teve a virtude*, para além de fixar o Poder Familiar de forma conjunta como regra, *extirpar o ranço cultural* que ainda informava a criação dos filhos no pós-casamento ou pós-união estável.[30] (grifo nosso)

Para finalizar essa discussão, algumas ponderações são cabíveis. É preciso ser realista, no sentido de que a simples alteração da terminologia[31] ou a inserção da guarda compartilhada, sem a imperiosa mudança geral de mentalidade não irá trazer os benefícios esperados. Isso pode ser observado pelo fato de que apesar de a referida lei ter sido aprovada há mais de seis anos, somente 5% das guardas dos filhos são compartilhadas. Portanto, é imprescindível realizar uma transformação estrutural tanto no ordenamento jurídico, como nos profissionais do Direito e na sociedade como um todo.[32]

Todos esses desvios ocorrem por ausência de sólidos marcos teóricos capazes de nortear a prática, conforme sustenta Águida Arruda Barbosa, fazendo-se necessário um "criterioso aprofundamento científico para a sua eficácia".[33]

Nesse sentido, essa mudança deve começar pela supressão da nomenclatura "visita", bastante utilizada pelos magistrados, advogados, assistentes sociais, promotores e doutrinadores. Isso porque seu emprego acaba fomentando a existência de um papel secundário e um papel principal, passando a ideia de que há um vencedor e um perdedor.

Faz-se também necessário deixar de repetir fórmulas já ultrapassadas. Assim, uma mudança de foco positiva deve ser o incentivo por parte do

---

29 Conforme se verificará no capítulo III, na Inglaterra, não há o instituto da guarda, somente o da autoridade parental.

30 STJ, REsp nº 1.428.596 –RS. Rel. Ministra Nancy Andrighi. Dje 25/06/2014. No mesmo sentido: REsp nº 1.251.000 – MG (2011/0084897-5). Rel. Ministra Nancy Andrighi.

31 Mudança legislativa ocorrida no Código Civil de 2002 de "pátrio poder" para "poder familiar" e as propostas no sentido de alteração para "autoridade parental".

32 Sobre esse aspecto, vide item 4.2.

33 BARBOSA, Águida Arruda. Guarda compartilhada e mediação familiar, op. cit., p. 22.

Estado e do Judiciário, para que os litigantes busquem outras formas de resolução de conflito. Esse seria um passo importante para a responsabilização dos pais na criação dos filhos. Esse tema será analisado mais a fundo no capítulo IV.

2.2 CARACTERÍSTICAS DA GUARDA COMPARTILHADA

Não obstante as críticas feitas anteriormente, referentes à dificuldade de se conceituar acertadamente o poder familiar e a guarda dos filhos; já que a guarda compartilhada está, de fato, disposta no Código Civil, nos resta analisá-la. Nesse sentido, tomar-se-á como parâmetro o fato de que apesar de ter sido desnecessária – caso a autoridade parental fosse aplicada de forma adequada –, ela está em pleno vigor e, portanto, nos remanesce buscar seus aspectos positivos.

Nessa esteira Ana Carolina Brochado Teixeira argumenta o seguinte:

> Não obstante a desnecessidade do instituto, uma vez aprovado e com carga normativa, o papel dos juristas é tentar conferir-lhe uma finalidade factível, que cumpra o papel de especificação do conteúdo constitucional da autoridade parental, de modo que os pais possam, efetivamente, cumprir seu papel no processo educativo dos filhos.[34]

Maria Berenice Dias sustenta que a Lei nº 11.698/2008 chegou numa boa hora, pois assegura:

> a ambos os genitores responsabilidade conjunta, conferindo-lhes, de forma igualitária, o exercício dos direitos e deveres concernentes à autoridade parental. Não mais se limita o não guardião a fiscalizar a manutenção e educação do filho quando na guarda do outro (CC, art.1.589). Ambos os pais persistem com todo o complexo de ônus que decorrem do poder familiar.[35]

Embora tenha havido a aprovação da lei sobre guarda compartilhada em 2008, sua prática ainda não é muito utilizada pela sociedade. No entanto, como atualmente se constata a presença de um pai mais afetuoso e envolvido na vida diária da família e na criação dos filhos, não há porque manter paradigmas de séculos anteriores quando as alterações sociais demonstram que certas mudanças são positivas. Deste modo, é preciso analisar a fundo

---

[34] TEIXEIRA, Ana Carolina Brochado. *Família, guarda e autoridade parental*, op. cit., p. 113.

[35] DIAS, Maria Berenice. Guarda Compartilhada: uma solução para os novos tempos. Consulex. *Revista Jurídica*, v. 12, n. 275. Junho de 2008, p. 26-27, p. 26.

esta matéria, afastando preconceitos e padrões já ultrapassados, para verificar suas vantagens e desvantagens.

A guarda compartilhada ainda é um instituto novo no Brasil, encontrando ainda muitas resistências. Embora o número de guardas compartilhadas tenha dobrado nos últimos anos, esse tipo de guarda representava apenas 5,4 % dos casos que ingressaram no Judiciário em 2011. Naquele ano, o compartilhamento da guarda foi mais frequente no Pará e no Distrito Federal com índices de 8,9% e 8,3% respectivamente. Já Sergipe (2,4%) e Rio de Janeiro (2,8%) tiveram os menores índices.[36]

Observa-se que ainda está arraigada aquela ideia de que cabe à genitora a tutela única, restando ao pai apenas a função de provedor e "visitante". O último censo do IBGE revelou que, em 2013, em 86,3% dos casos a guarda única foi deferida à mãe e em apenas 5,8% as guardas foram compartilhadas. O Pará, com 11,4%, e o Amazonas, com 10,8%, foram os estados brasileiros com os maiores percentuais de divórcios nos quais foram evidenciadas as guardas compartilhadas.[37]

Diante desse quadro, faz-se necessário romper com alguns parâmetros, principalmente diante das mudanças sociais. Ora, os genitores, desde o nascimento dos filhos, tiveram autonomia para decidirem o que entendiam melhor para suas crianças. Desta forma, nada mais ponderado de se procurar manter esse ciclo após o término da relação conjugal.

A guarda compartilhada reequilibra as funções parentais, pois não há aquela figura de "genitor-visitante", relegado a um plano secundário na formação dos filhos, com direito a "visitas" apenas quinzenais aos finais de semana e datas comemorativas intercaladas. Por outro lado, também beneficia a prole, pois com o tempo de convivência maior com cada genitor, a criança reconhece que tem dois pais envolvidos em sua criação e educação, o que melhora sua autoestima e possibilita o estreitamento do relacionamento.

Trata-se de um plano de guarda que busca a participação mais ativa dos pais no cotidiano dos filhos, na medida em que ambos os genitores estarão mais presentes no dia a dia dos menores e poderão participar conjunta e igualitariamente da tomada de decisões importantes relativas aos filhos.

---

36 IBGE Instituto Brasileiro de Geografia e Estatística. Sala de imprensa. Notícias. 17/12/2012. *"Registro Civil 2011: taxa de divórcios cresce 45,6% em um ano"*. Disponível em: <http://saladeimprensa.ibge.gov.br/noticias?view=noticia&id=1&busca=1&idnoticia=2294>. Acesso em: 14 abr. 2013.

37 IBGE Instituto Brasileiro de Geografia e Estatística. *Estatística Registro Civil 2013*. Disponível em: <http://www.ibge.gov.br/home/estatistica/populacao/registrocivil/2013/default.shtm. Acesso em: 15 dez. 2014.

É muito benéfico que essas crianças sintam que há lugar para eles na vida do pai e da mãe após o divórcio, o que aumenta sua sensação de inclusão naquele núcleo familiar.

Na realidade, como ambos os pais têm exatamente os mesmos direitos e obrigações em relação aos filhos, já que são iguais detentores da autoridade parental, o compartilhamento da guarda, teoricamente, não seria necessário, conforme discutido anteriormente. No entanto, a intenção da norma foi buscar uma maior equalização, na prática, do exercício do poder familiar.

Conviver com os filhos, além de ser um direito é, ao mesmo tempo, um dever dos pais. Por isso, o plano de convivência deve sempre levar em conta o interesse das crianças e não a facilidade e comodidade dos genitores. Isso porque a prioridade absoluta deve ser dada aos menores vulneráveis que se encontram em fase de desenvolvimento e formação.

Para se tornar eficaz, a guarda compartilhada implica flexibilidade e cooperação, caso contrário, nos arranjos rígidos são as crianças as mais prejudicadas. Dessa maneira, quando não há um mínimo convívio e diálogo entre os genitores, não há como estabelecer este tipo de guarda. À vista disso, conforme se discutirá no Capítulo IV, é preciso buscar meios que facilitem a comunicação entre os genitores para que estes deixem suas diferenças pessoais de lado, visando sempre o bem-estar dos filhos.

É sabido que a criação e educação da prole não são exclusivamente da natureza feminina, pois ambos os pais apresentam as mesmas condições para dar continuidade ao exercício do poder familiar. Entretanto, quando se constata que a disputa judicial visa à aprovação de divisão de tempo semelhante ou igual, ou seja, 50%-50% com cada genitor, questiona-se se esses pais estão priorizando o bem-estar de seus filhos ou, na verdade, seus próprios interesses.

A guarda compartilhada não implica, de forma alguma, a divisão temporal, embora, infelizmente, sem o devido cuidado, tenha a Lei nº 13.058/2014 mencionado expressamente acerca da "divisão equilibrada de tempo", o que traz ao ordenamento um relevante retrocesso.[38]

Nesse tipo de guarda, as funções parentais ficam mais equilibradas e o contato entre pais e filhos mais flexível, objetivando o fortalecimento dos laços familiares. É certo que possibilitar um tempo razoável entre genitor e prole é necessário para manutenção de vínculos, no entanto, isso não pressupõe quantidade de contato, nem divisão de residência.

[38] Essa questão será analisada mais profundamente no item 2.9.1.

Na VII Jornada de Direito Civil, o Conselho da Justiça Federal se posicionou da seguinte maneira:

> Enunciado n. 5.16: Guarda compartilhada/divisão do tempo "A distribuição do tempo de convívio na guarda compartilhada deve atender precipuamente ao melhor interesse dos filhos, não devendo a divisão de forma equilibrada, a que alude o § 2° do art. 1.583, do Código Civil, representar convivência livre ou, ao contrário, repartição de tempo matematicamente igualitária entre os pais".
>
> Enunciado n. 5.24: Guarda compartilhada/divisão do tempo: "O tempo de convívio com os filhos deve ser dividido de forma equilibrada com a mãe e com o pai" deve ser entendido como divisão proporcional de tempo, da forma que cada genitor possa se ocupar dos cuidados pertinentes ao filho, em razão das peculiaridades da vida privada de cada um".

2.3 PONDERAÇÕES SOBRE O ESTABELECIMENTO DO PERÍODO DE CONVIVÊNCIA ENTRE PAIS E FILHOS

Uma grande preocupação em qualquer país é saber se mais contato ou "visitação" dos pais está associada a melhores resultados para as crianças. Essa pergunta é especialmente importante quando há disputas judiciais envolvendo a guarda.

Em pesquisa realizada na Inglaterra sobre a relação do contato entre pais e filhos e o ajuste da criança nos casos de altos níveis de conflito após o divórcio chegou-se as seguintes conclusões:

> a) As crianças, especialmente os meninos, tem mais problemas de comportamento quando os pais estão em disputa judicial sobre guarda.
>
> b) O bem-estar dos pais e as preocupações sobre como o ex-parceiro cria os filhos estão associados a melhor adaptação ou não da criança à nova estrutura.
>
> c) Os melhores resultados para as crianças ocorrem quando os pais estão sob menor tensão e têm menos preocupações sobre a capacidade do outro genitor na criação dos filhos.
>
> d) Não há relação entre a quantidade de contato com o pai "visitante" com a adaptação da criança. Ou seja, a criança com mais contato não teve resultados mais positivos que a criança com menos contato.

A mesma pesquisa indica que, apesar de a quantidade de contato entre o pai não guardião e a criança não ter relação com seu bem-estar, a qualidade desses contatos sim, tem importante influência. Assim, crianças que se sentem próximas dos genitores não residentes estão mais bem adaptadas à nova vida. Outra informação relevante é a de que a qualidade da relação da criança com seu pai residente é um indicativo mais forte e consistente de adaptação e bem-estar do que a relação com o genitor não residente.

A colaboração entre os pais é determinante tanto para a frequência de contato como para a relação paterno-filial e o bem-estar do menor. Quando a criança se vê envolvida no meio das desavenças dos pais ou em conflitos de lealdade, ela tem maiores dificuldades de se adaptar à nova realidade. Nesse estudo sobre filhos cujos pais estão disputando a guarda, descobriu-se que aproximadamente o dobro do número de menores tem problemas de adaptação se comparado com as crianças em geral.[39]

Em uma investigação minuciosa realizada pelo Comitê de Justiça da Inglaterra, verificou-se que a experiência de contato entre pais e filhos foi considerada positiva de acordo com os seguintes fatores: os pais envolviam as crianças nas decisões; havia pouco ou nenhum conflito entre os genitores; não havia violência doméstica ou preocupações com o pai não residente; o genitor residente encorajava o relacionamento de pai e filho; o pai não residente tinha tempo para o menor; a criança se sentia em casa em ambos os locais; o pai não residente não tinha se casado ou a criança se dava bem com o novo parceiro.[40]

Esses dados das pesquisas são apenas indicativos de aspectos que podem facilitar um melhor relacionamento entre os pais e entre eles e a criança, mas sempre lembrando que cada caso deve ser analisado individualmente, pois cada criança tem necessidades específicas.[41]

Mais importante do que proporcionar o contato entre pai e filho é fazer com que essa convivência seja positiva para a criança. Nesse sentido, não são os interesses dos pais que devem ser priorizados.

Muitos genitores entram em litígio pela guarda, não com o objetivo primeiro de promover o bem-estar do menor, mas sim para saírem vitoriosos na disputa judicial. Esses pais não aceitam que o outro genitor tenha "mais tempo" com o filho do que ele. Esse espírito competitivo e de vingança contraria o melhor interesse da criança.

---

39 TRINDER, Liz. KELLETT, Joanne, SWIFT, Louise. The relationship between contact and child adjustment in high conflict cases after divorce or separation, *Child and Adolescent Mental Health*, vol. 13, 2008, p. 181-187, p.181, 182, 185.

40 INGLATERRA. Pre-legislative scrutiny of the Children and Families Bill. House of Commons. Justice Committee. Fourth Report of Session 2012–13. 14 december, 2012, paragraph 164.

41 Vide item 4.2.1.2 que analisa pesquisa sobre os sentimentos da criança envolvida na ruptura conjugal dos pais.

Outro aspecto a ser ressaltado é que "na ânsia de se promover a igualdade entre o homem e a mulher, há o perigo de que a realidade familiar seja esquecida". Por isso, o objetivo maior nessa situação não é a necessidade dos pais de terem tratamento igualitário, mas sim o interesse primordial da criança. A convivência é um direito do filho, mais do que do pai.[42] O que importa é a qualidade do contato, não o tempo.

É preciso achar um ponto de equilíbrio, pois, de um lado, faz-se necessário superar paradigmas ultrapassados de que cabe somente à mãe a educação dos menores; mas, por outro, buscar uma igualdade formal entre os genitores, sem levar em conta as peculiaridades daquele arranjo familiar, pode ser bastante prejudicial aos filhos.

Mesmo porque, padrões familiares já foram estabelecidos durante a relação conjugal e ignorar esse fato pode ser profundamente problemático. Desse modo, deve ser analisado cada caso concreto, pois fazer uso de presunções quando esse tipo de guarda não reflete a prática familiar é mascarar a realidade. Por isso, enfatiza-se a crítica que se faz à tentativa de imposição da obrigatoriedade da guarda compartilhada, conforme dispõe a Lei nº 13.058/2014.[43]

Se se deseja incentivar a guarda compartilhada, ela deve ser encorajada também durante o casamento, pois, com o rompimento conjugal, é preciso achar um arranjo de guarda que mantenha a rotina mais próxima do que as crianças já estavam acostumadas, para que não haja um choque ainda maior. Nesse sentido de manutenção da conjuntura existente, o STJ já concedeu a guarda compartilhada ao tio e aos avós paternos, tendo em vista essa situação ser recomendável à criança.[44]

2.4 A QUESTÃO DA DIVISÃO DE RESIDÊNCIA NA GUARDA COMPARTILHADA

É imprescindível enfatizar que a guarda compartilhada e a guarda alternada são tipos de guarda diferentes, ou seja, nessa, há um período de tempo predeterminado em que a criança fica em cada residência.

Não há no conceito de guarda compartilhada a divisão de residência, embora muitos pais e até mesmo operadores do Direito confundam essa concepção. Mesmo não havendo expressamente a divisão de moradia,

---

[42] HERRING, Jonathan. *Family Law*. Longman Law series. 4th edition, Essex, England, 2009, p. 547-549.

[43] Vide item 2.9.1.

[44] STJ, REsp n. 2009/0125640-2. Rel. Min. Aldir Passarinho Junior. 4ª Turma. Publ. em: 27/5/2010.

existem dois entendimentos em relação à alternância de lares na guarda compartilhada.

A maioria da doutrina[45] e de especialistas, tais como assistentes sociais e psicólogos defendem que, mesmo na guarda compartilhada, a criança necessita de uma residência fixa. Desse modo, a moradia continua única, sendo compartilhadas as responsabilidades e decisões sobre a vida da criança.

Esse é entendimento de Carlos Roberto Gonçalves, quando afirma que:

> esta não se confunde com a guarda alternada, em que o filho passa um período com o pai e outro com a mãe. Na guarda compartilhada, a criança tem o referencial de uma casa principal, na qual vive com um dos genitores, ficando a critério dos pais planejar a convivência em suas rotinas quotidianas e, obviamente, facultando-se as visitas a qualquer tempo. Defere-se o dever de guarda de fato a ambos os genitores, importando numa relação ativa e permanente entre eles e seus filhos.[46]

No mesmo sentido se encontra Waldir Grisard que defende que a guarda compartilhada "tem como pressuposto uma residência fixa (única e não alternada) do menor, que gera para ele a estabilidade que o direito e a psicologia desejam, evitando grandes alterações em sua vida e rotina."[47]

Paulo Lôbo reforça esse pensamento: "na guarda compartilhada é definida a residência de um dos pais, onde viverá ou permanecerá", para garantir-lhe a referência de um lar. Ainda que tenha liberdade de frequentar a do outro genitor.[48]

O segundo entendimento, em geral encontrado em algumas decisões judiciais, sustenta que a maior perda do filho é a companhia imediata. Portanto, deveria haver alternância de residência, mas, de preferência, os genitores deveriam morar em locais próximos e que os períodos de alternância teriam de ser curtos.

Embora a doutrina, de forma geral, seja contrária à alternância de domicílio, tendo em vista os efeitos deletérios para a criança, o próprio STJ já se manifestou favoravelmente:

---

45 AZAMBUJA, Maria Regina Fay de; LARRATÉA, Roberta Vieira; FILIPOUSKI, Gabriela Ribeiro. Guarda compartilhada: a justiça pode ajudar os filhos a ter pai e mãe. *Juris Plenum*, v. 6, n. 31, p. 69-99, jan. de 2010. Disponível em: <http://www.mprs.mp.br/infancia/doutrina/id625.htm>. Acesso em: 4 jan. 2014, p. 26.

46 GONÇALVES, Carlos Roberto. *Direito Civil Brasileiro*. Direito de Família. v. 6, 9 ed., 2012, p. 295.

47 GRISARD FILHO, Waldyr. *Guarda Compartilhada*; op. cit, p. 227.

48 LÔBO, Paulo Luis Netto. Guarda e convivência dos filhos após a Lei nº 11.698 de 2008. In: *Revista Brasileira de Direito das Famílias e Sucessões,* n. 6, Porto Alegre: Magister; Belo Horizonte: IBDFAM, out-nov/2008, p. 32.

CIVIL E PROCESSUAL CIVIL. RECURSO ESPECIAL. DIREITO CIVIL E PROCESSUAL CIVIL. FAMÍLIA. GUARDA COMPARTILHADA. CONSENSO. NECESSIDADE. *ALTERNÂNCIA DE RESIDÊNCIA DO MENOR. POSSIBILIDADE.*

1. Ausente qualquer um dos vícios assinalados no art. 535 do CPC, inviável a alegada violação de dispositivo de lei.

2. A guarda compartilhada busca a plena proteção do melhor interesse dos filhos, pois reflete, com muito mais acuidade, a realidade da organização social atual que caminha para o fim das rígidas divisões de papéis sociais definidas pelo gênero dos pais.

3. A guarda compartilhada é o ideal a ser buscado no exercício do Poder Familiar entre pais separados, mesmo que demandem deles reestruturações, concessões e adequações diversas, para que seus filhos possam usufruir, durante sua formação, do ideal psicológico de duplo referencial.

4. Apesar de a separação ou do divórcio usualmente coincidirem com o ápice do distanciamento do antigo casal e com a maior evidenciação das diferenças existentes, o melhor interesse do menor, ainda assim, dita a aplicação da guarda compartilhada como regra, mesmo na hipótese de ausência de consenso.

5. A inviabilidade da guarda compartilhada, por ausência de consenso, faria prevalecer o exercício de uma potestade inexistente por um dos pais. E diz-se inexistente, porque contrária ao escopo do Poder Familiar que existe para a proteção da prole.

6. A imposição judicial das atribuições de cada um dos pais, e o período de convivência da criança sob guarda compartilhada, quando não houver consenso, é medida extrema, porém necessária à implementação dessa nova visão, para que não se faça do texto legal, letra morta.

7. *A custódia física conjunta é o ideal a ser buscado na fixação da guarda compartilhada, porque sua implementação quebra a monoparentalidade na criação dos filhos, fato corriqueiro na guarda unilateral, que é substituída pela implementação de condições propícias à continuidade da existência de fontes bifrontais de exercício do Poder Familiar.*

8. A fixação de um lapso temporal qualquer, em que a custódia física ficará com um dos pais, permite que a mesma rotina do filho seja vivenciada à luz do contato materno e paterno, além de habilitar a criança a ter uma visão tridimensional da realidade, apurada a partir da síntese dessas isoladas experiências interativas.

9. *O estabelecimento da custódia física conjunta, sujeita-se, contudo, à possibilidade prática de sua implementação*, devendo ser observada as peculiaridades fáticas que envolvem pais e filho, como a localização

das residências, capacidade financeira das partes, disponibilidade de tempo e rotinas do menor, além de outras circunstâncias que devem ser observadas.

10. A guarda compartilhada deve ser tida como regra, e a *custódia física conjunta – sempre que possível –* como sua efetiva expressão.

11. Recurso especial não provido.[49] (grifo nosso)

No seu voto, a Ministra Nancy Andrighi utiliza os seguintes argumentos para defender a alternância de residência na guarda compartilhada:

- O poder familiar não é extirpado de nenhum de seus atributos com o término na relação conjugal, salvo a guarda física, nos casos de guarda unilateral;

- Nos Estados Unidos, os atributos do que denominamos poder familiar se cindem em custódia legal e custódia física;

- No Brasil a guarda compartilhada inclui não só a custódia legal, mas também a física, tanto por não haver restrições no texto da lei, como pela inviabilidade de se compartilhar apenas a custódia legal da criança..

Em sua opinião, para essa situação não haveria necessidade de se inovar a legislação, pois a guarda unilateral já existente separa a custódia física – exercida por apenas um dos pais –, da custódia legal, que já era, sob o regime anterior, ao menos em tese, compartilhada. Em suas palavras:

> Na verdade, *a força transformadora dessa inovação legal está justamente no compartilhamento da custódia física*, por meio da qual ambos os pais interferem no cotidiano do filho.
>
> Quebra-se, assim, a monoparentalidade na criação dos filhos [...]
>
> A ausência de compartilhamento da custódia física esvazia o processo, dando à criança visão unilateral da vida, dos valores aplicáveis, das regras de conduta e todas as demais facetas do aprendizado social.
>
> Dessa forma, *a custódia física* não é um elemento importante na guarda compartilhada, mas *a própria essência do comando legal*, que deverá ser implementada nos limites possíveis permitidos pelas circunstâncias fáticas.[50]
>
> (grifos nossos)

[49] STJ, REsp nº 1.251.000 – MG (2011/0084897-5). Rel. Ministra Nancy Andrighi.

[50] STJ, REsp nº 1.251.000 – MG (2011/0084897-5). Rel. Ministra Nancy Andrighi, p.15-16.

Por fim, a Ministra ainda sustenta que, na guarda alternada, o poder familiar é exercido de forma exclusiva pelo o genitor que está com a guarda física da criança. Sendo esse método repudiado tanto pela doutrina como pela jurisprudência, pois representa um retrocesso, mesmo em relação à guarda unilateral, "tanto por gerar alto grau de instabilidade nos filhos – ao fixar referências de autoridade e regras de conduta em lapsos temporais estanques – como também por privar o genitor que não detém a guarda de qualquer controle sobre o processo de criação de seu filho".

Diante dessas argumentações, e levando em conta as peculiaridades fáticas do caso analisado, referida decisão determinou a "custódia física" em períodos de dias alternados. A fixação desse lapso temporal se deu sob o argumento de que permitiria que a mesma rotina do filho fosse vivenciada à luz do contato materno e, em outro momento, do contato paterno, habilitando a criança "a ter uma visão tridimensional da realidade, apurada a partir da síntese dessas isoladas experiências interativas."[51]

Em que pese tais explanações, *data maxima venia*, elas não podem prosperar. Não é porque não haveria inovação com a promulgação da lei sobre guarda compartilhada de 2008, que se deve alternar a residência do menor. Ora, antes de aplicar essa divisão de moradia, é preciso que o jurista busque embasamento interdisciplinar com psicólogos e assistentes sociais, para verificar se efetivamente vai ao encontro do melhor interesse da criança.

No momento da separação, muito se fala dos filhos, mas raramente se busca escutar suas opiniões. Seria justo e benéfico para a criança ter duas casas, estar constantemente em mudança, sendo "dividida" pelos pais? Isso durante anos, ininterruptamente. Seria justo sacrificar os menores dessa forma, com o objetivo de responder às demandas dos genitores para preservar a igualdade entre homens e mulheres, pais e mães? O sistema estaria voltado para os adultos e não para as crianças.

No geral, os profissionais da área da saúde, especialmente os psicólogos, rechaçam a alternância de residência. Ademais, muitas pesquisas foram realizadas sobre o tema, a exemplo da Inglaterra, inclusive com jovens que passaram por tais situações, e os resultados levam à conclusão de que, na maioria dos casos, não é benéfica.

Interessante é a colocação de uma menina, já adulta, que vivenciou a divisão de residência por muitos anos: "Se eu tivesse que dar conselhos aos pais, eu recomendaria que as crianças ficassem em uma casa e os pais

[51] STJ REsp nº 1.251.000 – MG (2011/0084897-5). Rel. Ministra Nancy Andrighi, p.17.

é que tivessem que mudar de casa (risos)... Eu acho que seria mais justo."[52] (Angela, 20 anos).[53]

Essa opinião de quem vivenciou no dia a dia a divisão de residência deixa claro as dificuldades práticas enfrentadas, decorrentes das constantes mudanças de casa e rotina. A criança não pode viver com uma mochila nas costas, alternando sua moradia, ela precisa de um ponto de referência, uma residência fixa para estabelecer seus hábitos, rotina e círculo de amizades.

É certo que, após a separação dos pais, o filho deve ter espaço na vida de cada genitor, para que esse não seja um mero "visitante". No entanto, essa proximidade não precisa ocorrer pela alternância de residências, mas sim pela presença da afetividade e pela participação mais ativa dos pais no dia a dia da criança. Nesse sentido, o menor terá uma residência principal, de preferência próxima de seu colégio e de outros lugares em que desenvolve suas atividades habituais.

Acerca da residência na guarda compartilhada, Suzana Borges é enfática:

> [...] a fixação de residência única é fundamental, pois é em torno dela que gira o seu cotidiano, em que desenvolve suas atividades escolares e sociais. Desse modo, a residência permanente com um dos pais é elemento indispensável para a preservação de hábitos e da estabilidade emocional do menor, possuindo um referencial contínuo, que é a sua casa.
>
> Saliente-se que isto não exclui a possibilidade de o outro genitor manter uma estrutura similar em sua residência, na medida do possível, onde poderá ser destacado um espaço para o menor, semelhante ao que possui e sua residência, tornando o convívio cada vez mais acolhedor e natural.[54]

O menor deverá ter um ponto de referência, ou, nas palavras de Ana Carolina Brochado, um domicílio privilegiado, como se afirma no Direito italiano. Isso porque não se trata de divisão equânime do tempo, mas sim, efetivar a coparticipação parental.[55] As crianças necessitam de estabilidade, principalmente num momento tão delicado que é a separação dos pais.

---

[52] SMART, Carol. *Equal shares*: rights for fathers or recognition for children? In: Critical Social Policy. out, 2004. v. 24. London: Sage, p. 484-503, p. 501.

[53] A sugestão de Angela é pelo aninhamento, quando a criança se mantém na residência e são os pais que se locomovem, prática bastante rara, tendo em vista as dificuldades econômicas e práticas.

[54] LIMA, Suzana Borges Viegas de. Guarda Compartilhada: a nova realidade, op. cit., p. 338-339.

[55] TEIXEIRA, Ana Carolina Brochado. A (des) necessidade da guarda compartilhada ante o conteúdo da autoridade parental. In: _____; RIBEIRO, Gustavo Pereira Leite (Coord.). *Manual de Direito das Famílias e das Sucessões*. Belo Horizonte: Del Rey: Mandamentos, 2008, p. 301-319, p. 318.

Por isso, o ideal é que se procure manter ao máximo a mesma rotina que havia antes da ruptura conjugal.

A residência fixa deverá ser na casa do genitor que apresente melhores condições ao pleno desenvolvimento do menor. Na guarda compartilhada, por mais que haja um domicílio principal, onde a criança tem seu referencial, ambos os genitores continuam com a guarda jurídica. A guarda compartilhada incentiva o convívio mais frequente e contínuo, não significando uma divisão pela metade, como ocorre com a guarda alternada.

Há, sim, um contato mais intenso entre o filho e ambos os genitores, mas para isso não é necessário que haja alternância de domicílios. Diante da maior flexibilidade, o genitor não residente pode participar mais ativamente ao buscar os filhos na escola, levar nas atividades extracurriculares, jantar alguns dias na semana, ajudar nas tarefas escolares etc.

Conforme explica Suzana Borges, no regime da guarda compartilhada, as regras são elastecidas, possibilitando convencionar contatos contínuos com o guardião jurídico, desde que sem prejuízo da rotina e das atividades do menor. Essa atuação direta e efetiva de ambos os pais em sua educação proporciona a manutenção dos laços afetivos, eliminando os "pais de fim de semana"[56]

Para finalizar, cabe ponderar que alternância de residência já não beneficia a criança na maioria dos casos, o que dirá então quando não é estipulada por acordo entre os pais, mas sim imposta pelo juiz. Ora, não se pode esquecer que os genitores não conseguiram realizar seus próprios arranjos familiares relativos à rotina dos filhos. Desse modo, as chances de esse tipo de guarda, que se baseia na cooperação, não ser bem-sucedido e prejudicar os menores é ainda mais elevada.

No Capítulo IV, item 4.2.1.1 serão analisadas pesquisas estrangeiras a respeito da divisão de moradia, que, inclusive, levam em conta a opinião de adolescentes que vivenciaram alternância de residência. Muitos desses depoimentos são cruciais e reveladores quanto a certos paradigmas atuais.

2.5 PRESSUPOSTOS DA GUARDA COMPARTILHADA

Conforme foi discutido no item 2.1, a guarda compartilhada nada mais é do que um reforço à ideia de exercício compartilhado do poder familiar, por isso, nem precisaria ter sido inserida no ordenamento. Entretanto, como o poder familiar foi perdendo força – não jurídica, mas social – em razão do

---

56 LIMA, Suzana Borges Viegas de. Guarda Compartilhada: a nova realidade, op. cit., p. 340.

inchaço de funções dado à guarda dos filhos, a guarda compartilhada tem o mérito de trazer maior efetividade e equilíbrio às funções parentais que decorrem do poder familiar.

A ruptura do vínculo matrimonial ou companheril gera uma nova situação fática, tanto aos filhos como a cada um dos genitores. Por consequência, é preciso reorganizar a estrutura familiar, contemplando cada membro da família e, em especial, os filhos menores. O aconselhável é que a separação dos pais interfira o menos possível no desempenho das funções parentais. Cabe lembrar que, embora haja o fim da conjugalidade, a parentalidade se mantém intacta.

A guarda compartilhada busca reorganizar as relações entre os pais e os filhos, após a dissolução da relação entre os genitores, de maneira que as responsabilidades parentais existentes permaneçam. Diferentemente da guarda única em que, na prática, o guardião acaba tomando sozinho as decisões, sob fiscalização do genitor "visitante", que se sente relegado à função de mero provedor, a guarda compartilhada permite que os pais deliberem conjuntamente sobre o programa geral de educação dos filhos. O ideal é que a vida do menor permaneça sem muitas alterações, ou seja, o mais próximo ao que era quando o casal conjugal existia.

Esse tipo de guarda pressupõe que os genitores trabalhem conjuntamente, focando no interesse dos menores. É o modo de criação mais próximo de quando o casal convivia sob o mesmo teto e, apesar de algumas divergências de opinião, a decisão tomada por um dos pais é naturalmente aceita pelo outro.

Logo, não há nenhuma divisão no poder de decisão, que se exerce conjuntamente. Essa configuração necessita de um acordo permanente entre os pais de cooperação e diálogo. Desse modo, apesar de haver uma residência fixa, os filhos têm acesso a ambos os genitores de modo frequente, seja via pessoal ou por meios eletrônicos, sem que se fixe prévia e rigorosamente tais períodos. Não se pode esquecer que o direito à convivência não é um direito só dos pais, mas um direito da criança.

O vínculo familiar entre pais e filhos é perpétuo, portanto, independe do relacionamento dos genitores, a relação parental não se altera. Nesse sentido, a unidade da família se concretiza não somente na constância do casamento, mas também nas hipóteses de dissolução; nos casos de monoparentalidade e mesmo quando não há qualquer relação entre os genitores.

A Constituição Federal faz referência expressa ao melhor interesse da criança em seu artigo nº 227, sendo dever da família, do Estado e da sociedade assegurar sua proteção, saúde, educação, dignidade e convivência familiar. O artigo nº 229 da Carta Magna também deixa claro o dever de assistência, criação e educação dos filhos menores. E a educação exige o concurso de ambos os genitores.

2.6 VANTAGENS DA GUARDA COMPARTILHADA

A guarda compartilhada traz uma série de vantagens. Ela permite uma convivência com ambos os pais, proporcionando a manutenção e fortalecimento da relação paterno-filial. Essa convivência com os dois genitores facilita o entendimento, pela criança, do processo de separação, ajudando-a a ter um senso de identidade.

Ademais, possibilita uma maior interação com o grupo familiar dos genitores, como seus avós, tios, primos. Promove o contato com o padrasto ou madrasta e os novos irmãos. Por consequência, essa convivência desenvolve a socialização infantil e a experiência de vivenciar diferentes hábitos e rotinas.

Esse tipo de guarda diminui os conflitos de lealdade, ajudando a afastar certas fantasias, ou ideias equivocadas que a criança possa ter em relação ao pai não residente, evitando também a sensação de rejeição em relação a esse genitor.

Outra vantagem é que a guarda compartilhada evita que o pai não guardião se sinta excluído da participação na vida dos filhos, o que aumentaria as chances de evasão da paternidade. Assegura também uma maior isonomia de direitos e deveres dos genitores, efetivando o exercício do poder familiar por ambos.

Esta guarda encontra-se em consonância com o ideal de participação de ambos os genitores no cotidiano dos filhos, superando um modelo excessivamente rígido do século passado. Possibilita um arranjo mais flexível, compatível com a família contemporânea, que se molda de acordo com a alteração das circunstâncias e no interesse do menor em ter a companhia de ambos os pais.

De acordo com Eduardo Oliveira Leite, a guarda compartilhada facilita a retomada da vida pessoal, já que somente 25% das mães com guarda única constituem novas famílias, enquanto que o índice aumenta para 45% quando elas dividem a guarda.[57] Portanto, na guarda compartilhada não há sobrecarga em somente um dos pais, permitindo a divisão de funções e,

[57] LEITE, Eduardo Oliveira. *Famílias monoparentais*: a situação jurídica de pais separados e dos filhos na ruptura da vida conjugal. 2 ed. rev. atual.e ampl. São Paulo: Revista dos Tribunais, 2003, p. 282.

consequentemente, um tempo maior para os genitores assumirem compromissos pessoais.

Paulo Lôbo ressalta que são evidentes as vantagens da guarda compartilhada, pois privilegia o melhor interesse dos filhos e da família, prioriza o poder familiar em sua extensão e a igualdade dos gêneros no exercício da parentalidade, bem como a diferenciação de suas funções, não ficando um dos pais como mero coadjuvante, e privilegia a continuidade das relações da criança com seus pais. Respeita a família enquanto sistema, maior do que a soma das partes, que não se dissolve, mas se transforma. Diminui, preventivamente, as disputas passionais pelos filhos, remetendo, no caso de litígio, o conflito conjugal para seu âmbito original, que é o das relações entre os adultos. As relações de solidariedade e do exercício complementar das funções, por meio da cooperação, são fortalecidas a despeito da crise conjugal que o casal atravesse no processo de separação.[58]

2.7 CUIDADOS E RESSALVAS SOBRE A GUARDA COMPARTILHADA

Não obstante a guarda compartilhada proporcionar diversos benefícios, é preciso esclarecer que ela não pode ser aplicada indistintamente. O que funciona bem para uma família, pode causar problemas em outra, principalmente para casais em conflito, em que há muita mágoa e rancor. Por isso, sua efetivação depende muito da rotina doméstica e do clima de cooperação dos pais.

Quando não há flexibilidade e maturidade dos genitores, ela pode levar ao acirramento da disputa, por exigir um constante diálogo entre eles. Por isso, ela não deve ser aplicada quando há altos níveis de conflito e se percebe que é usada no jogo de interesse dos pais.

Nessas hipóteses, contatos frequentes com ambos os genitores podem ampliar a zona de atrito, prejudicando os menores ainda mais, pois se veem envolvidos em constantes discussões entre os genitores. Quando há conflitos diários, a guarda compartilhada pode ser mais problemática para filho do que a guarda única, em que um genitor participa mais ativamente da rotina dos filhos.

Assim, quando os pais buscam dificultar o relacionamento da criança com o outro genitor, contaminando a relação até mesmo com sabotagens, esse tipo de arranjo pode ser lesivo para os filhos. Isso implica alienação

[58] LÔBO, Paulo Luis Netto. *Direito Civil*: famílias. 4 ed., São Paulo: Saraiva, 2011, op. cit., p. 201.

parental, devendo ser reportada ao Judiciário, para averiguação do caso e, se não houver alternativa, optar pela guarda única, que será deferida ao genitor menos contestador e mais disposto a dar ao outro o direito amplo de "visitas".

Alega-se que a guarda compartilhada seria um meio para negociar menores valores de pensão, o que na realidade é um equívoco, já que este não é o objetivo da guarda e ambos os genitores são responsáveis pelo sustento do menor de acordo com suas possibilidades. A pensão alimentícia tem de ser equacionada de acordo com as necessidades dos filhos. Esse raciocínio estaria desvirtuando o instituto da guarda compartilhada.[59]

A solução deve se basear no melhor interesse da criança, respeitando as peculiaridades do caso concreto. Esse é o critério primordial da atribuição da guarda. Sob esse aspecto, vide item 2.9 sobre o consenso e o litígio na guarda compartilhada.

2.8 A GUARDA COMPARTILHADA NA PRÁTICA

Mesmo após a discussão sobre a necessidade da lei sobre a guarda compartilhada, tendo em vista a existência do poder familiar, muitas dúvidas ainda pairam sobre o modo de exercício da autoridade parental.

Dessa maneira, diversas abordagens e hipóteses são elencadas pelo doutrinador inglês Jonathan Herring,[60] para incrementar essa discussão:

a) Todos aqueles com responsabilidade parental devem concordar com cada questão relativa à criança;
b) O genitor residente deve tomar as decisões importantes enquanto que o pai não residente tem o direito somente de levar o caso à Corte caso não concorde;
c) O genitor residente deve tomar as decisões importantes, embora o pai não residente possa tomar as decisões da rotina quando estiver em companhia do filho;
d) Os pais devem se consultar em todos os importantes pontos, mas as questões triviais são decididas pelo pai que está com a criança naquele momento;
e) Cada genitor pode exercer a responsabilidade parental de forma independente, não precisando consultar o outro.

---

59 Nesse sentido foi o posicionamento do Conselho da Justiça Federal, na VII Jornada de Direito Civil, realizada em setembro de 2015: Enunciado n. 5.27: Guarda compartilhada/alimentos "A guarda compartilhada não implica ausência de pagamento de pensão alimentícia".

60 HERRING, Jonathan. *Family Law*, op. cit., p. 428-430.

A preocupação geral em todos os países consultados é o receio de que o genitor não residente (pai "visitante") seja excluído da vida da criança. Se não há dever de consultar, o pai não residente pode nem ficar sabendo de que há uma questão crucial a ser decidida em relação ao filho e, por isso, não poderá estar apto a realizar seu papel parental de forma efetiva. Ex.: Tratamento médico ou evento na escola.

Por outro lado, há o receio do abuso, de forma que aquele que deve ser consultado continue, indiretamente, exercendo seu poder de controle. No entanto, não se pode partir do princípio de que essa é a regra. Ademais, independentemente da forma de arranjo, se um dos genitores tem essa mentalidade, ele poderá perturbar e atrapalhar as decisões do outro genitor em qualquer forma de guarda. Por isso, e principalmente nessas hipóteses, é preciso buscar uma saída que favoreça o diálogo e que ambos não se vejam como competidores, mas sim como um time que busca o melhor interesse do filho.[61]

Não se pode formular um arranjo de guarda em que o pai não residente se sinta um mero "visitante" ou provedor de alimentos, mas sim alguém que exerça de forma efetiva a função parental e que tenha uma voz na criação do filho. A opção de simplesmente ter de ingressar no Judiciário caso não concorde com o genitor residente vai de encontro aos princípios de igualdade e estimula que esse genitor acabe abrindo mão de exercer sua função. Além disso, por vezes o genitor não residente só passa a ter conhecimento depois que a decisão, irreversível, foi tomada. Ex.: circuncisão, batismo. Veja decisão do STJ:

> Civil. Recurso Especial. Ação de compensação por danos morais. Pai que batiza o filho sem o conhecimento da mãe. Ausência de relacionamento amistoso entre os pais. Irrelevância. Danos morais. Ocorrência.
>
> - Hipótese em que a recorrente (mãe) ajuizou ação de compensação por danos morais, em face do recorrido (pai), porque este batizou o filho sem a presença da mãe, que somente obteve conhecimento desta cerimônia religiosa após sete meses da sua realização.
>
> - Mesmo considerando que os pais são separados judicialmente e que não possuem, entre si, relacionamento amistoso, as responsabilidades sobre os filhos menores devem ser igualmente repartidas. Não há como atribuir essas responsabilidades em favor de um dos pais, em detrimento do outro.
>
> - A fragilidade e a fluidez dos relacionamentos entre os pais não devem perpassar as relações entre pais e filhos, as quais precisam ser perpetuadas e solidificadas. Em contraponto à instabilidade dos vínculos advindos das

[61] HERRING, Jonathan. *Family Law*, op. cit., p. 428-429.

uniões matrimoniais, estáveis ou concubinárias, os laços de filiação devem estar fortemente assegurados, com vistas no interesse maior da criança.

- Dessarte, o recorrido, ao subtrair da recorrente o direito de presenciar a celebração de batismo do filho que tiveram em comum, cometeu ato ilícito, ocasionando danos morais à mãe, nos termos do art. 186 do CC/02.

Recurso especial conhecido e provido.[62]

Um argumento bastante utilizado é o de que o pai não residente não conhece suficientemente a criança para tomar decisões importantes em relação a ela. Nesse sentido, o genitor residente estaria mais apto a tomar essas decisões. Ademais, havendo obrigação de sempre consultar o pai não residente, seria penoso, estressante e demorado quando for difícil o contato, recaindo esse ônus nas costas do pai residente.[63]

Há a apreensão de que o exercício, por ambos, da responsabilidade parental possa prejudicar e confundir a criança quando há divergências em questões de extrema importância para aquela família. Exemplo: religiões diferentes; vegetarianismo; naturismo.

Outra ponderação citada por Herring é que atribuir direitos ao pai não residente, sem que ele esteja participando do dia a dia e do cuidado com o filho é fácil. A carga de ter que assegurar a cooperação acaba recaindo no genitor residente, pois é este que deve procurar e discutir as questões com o pai não residente.[64] Por isso, a questão deveria se pautar na realidade e no dia a dia, quando então, um pai participativo deveria ser consultado; mas, diante de um pai ausente, essa incumbência deveria ser invertida.

No entanto, é cômodo para o genitor residente, em geral a mãe, tomar todas as decisões sozinhas. Mas, deve-se ter em mente que ambos os genitores têm as mesmas obrigações e responsabilidades, seja genitor residente ou não. Desse modo, é preciso achar um ponto de equilíbrio.

Algumas dessas considerações e sugestões, obviamente, são impraticáveis. O que melhor se encaixa na perspectiva constitucional de paternidade responsável, igualdade entre homem e mulher, além de se exercer de forma adequada o instituto do poder familiar é o item "d) - Os pais devem se consultar em todos os importantes pontos, mas as questões triviais são decididas pelo pai que está com a criança naquele momento".

---

62 STJ, REsp. 1.117.793, RJ, 3ª Turma, Rel. Min. Nancy Andrighi, Julgto: 28/5/2010.

63 HERRING, Jonathan. *Family Law*, op. cit., p. 429.

64 HERRING, Jonathan. *Family Law*, op. cit., p. 430.

Isso porque, no dia-a-dia, quando o genitor está em companhia dos filhos, ele deve ter autonomia para educá-lo de forma correta, desde que não cause prejuízos ao menor. Um exemplo é a decisão sobre a refeição e o horário em que a criança deve dormir. O ideal, na verdade, é que haja o diálogo entre os pais e, assim como ocorria durante o casamento, as decisões entre ambos os genitores sejam semelhantes para manter uma rotina.

De uma forma geral, não obstante as peculiaridades de cada caso concreto, o item "d" é o mais acertado, pois busca um ponto de equilíbrio e, ao mesmo tempo, incentiva a participação de ambos os pais na criação dos filhos, independentemente do tipo de guarda. Por isso, essa é uma configuração que respeita o exercício do poder familiar inserido no ordenamento.

Nesse mesmo sentido, Ana Carolina Brochado lembra que a lei sobre a guarda compartilhada silenciou-se sobre os atos quotidianos do filho, fazendo-se necessário dimensionar a coparticipação dos pais, pois, a princípio, seria inviável que os pais tivessem de participar da totalidade da vida dos filhos, inclusive dos atos diários:

> Por isso, é preciso ficar claro que o poder das decisões relativas ao quotidiano da criança será exercido tomando-se como base a companhia ou o tempo de permanência, tendo o outro a obrigação de concordar com as escolhas que atendam ao melhor interesse do filho, diretriz fundamental a ser seguida.[65]

2.9 GUARDA COMPARTILHADA LITIGIOSA X GUARDA COMPARTILHADA CONSENSUAL

Até 2008, decretada a separação judicial ou o divórcio, sem que houvesse acordo entre as partes quanto à guarda dos filhos, ela seria atribuída, unilateralmente, ao genitor que revelasse melhores condições de exercê-la, conforme a redação original do artigo nº 1.584 do Código Civil.[66] Diante da promulgação da Lei nº 11.698/2008 sobre a guarda compartilhada, houve a inserção do § 2º ao artigo nº 1.584 do Código Civil que dispunha expressamente: "quando não houver acordo entre mãe e pai quanto à guarda do filho, será aplicada, sempre que possível, a guarda compartilhada."

---

[65] TEIXEIRA, Ana Carolina Brochado. A (des) necessidade da guarda compartilhada ante o conteúdo da autoridade parental, op. cit., p. 317.

[66] Redação original do artigo nº 1584 do Código Civil: "Decretada a separação judicial ou divórcio, sem que haja entre as partes acordo quanto à guarda dos filhos, será ela atribuída a quem revelar melhores condições de exercê-la".

No final de 2014, foi promulgada uma nova lei, a de nº 13.058/2014, referente a imposição da guarda compartilhada como regra, inclusive em hipóteses de desacordo entre os pais.[67]

Uma questão bastante discutida, mesmo antes dessa lei de 2014, refere-se à possibilidade ou não de se determinar a guarda compartilhada quando não houver consenso entre os genitores. Conforme já citado anteriormente, a guarda compartilhada, embora esteja se tornando mais comum, ainda é pouco utilizada, representando 5,8%, de acordo com os dados do IBGE.[68]

Lenita Duarte, mestre em psicanálise, aborda o aspecto psicológico dos filhos nas famílias em litígio em sua obra: "Guarda dos filhos nas famílias em litígio. Uma interlocução da psicanálise com o Direito". A autora observa que no seu consultório é comum se deparar com pais relatando dificuldades em intervir e participar diretamente das atividades dos filhos, em razão de determinadas mães não os aceitar:

> Na posição de guardiãs, sentindo-se apoiadas pela justiça, algumas dessas mães se consideram as únicas responsáveis pelas decisões referentes aos filhos, bloqueando as iniciativas dos pais. Frente a essa postura, observa-se que os pais ficam impossibilitados de exercerem seus direitos, solicitando então subsídios da Psicanálise que ressaltem a importância de sua participação na vida da criança. Em determinados casos, chegam a demandar uma declaração à analista, baseada no resultado de sua avaliação sobre a criança, para apelar junto à justiça que esta determine o cumprimento do tratamento analítico, quando este for indicado.[69]

Diante disso questiona-se: É correto manter esse paradigma que privilegia a mãe, em detrimento do pai, no momento de imposição da guarda? Por outro lado, será que mesmo no litígio a guarda compartilhada é benéfica aos filhos?

Um ponto essencial é que não se deve partir do princípio de que porque a convivência paterno-filial, em geral, é benéfica, a determinação de contato, por meio de ordens judiciais também o é. Disputas sobre guarda e "visitação" podem se tornar quase impossíveis de serem satisfatoriamente resolvidas judicialmente, causando prejuízos aos filhos. Ademais, há uma chance enorme de que retornem ao Judiciário.

---

67 Essas alterações no ordenamento civil serão analisadas no item 2.9.1.

68 IBGE Instituto Brasileiro de Geografia e Estatística. *Estatística Registro Civil 2013*. Disponível em: <http://www.ibge.gov.br/home/estatistica/populacao/registrocivil/2013/default.shtm.> Acesso em: 15 dez. 2014.

69 DUARTE, Lenita Pacheco Lemos. *A guarda dos filhos na família em litígio*. Uma interlocução da psicanálise com o Direito. 4 ed. rev., atual. e ampl.. Rio de Janeiro: Lumen Juris, 2011, p. xix.

Tânia da Silva Pereira, atualizadora da obra "Instituições de Direito Civil: Direito de Família" de Caio Mário da Silva Pereira, alerta que este tipo de guarda exige efetivo entendimento entre os genitores, pois disputas permanentes, desrespeito e desavenças devem orientar para o sistema tradicional de regulamentação da convivência, sem afastar o direito de o genitor descontínuo participar das decisões relativas ao filho.[70]

Há fortes argumentos em ambos os sentidos. De um lado, sustenta-se que é cômodo para o genitor guardião ou residente se manter inflexível, pois ele não será prejudicado pelo distanciamento com os filhos. Nesse sentido, a guarda compartilhada o forçaria a ter de lidar com o outro genitor, figura tão importante quanto ele na formação dos menores.

Waldyr Grisard faz a seguinte ponderação acerca da guarda compartilhada como opção preferencial da lei:

> Ao referir-se a lei aos modos de determinação da guarda – unilateral ou compartilhada, por consenso ou por decreto –, o Magistrado restou autorizado a fazê-lo, atentando unicamente às necessidades específicas do filho, ou seja, ao que melhor atende a seus interesses, não constituindo o consenso requisito essencial a tanto.[71]

Fabíola Albuquerque, desde 2005, já sustentava que o modelo da guarda compartilhada não deveria ficar à mercê de acordos firmados entre os pais, e sim contemplados expressamente em norma legal, sob pena de se transformar num instituto destituído de efetividade.[72]

Paulo Lôbo argumenta que apesar de se ter difundido o convencimento de que a guarda compartilhada dependia do amadurecimento sentimental do casal, da superação das divergências, "a lei ignorou esses obstáculos e determinou sua preferência obrigatória, impondo ao juiz sua observância", sempre que possível.[73]

Por outro lado, há uma forte corrente que defende que, quando não há cooperação entre os pais, a guarda compartilhada se torna inviável, pois disputas e falta de diálogo entre os genitores podem dificultar esse arranjo,

---

[70] PEREIRA, Caio Mário da Silva. *Instituições de Direito Civil*: Direito de Família. vol. V, 20 ed. Rio de Janeiro: Forense, 2012, p. 292.

[71] GRISARD FILHO, Waldyr. Aspectos polêmicos da guarda compartilhada. *Revista Síntese Direito de Família*. Ano XII, n. 63, dez-jan 2011, pp.92-95, p. 94.

[72] ALBUQUERQUE, Fabíola Santos. As perspectivas e o exercício da guarda compartilhada consensual e litigiosa. In: *Revista Brasileira de Direito de Famílias*, v. 7, n. 31, ago-set/2005, p. 19-30, p. 30.

[73] LÔBO, Paulo Luis Netto. Guarda e convivência dos filhos após a Lei nº 11.698 de 2008, op. cit., p. 31-32.

que demanda, ainda mais intensamente, a colaboração. Por consequência, os filhos, que são o foco da guarda, são os mais prejudicados.

Ana Carolina Silveira Akel pondera o seguinte:

> Parece-nos uma árdua tarefa e, na prática, um tanto duvidoso que a guarda compartilhada possa ser fixada quando o casal não acorde a esse respeito. Ainda que vise atender ao melhor interesse da criança, o exercício conjunto somente haverá quando os genitores concordarem e entenderem seus benefícios; caso contrário, restaria inócuo.[74]

Já Suzana Borges destaca que a proposição de utilização da guarda compartilhada não traz consigo o intuito de generalizar o seu uso em qualquer situação: "O sucesso dessa modalidade de guarda depende fundamentalmente dos seguintes aspectos: a harmonia entre os pais; a comunicação eficaz; a manifestação de vontade de ambos os pais para a adoção do regime da guarda compartilhada".[75]

Os Tribunais estaduais têm se posicionado contrários à imposição da guarda compartilhada quando não há consenso. Decisões recentes do TJ de Minas Gerais e do Rio de Janeiro assim dispõem:

> DIREITO DE FAMÍLIA. GUARDA. INTERESSE DE MENOR A SER ATENDIDO DE FORMA EXCLUSIVA. A guarda de filho não é definitiva. Constatada a falta, omissão ou abuso dos pais ou responsável (ECA, art. 98, II), não deve a criança permanecer na guarda daquele que a prejudica, podendo ser revogada a qualquer tempo. Guarda compartilhada pressupõe, em princípio, consenso entre os pais. *Não existe, com êxito, guarda compartilhada litigiosa, embora haja doutrina que a admita, sem comprometer-se com a operacionalização necessária.*[76] (grifo nosso)
>
> APELAÇÃO CÍVEL. Ação de guarda. Sentença de improcedência. Afastada a alegação de error in procedendo a macular a sentença, uma vez que dada a palavra à advogada do autor, em audiência, não foi formulado qualquer requerimento de produção de prova, precluindo a matéria. Convicção do juiz formada ante a vasta documentação trazida aos autos. Divergência nas conclusões das avaliações psicológicas que se dá em razão da diferença de amplitude das entrevistas realizadas e ao seu aprofundamento. Menor que sempre esteve sob os cuidados da mãe, exceto pelo período de *guarda compartilhada, que se revelou frustrada ante a*

---

74 AKEL, Ana Carolina Silveira. *Guarda Compartilhada*. Um avanço para a família. 2 ed. São Paulo: Atlas, 2010, p. 126.

75 LIMA, Suzana Borges Viegas de. Guarda Compartilhada: a nova realidade, op. cit., p. 339

76 TJMG Ap. Cível 1.0024.09.743025-0/001. Rel. Des. Wander Marotta. Julgto: 18/2/2014.

> *grande animosidade existente entre as partes.* Não demonstrado qualquer ato de desídia ou negligência nos cuidados prestados pela ré ao seu filho. *Guarda unilateral da genitora que não implica em alijar o autor da participação e/ou supervisão da educação e saúde do filho adolescente,* na forma do artigo 1.589 do Código Civil brasileiro. Correta a sentença. Parecer da Procuradoria de Justiça em consonância. Recurso a que se nega provimento.[77] (grifos nossos)

Já o acórdão do STJ, cuja relatora foi a Ministra Nancy Andrighi, defende a seguinte posição:

> CIVIL E PROCESSUAL CIVIL. RECURSO ESPECIAL. DIREITO CIVIL E PROCESSUAL CIVIL. FAMÍLIA. GUARDA COMPARTILHADA. CONSENSO. NECESSIDADE. ALTERNÂNCIA DE RESIDÊNCIA DO MENOR. POSSIBILIDADE.
>
> 1. A guarda compartilhada busca a plena proteção do melhor interesse dos filhos, pois reflete, com muito mais acuidade, a realidade da organização social atual que caminha para o fim das rígidas divisões de papéis sociais definidas pelo gênero dos pais.
>
> 2. A guarda compartilhada é o ideal a ser buscado no exercício do Poder Familiar entre pais separados, mesmo que demandem deles reestruturações, concessões e adequações diversas, para que seus filhos possam usufruir, durante sua formação, do ideal psicológico de duplo referencial.
>
> 3. Apesar de a separação ou do divórcio usualmente coincidirem com o ápice do distanciamento do antigo casal e com a maior evidenciação das diferenças existentes, o melhor interesse do nor, ainda assim, dita a aplicação da guarda compartilhada como regra, mesmo na hipótese de ausência de consenso.
>
> 4. *A inviabilidade da guarda compartilhada, por ausência de consenso, faria prevalecer o exercício de uma potestade inexistente por um dos pais. E diz-se inexistente, porque contrária ao escopo do Poder Familiar que existe para a proteção da prole.*
>
> 5. *A imposição judicial das atribuições de cada um dos pais, e o período de convivência da criança sob guarda compartilhada, quando não houver consenso, é medida extrema, porém necessária à implementação dessa nova visão, para que não se faça do texto legal, letra morta.*
>
> 6. A guarda compartilhada deve ser tida como regra, e a custódia física conjunta – sempre que possível – como sua efetiva expressão.

---

[77] TJRJ Ap. Cível 0445062-73.2012.8.19.0001, Des. Patricia Serra Vieira. Décima Câmara Civel. Julgto: 9;7/2014.

7. Recurso especial provido.[78] (grifo nosso)

Os acórdãos de nº 1.251.000-MG e 1.428.596-RS do STJ sobre a guarda compartilhada, da relatoria da Ministra Nancy Andrighi, em que pese produzirem aspectos bastante relevantes e esclarecedores sobre esse arranjo, trazem algumas ressalvas que merecem ser consideradas.

No acórdão de nº 1.251.000, a Ministra pondera que "o consenso, como pré-requisito para a implementação da guarda compartilhada, é um dos elementos que se encontram em zonas gris, pois o desejável é que ambos os genitores se empenhem na consecução dessa nova forma de se ver as relações entre pais e filhos pós-separação".

Partindo do prisma de que a guarda compartilhada deve ser a regra, Andrighi ressalta que seria questionável a afirmação de que a litigiosidade entre os pais impede a fixação desse arranjo, "porquanto se ignora toda a estruturação teórica, prática e legal que apontam para a adoção da guarda compartilhada como regra."[79]

Para a Ministra, exigir-se consenso para a guarda compartilhada "dá o foco distorcido à problemática, pois se centra na existência de litígio e se ignora a busca do melhor interesse do menor." A exigência do consenso inviabilizaria o instituto, dando a um dos genitores – normalmente à mãe, poderes de vetar a realização do melhor interesse do menor.[80]

Ao comentarem o acórdão citado e mencionando sobre o alcance do termo "sempre que possível" do então § 2º do artigo nº 1.584 do Código Civil (em vigor até o final de dezembro de 2014),[81] Vitor Almeida e Renata Vilela ponderam o seguinte:

> Discute-se se esta foi apenas uma opção do legislador em dar preferência ao modelo de guarda compartilhada no lugar da guarda unilateral, determinando que o juiz envide máximos esforços para realizar um acordo entre os pais, ou se deve o juiz determinar a guarda compartilhada mesmo não havendo qualquer possibilidade de consenso entre eles.

---

78 STJ, REsp nº 1.428.596 –RS. Rel. Ministra Nancy Andrighi. Dje 25/6/2014. No mesmo sentido: REsp nº 1.251.000 –MG (2011/0084897-5). Rel. Ministra Nancy Andrighi, 3ª Turma.

79 STJ, REsp nº 1.251.000 –MG (2011/0084897-5). Rel. Ministra Nancy Andrighi, 3ª Turma, p. 10.

80 Ibidem, p. 11.

81 Em 23/12/2014 houve a promulgação da Lei nº 13.058/2014 que substituiu o § 2º do artigo nº 1.584 do Código Civil, passando a ter a seguinte redação: "Quando não houver acordo entre a mãe e o pai quanto à guarda do filho, encontrando-se ambos os genitores aptos a exercer o poder familiar, será aplicada a guarda compartilhada, salvo se um dos genitores declarar ao magistrado que não deseja a guarda do menor".

Tal questionamento envolve a questão da medida da intervenção do Estado em certas escolhas da esfera familiar. Indaga-se até que ponto delegar ao Poder Judiciário a incumbência de dirimir as divergências entre os pais em relação à administração do cotidiano dos filhos, quando estes estão sob a sua guarda, é uma alternativa possível ou a melhor alternativa, de acordo com o parágrafo único do art. 1.631.

Os autores sustentam que, diante de uma interpretação sistemática, axiológica e teleológica, a solução para o caso concreto deve ser compatível com a legalidade constitucional. Sob esse prisma, argumentam:

> Não parece que o legislador teria adotado a orientação de que o juiz deveria preferir a concessão da guarda compartilhada a ambos os genitores em caso de disputa ou desarmonia entre eles. Essa orientação traria sérios problemas para o filho, cujo desenvolvimento saudável depende de uma gestão equilibrada do exercício dos poderes-deveres pelos pais, além de estar em franca contradição com o princípio do melhor interesse da criança. Com efeito, se os pais não tiveram condições de compor o conflito, é razoável pressupor que também não se entendam no exercício compartilhado da guarda.[82]

Acertada a crítica de Vilela e Almeida, na medida em que a expressão "sempre que possível" não significa a imposição judicial, principalmente nos casos de elevado litígio e falta de diálogo. Ora, parece que o intento do legislador, ao inserir essa expressão, era incentivar a guarda compartilhada e não a impor. Esse objetivo pode ser alcançado por iniciativas dos magistrados, pelo incentivo à mediação entre outras ferramentas que fomentem o diálogo. O Capítulo IV abordará exatamente essa discussão.

No entanto, no mesmo sentido da decisão da 3ª Turma do STJ, houve a publicação da Lei nº 13.058/2014, prevendo a imposição da guarda compartilhada em casos de litígio entre os pais. A única exceção, se ambos estão aptos a exercer o poder familiar, será quando um dos genitores declarar ao juiz que não deseja a guarda do filho. Trata-se de uma lei controversa, pois não leva em conta as particularidades do caso concreto.[83]

Todavia, evidências demonstram,[84] atenuando certos paradigmas, que a convivência entre pais e filhos não deve ser vista sempre como positiva. Há relações paterno-filiais que prejudicam sobremaneira o desenvolvimento

---

82 MULTEDO, Renata Vilela; ALMEIDA, Vitor. Guarda Compartilhada: entre o consenso e a imposição judicial op. cit., p. 4,5,11.

83 Sobre esse assunto, vide item 2.9.1.

84 Vide item 3.6.2.1.

dos infantes.[85] Ademais, não há como presumir que a guarda compartilhada trará quaisquer benefícios nos casos de litígio. Por isso, o mais acertado é manter o princípio do melhor interesse da criança como primordial e analisar as particularidades do caso concreto, sem que haja uma presunção sobre determinado tipo de guarda, ou, menos ainda, a orientação expressa acerca da guarda compartilhada compulsória.

Esse ponto foi fonte de intenso debate nos últimos anos na Inglaterra e o Comitê de Justiça inglês, embora apoie o princípio da participação dos pais na criação dos filhos, não vê a necessidade de inclusão na lei de tal presunção, pois a convivência com ambos os genitores não é benéfica em todos os casos, por isso, não pode ser presumida, principalmente em casos de litígios. Para o referido Comitê, há o perigo de que a inserção de uma segunda presunção tire a atenção da Corte e dos pais para o melhor interesse da criança, que deve ser primordial.[86]

Exatamente este é o pensamento de Ana Carolina Broxado Teixeira, que rejeita a aplicação cega da norma e defende que devem ser considerados todos os tipos de guarda existentes:

> Deve-se considerar todos os tipos de guarda existentes, de modo a que o caso seja enquadrado na hipótese que melhor atenda aos interesses da criança ou do adolescente, sem atribuir prioridade a nenhum modelo abstratamente.
>
> Mediante a criação de um modelo prioritário, corre-se o risco de o julgador aplicar a legislação ao caso descurando-se do princípio do melhor interesse do menor. Esse modelo, por óbvio, a princípio aplicável a todas as separações, omite considerações que devem ser feitas em relação à tutela do filho, que pode arriscar-se a agravar e não a resolver os problemas práticos que obstam o crescimento equilibrado do filho.[87]

Na verdade, se os pais não cooperarem entre si e focarem no interesse das crianças, o impasse e as dificuldades existirão em qualquer tipo de

---

[85] Cabe mencionar o caso do menor Bernardo Boldrini, assassinado pela madrasta em abril de 2014, cujo pai detinha a guarda. O menor chegou a procurar o Ministério Público para pedir para morar com outra família, pois seu genitor o maltratava. Em audiência, o pai do menino não quis abrir mão da guarda, embora depois do crime tenha se descoberto que o relacionamento paterno-filial era repleto de ameaças, desamor e desarranjos graves. Caso Bernardo Boldrini. Disponível em: <http://g1.globo.com/rs/rio-grande-do-sul/caso-bernardo-boldrini/index.html>. Acesso em: 9 dez. 2014.

[86] INGLATERRA. Pre-legislative scrutiny of the Children and Families Bill. House of Commons. Justice Committee. Fourth Report of Session 2012 13. 14 december, 2012. Para uma discussão mais aprofundada, vide item 3.6.2.2.

[87] TEIXEIRA, Ana Carolina Brochado. A (des) necessidade da guarda compartilhada ante o conteúdo da autoridade parental, op. cit., p. 317.

arranjo. Entretanto, na guarda compartilhada, é preciso ter uma atenção ainda maior dos profissionais que irão elaborar o laudo psicossocial, para verificar qual é o grau de desentendimento entre os pais, pois esse arranjo exige ainda mais o diálogo e a cooperação. Dessa forma, não há como impor um modelo aprioristicamente.

Assim, é fundamental analisar até que ponto os desentendimentos dos pais afetam a rotina e o estado emocional da criança. Por isso, não deve haver uma generalização no sentido de ser favorável ou contra a guarda compartilhada nas hipóteses de litígio, mas sim averiguar se no caso concreto eventual desentendimento está dificultando o desenvolvimento daquele menor. De todo modo, não deveria haver uma norma que a impusesse *a priori*.

Em continuidade à discussão sobre a guarda compartilhada no litígio, cabe citar a ponderação da Ministra Nancy Andrighi em recente decisão:

> O menor é um menino com 06 – seis – anos de idade e o pai, busca estreitar o contato com ele em período sabidamente sensível na formação da personalidade da criança. *Difícil, nessas condições, entender-se e justificar-se a vedação ao pleito, tão somente por negativa materna, mormente quando inúmeras vezes se julga e se reprime a incúria, o abandono e mesmo o mal trato perpetrado por tantos pais.*[88] (grifo nosso)

Há genitores que estão em "pé de guerra" em relação ao patrimônio e à pensão alimentícia, por exemplo. Todavia, no âmbito da parentalidade se respeitam, pois sabem que o outro genitor é um pai presente e participativo, de modo que o interesse dos filhos não pode ser prejudicado por suas desavenças como ex-casal. Assim, não é o conflito, em si, que irá impedir o deferimento da guarda compartilhada.

Nesse sentido, cumpre citar Waldir Grisard:

> Não é o litígio que impede a guarda compartilhada, mas o empenho em litigar, que corrói impiedosamente a possibilidade de diálogo e que deve ser impedido, pois, diante dele, nenhuma modalidade de guarda será adequada ou conveniente.[89]

Ademais, o profissional da saúde, responsável pelo laudo, assim como o juiz, devem ponderar se o benefício em longo prazo é mais positivo que o stress inicial, mesmo porque pode haver alienação parental.[90] Assim, caso haja uma rejeição inicial por parte da criança, é imperioso averiguar se isso decorre da ausência de contato anterior, por vezes, em razão de impedimentos

---

[88] STJ, REsp nº 1.428.596 –RS. Rel. Ministra Nancy Andrighi. Dje 25.06.2014.

[89] GRISARD FILHO, Waldyr. *Aspectos polêmicos da guarda compartilhada*, op. cit., p. 94.

[90] Vide item 4.1.5.1.

impostos pelo guardião. Nesses casos, é necessário restabelecer, paulatinamente, a relação entre pai e filho, até se consolidar o plano de guarda mais adequado.

Guilherme Calmon Nogueira da Gama lembra que no momento imediatamente posterior à dissolução da sociedade conjugal a adoção do modelo da guarda compartilhada pode não atender aos interesses dos filhos, mas isso não impede que, em momento posterior, após tratamento psicológico, haja alteração do modelo de guarda uniparental para o da guarda compartilhada, biparental.[91]

Por isso, o debate principal não deveria ser sobre a possibilidade ou não da imposição da guarda compartilhada por determinação judicial em caso de ausência de consenso, mas sim a busca de novos paradigmas que fomentem o diálogo.

Nesse sentido, a Ministra Nancy Andrighi afirma que, para a litigiosidade entre os pais, é preciso perseguir novas soluções e uma ação interdisciplinar que fecunde o diálogo produtivo entre os genitores, evidenciando as vantagens para os filhos da guarda compartilhada e construa linhas mestras para o exercício do poder familiar de forma conjunta.[92]

A cooperação do genitor residente pode ser essencial para fazer funcionar a convivência. Portanto, e o que pretende demonstrar essa obra, é que a melhor opção é sempre empregar meios que facilitem o restabelecimento da comunicação dos pais, como a mediação, por exemplo, que possibilita o protagonismo das partes e o foco no interesse da criança.

Bastante relevante é a observação de Sonia Harris-Short, que argumenta que se se deseja encorajar a guarda compartilhada após a separação, é preciso encorajá-la cada vez mais durante a relação dos pais. Na ânsia de querer estabelecer igualdade, há o perigo de serem esquecidas as realidades de cada família, pois padrões já foram estabelecidos.[93]

É importante aceitar que divergências sempre irão existir, mas a lei precisa enviar a mensagem de encorajamento da coparentalidade, sem que haja uma imposição geral sobre a guarda compartilhada. Sendo assim, a

---

[91] GAMA, Guilherme Calmon Nogueira da. *Princípios Constitucionais de Direito de Família*. Guarda Compartilhada à luz da Lei nº 11.698-08. Família, Criança, Adolescente e Idoso. São Paulo: Atlas, 2008, p. 221.

[92] STJ REsp nº 1.251.000 –MG (2011/0084897-5). Rel. Ministra Nancy Andrighi, p. 11.

[93] HARRIS-SHORT, Sonia. Resisting the march towards 50/50 shard residence: rights, welfare and equality in post-separation families. Journal of Social Welfare and Family Law.v.32, 2010, p. 257.

saída é que eles se conscientizem e busquem ferramentas que possam colaborar com o diálogo.

Apesar da intensa divergência e debate acerca das vantagens ou prejuízos em se impor a guarda compartilhada nos casos litigiosos, houve a promulgação da Lei nº 13.058/2014. Desse modo, no item a seguir serão abordados seus principais aspectos.

2.9.1 *Lei nº 13.058/2014: análise crítica das modificações introduzidas quanto à guarda dos filhos*

É oportuno analisar a Lei nº 13.058/2014, publicada em 23 de dezembro de 2014, prevendo a imposição da guarda compartilhada em casos de litígio entre os pais.[94] Segundo a justificativa do então Projeto,[95] embora houvesse menção no artigo nº 1.584, § 2º, de que "quando não houver acordo entre os pais, será aplicada, sempre que possível a guarda compartilhada", o alvo da Lei nº 11.698/2008 seria justamente para casais que não se encontram em harmonia. No entanto, argumentou-se que, na prática, os magistrados não estavam determinando a guarda compartilhada nas hipóteses de conflito.

De acordo com a referida norma de 2014, em caso de desacordo entre mãe e pai quanto à guarda do filho, se os dois estiverem aptos para exercer o poder familiar, o juiz deverá aplicar a guarda compartilhada. A única exceção

---

[94] Vide anexo 01.

[95] Justificação do Projeto de lei original nº 1009/2011 do Deputado Arnaldo Faria de Sá: "Muito embora não haja o que se negar sobre avanço jurídico representado pela promulgação da Lei nº 11.698, de 13.06.08, a qual institui a Guarda Compartilhada no Brasil. (sic) Muitas pessoas, inclusive magistrados, parecem não ter compreendido a real intenção do legislador quando da elaboração de tal dispositivo. Obviamente, para os casais que, sabiamente, conseguem separar as relações de parentesco 'marido/esposa' da relação 'Pai/Mãe', tal Lei é totalmente desnecessária, portanto, jamais poderiam ter sido tais casais (ou ex-casais) o alvo da elaboração da lei vez que, por iniciativa própria, estes já compreendem a importância das figuras de Pai e Mãe na vida dos filhos, procurando prover seus rebentos com a presença de ambas. Ocorre que alguns magistrados e membros do ministério público, têm interpretado a expressão 'sempre que possível' existente no inciso em pauta, como 'sempre os genitores sem relacionem bem'. Ora nobres parlamentares, caso os genitores, efetivamente se relacionassem bem, não haveria motivo para o final da vida em comum, e ainda, para uma situação de acordo, não haveria qualquer necessidade da criação de lei, vez que o Código Civil em vigor a época da elaboração da lei já permitia tal acordo [...]. Mas, a suposição de que a existência de acordo, ou bom relacionamento, entre os genitores seja condição para estabelecer da guarda compartilhada, permite que qualquer genitor beligerante, inclusive um eventual alienador parental, propositalmente provoque e mantenha uma situação de litígio para com o outro, apenas com o objetivo de impedir a aplicação da guarda compartilhada, favorecendo assim, não o melhor interesse da criança, mas os seus próprios, tornando inócua a lei já promulgada [...]".

será quando um dos genitores declarar ao juiz que não deseja a guarda do filho.[96]

O artigo nº 1.584, § 2º do Código Civil passa a ter a seguinte redação:

> Quando não houver acordo entre a mãe e o pai quanto à guarda do filho, encontrando-se ambos os genitores aptos a exercer o poder familiar, será aplicada a guarda compartilhada, salvo se um dos genitores declarar ao magistrado que não deseja a guarda do menor.

Numa análise superficial, nota-se a boa intenção da norma que, em razão de pressões de alguns grupos de pais, em especial aqueles que têm dificuldade de convivência com seus filhos, estavam lutando há anos, legitimamente, por uma mudança substancial. Essa regra traria um respaldo legal a esses genitores na busca por uma participação ativa na vida de seus filhos, já que menos de 6% das guardas são compartilhadas.[97]

No entanto, na ânsia de resolver essa questão, a determinação legislativa acabou atropelando certas etapas que seriam necessárias para uma transformação, de fato, estrutural, tanto no ordenamento jurídico, como na sociedade.

De início, cumpre mencionar que o artigo 1º preceitua que a lei irá estabelecer o significado da expressão "guarda compartilhada" e dispor sobre sua aplicação. Mas, ao analisá-la, verifica-se que a dúvida entre o conceito e a abrangência do poder familiar e guarda dos filhos ainda remanesce.

Nesse sentido, cabe citar a psicanalista Giselle Groeninga, diretora da Comissão interdisciplinar do IBDFAM, que, ao criticar o então Projeto de Lei nº 117/2013, enfatizou que a responsabilização dos pais implica o dever/direito de educar e criar, seja na guarda única, seja na compartilhada: "Curiosamente, a definição da guarda compartilhada é a de responsabilização conjunta do pai e da mãe. Como se não o fosse na guarda unilateral".[98]

---

[96] Outros aspectos da norma referem-se: a) à prerrogativa do genitor em solicitar informações e/ou prestação de contas das situações que afetem a saúde e educação dos filhos; b) ao descumprimento de cláusula acerca da guarda que poderá implicar na redução das prerrogativas do genitor; c) à obrigação de qualquer estabelecimento público ou privado de prestar informações sobre o filho, sob pena de multa; d) à fixação de liminar de guarda, que deve ocorrer, preferencialmente, após a oitiva de ambas as partes d) à necessidade de concordância de ambos os genitores para mudança de domicílio da criança. Tais aspectos foram apenas citados, pois fugiriam da pertinência temática.

[97] IBGE. Instituto Brasileiro de Geografia e Estatística. Estatística de Registro Civil 2013. Disponível em: <http://www.ibge.gov.br/home/estatistica/populacao/registrocivil/2013/default.shtm>. Acesso em: 15 dez. 2014.

[98] GROENINGA, Giselle Câmara. PL 117/13 confunde o que seria o espírito da guarda compartilhada. 08.12.2014. Disponível em: <http://www.conjur.com.br/2014-dez-08/pl-11713-confunde-seria-espirito-guarda-compartilhada>. Acesso em: 9 dez 2014.

Assim, perdeu-se uma excelente oportunidade de esclarecer que a guarda é somente o arranjo de convivência paterno-filial, mas que as questões relativas à criação e educação decorrem do poder familiar. Esse esclarecimento tiraria a pressão e a supervalorização do instituto da guarda, o que acarretaria numa diminuição dos conflitos familiares.

Ademais, um ponto bastante negativo foi a vinculação entre a noção de guarda compartilhada com o fator "tempo". A lei se torna polêmica, pois acaba focando no direito dos pais e não dos filhos, ao salientar a questão do tempo que a criança deve passar com cada genitor. O menor se torna objeto da relação entre os pais, e não sujeito autônomo, cuja prioridade deve ser dada. O § 2º do artigo nº 1.583 do Código Civil passará a ter a seguinte redação:

> Na guarda compartilhada, o tempo de convívio[99] com os filhos deve ser dividido de forma equilibrada com a mãe e com o pai, sempre tendo em vista as condições fáticas e os interesses dos filhos.

Com as alterações, o § 3º do artigo nº 1.584 passa a dispor expressamente sobre a "divisão equilibrada de tempo", termo esse tão criticado em ordenamentos estrangeiros que o inseriram, como a Austrália, e verificaram que, na prática, ele não trouxe os benefícios esperados.

Conforme amplamente discutido ao longo dessa obra e levando em conta estudos e pesquisas de diversos países, especialmente da Inglaterra e Austrália, inserir uma presunção na lei, ou até impor a guarda compartilhada não é sempre benéfico, ainda mais se referindo à questão temporal. Isso só irá instigar ainda mais as disputas dos genitores que estão em conflitos por tempo igual de convivência (50-50%).[100]

Outro aspecto é que a menção acerca da divisão equilibrada de "tempo" acaba trazendo uma confusão com a guarda alternada. Ora, se mesmo com a Lei nº 11.698/2008 magistrados, por vezes, confundiam esses dois tipos de guarda, o que dirá agora, com essa nova norma que dispõe expressamente sobre equilíbrio temporal.

Adiciona-se também o fato de que não se esclareceu que a guarda compartilhada, em regra, não pressupõe alternância de domicílio, deixando margem para diferentes interpretações e confusões. Relevante ressaltar que a fixação de um referencial de moradia é de suma importância para a criança. Todavia, isso não quer dizer que ela não possa ter um quarto em cada domicílio, mas sim que haja um local que ela identifique como sendo sua residência.

---

[99] Durante a tramitação do Projeto de Lei, o termo "custódia física" foi substituído, corretamente, por "convívio", já que referida expressão se encontrava totalmente ultrapassada.

[100] Sobre essa discussão, vide item 3.6.2 e seguintes.

Nessa esteira, Waldyr Grisard esclarece que a guarda compartilhada não pressupõe uma equitativa distribuição de tempo de convivência com cada um dos pais, mas sim a responsabilização conjunta dos genitores. O autor ainda defende a posição de que o menor tenha uma residência habitual, que funcionará como ponto de referência, para facilitar a manutenção da sua rotina.[101]

Seria bastante benéfico que o ordenamento jurídico brasileiro se atentasse a estudos sobre experiências estrangeiras acerca da guarda dos filhos. Isso evitaria que cometêssemos os mesmos erros de experiências malsucedidas, que possam prejudicar os menores.

Pesquisas realizadas por Liz Trinder, na Inglaterra, demonstram que o que importa, de fato, é a qualidade e a habilidade dos pais de focar na necessidade dos filhos, independentemente da quantidade de tempo com a criança. No entanto, a imposição da guarda compartilhada se dará exatamente no caso dos genitores em litígio, nos quais esse tipo de guarda tem menos chances de funcionar e maiores chances de causar problemas para os menores. Entre as conclusões da pesquisadora está a constatação de que, quando há níveis elevados de conflito, a "shared-care" não é transformativa, ao contrário, pode aumentar ou perpetuar o conflito. Por isso, o foco deve ser na necessidade da criança individualmente.[102]

Cumpre aqui esclarecer que não se está criticando a guarda compartilhada, mas sim a imposição expressa de que ela deva ser aplicada como regra geral (mesmo em casos de litígio), pois o princípio fundamental deve ser o melhor interesse da criança, que será analisado através das especificidades do caso concreto.

Taise Trentin e Aline Casagrande afirmam que a guarda compartilhada imposta por lei é uma tentativa de se efetivar o que deveria ser natural. Apesar de positiva, "a imposição desse modelo, quando o casal não se relaciona com urbanidade, inspira cuidado, não podendo ser uma regra".[103]

Alice Sampaio pondera que o juiz e o Ministério Público devem ter um olhar mais profundo, admitindo-se a adoção dessa modalidade de guarda somente quando constatarem que o casal tem maturidade suficiente para se relacionar com respeito e sempre visando o bem-estar dos filhos.[104]

---

101 GRISARD FILHO, Waldyr. *Aspectos polêmicos da guarda compartilhada*, op. cit., p. 95.

102 TRINDER, Liz. Shared residence: a review of recent research evidence. *Child and Family Law Quarterly*. v. 22, n. 4, 2010, p. 475-498, p. 495.

103 TRENTIN, Taise Rabelo Dutra; CASAGRANDE, Aline. *Guarda Compartilhada*, op. cit.

104 SAMPAIO, Alice Maria Borghi Marcondes. A mediação familiar e a guarda compartilhada – Reflexões. *Revista IOB de Direito de Família*. Ano XI, n. 53, abr-mai 2009, pp. 225-226, p. 225.

Assim, antes de se promulgar esse tipo de lei, seria preciso realizar uma pesquisa aprofundada, que envolvesse estudos interdisciplinares, além de propiciar voz à criança e ao adolescente.[105]

Por isso, não é o tipo de guarda em si que importa, mas o modo como os pais lidam com ela. Além disso, o princípio do melhor interesse da criança já é suficiente e, como diria o "Family Justice Review" da Inglaterra, inserir outra proposição adicional traz um risco desnecessário com pouco ganho.[106]

Cabe ainda adiantar as conclusões citadas no Capítulo III do Comitê de Justiça da Inglaterra e Irlanda, que apoia o princípio da participação dos pais, mas não vê a necessidade de inclusão na lei de uma presunção sobre "shared parenting". Isso porque a convivência com ambos os genitores não é benéfica em todos os casos,[107] por isso não pode ser presumida, principalmente quando há litígio. Há o perigo de que a inserção de uma segunda presunção tire a atenção da Corte e dos pais do melhor interesse da criança, que deve ser primordial.[108]

Renata Vilela e Vitor Almeida lembram que, na Espanha, a redação dada pela reforma de 2005 ao artigo nº 92.8 do Código Civil espanhol dispõe que:

> somente em casos excepcionais o juiz poderá determinar a guarda compartilhada quando esta for requerida por somente uma das partes, ou seja, que não seja fruto do consenso dos pais. Além disso, a Suprema Corte Espanhola (STS) vem exigindo a motivação da decisão a fim de perquirir se a imposição daquele modelo de guarda é o que melhor protege os interesses dos filhos no caso concreto.[109]

---

105 Em outra pesquisa realizada na Inglaterra com 398 jovens, entre 18 e 35 anos que conviveram com a separação dos pais e vivenciaram disputas pelo contato, a maioria deles não é a favor da mudança na lei para inserir a presunção sobre "shared parenting". Eles defendiam que a individualidade da decisão deveria ser preservada. Nesse sentido, esses jovens afirmaram que tal ordem não deveria ser dada a menos que: os pais vivam muito próximos; as crianças fiquem na mesma escola; os pais tenham bom relacionamento; os genitores consigam prover dois quartos, roupas, material escolar em cada casa e, sobretudo, que as crianças estejam felizes com esse tipo de arranjo. FORTIN, Jane; HUNT, Joan; SCANLAN, Lesley. *Taking a longer view of contact*: The perspectives of young adults who experienced parental separation in their youth. Sussex Law School, nov. 2012. Summary, p. 11.

106 Essa discussão também ocorreu na Inglaterra, conforme se observa nos itens 3.6 e seguintes. INGLATERRA. *Family Justice Review*. Interim report. Executive summary and recommendations. March 2011.

107 No item 2.9 já foi mencionado o caso do menino Bernardo, que vivia uma relação turbulenta com o pai e foi assassinado pela madrasta.

108 INGLATERRA. *Pre-legislative scrutiny of the Children and Families Bill*. House of Commons. Justice Committee. Fourth Report of Session 2012–13. 14 december, 2012.

109 MULTEDO, Renata Vilela; ALMEIDA, Vitor. *Guarda Compartilhada*: entre o consenso e a imposição judicial, op. cit., p. 7-8.

No que se refere à recente Lei de nº 13.058/2014, a psicanalista Giselle Groeninga faz importantes considerações que merecem ser aqui citadas:

> [...] No entanto, ao tentar corrigir a expressão "*sempre que possível*", e que deu margem a injustiças, muito indica que a nova lei acabou por confundir o que seria o espírito da guarda compartilhada – complementariedade das funções, separação das questões da conjugalidade desfeita com as da parentalidade, formação dos vínculos por meio do exercício da responsabilidade parental e das diversas formas de convivência – enfatizando a questão do tempo com uma redação que dá margem à interpretação deste ser metade com a mãe e metade com o pai e a alternância entre as residências. O resultado pode ser uma equiparação equivocada do que é necessariamente diferente: função materna e função paterna. É preciso que se diga que as diferenças não implicam menos direitos e deveres.
>
> Curiosamente, o que deve ser privilegiado na lei – o superior interesse dos filhos, que se entende como indissociável daquele dos pais enquanto no exercício de suas funções – pode acabar por se desvirtuar com a simples divisão equilibrada do tempo [...]
>
> [...]
>
> A necessária cooperação entre os pais não se estabelece pela tentativa em homogeneizar as diferenças e dividir o tempo e moradia; pelo contrário, isto pode vir a acentuar a competição e a cisão. Em suma, o risco é o de se privilegiar fatores espaciais e temporais, objetivos, em detrimento dos fatores existenciais e afetivos, certamente mais complexos.
>
> [...]
>
> O outro ponto reside no que pode ser interpretado como imposição de um modelo de relacionamento familiar, em que a supervalorização da guarda compartilhada tomada no sentido de igualdade de tempo com cada pai, colocaria em difícil posição aquele que "*declarar ao magistrado que não deseja a guarda do menor*". O desejável é que panorama atual fosse mais de conscientização do que de imposição, do respeito à diversidade, de liberdade com responsabilidade e reforço do poder familiar.

Certo é que, na prática, houve uma interpretação indevida da expressão "sempre que possível", na Lei nº 11.698/2008, restringindo-a, em geral, ao consenso entre os pais. Na realidade, não é o conflito em si que impede a guarda compartilhada, mas sim o grau de animosidade entre os genitores.

O STJ já se manifestou sobre essa questão, levando em consideração a Lei nº 13.058/2014:

> Recurso Especial. Direito de família. *Guarda compartilhada. Primazia sobre a guarda unilateral. Desavenças entre os cônjuges separados. Fato que não impede o compartilhamento da guarda.* Exegese do art. 1.584, § 2º, do código civil. Doutrina sobre o tema. Análise das demais questões devolvidas. Retorno dos autos ao tribunal de origem.
>
> 1. Primazia da guarda compartilhada no ordenamento jurídico brasileiro, conforme de depreende do disposto no art. 1.584 do código civil, *em face da redação estabelecida pelas leis 11.698/08 e 13.058/14.*
>
> 2. Impossibilidade de se suprimir a guarda de um dos genitores com base apenas na existência de desavenças entre os cônjuges separados. Precedentes e doutrina sobre o tema.
>
> 3. Necessidade de devolução dos autos à origem para que prossiga a análise do pedido de guarda compartilhada, tendo em vista as limitações da cognição desta corte superior em matéria probatória.
>
> 4. Recurso especial parcialmente provido. (grifos nossos)
>
> (REsp 1560594/RS, 3ª Turma, Min. Ministro Paulo de Tarso Sanseverino, DJe 01/03/2016).

Não se pode negar que o número de guardas compartilhadas estava muito abaixo do esperado, o que realmente demandava uma mudança nesse panorama. Mas, em vez de se promulgar outra lei, praticamente impondo esse tipo de arranjo, não seria mais apropriado procurar outros caminhos para que a guarda compartilhada se tornasse uma escolha natural dos pais?

Além disso, será que não existe uma razão ponderada pela qual o juiz, ao analisar o caso concreto e fazer seu juízo de valor, decide por não aplicar a guarda compartilhada? Não seria mais produtivo verificar o porquê do número tão baixo desse tipo de guarda?

Alguns fatores podem contribuir para esse quadro, como:

a) A cultura da judicialização dos conflitos na sociedade brasileira;
b) A terceirização da responsabilização dos pais para o Judiciário;
c) O desconhecimento de outros caminhos, que não o judicial para resolver os conflitos;
d) As nomenclaturas "guarda unilateral" e "guarda compartilhada", que colaboram para o acirramento da disputa, já que ambos os pais querem sair vencedores da contenda;
e) A falta de incentivo aos meios apropriados de resolução de conflito como a mediação familiar;
f) A escassez de informação e educação proporcionada pelo Governo acerca da importância da participação dos pais na criação dos filhos;

g) A carência de treinamento adequado para os magistrados lidarem com as questões emocionais que se deparam nas Varas de Família;
h) O fato de que nem todos os juízes e promotores têm um entendimento adequado acerca da diferenciação entre a guarda compartilhada e a guarda alternada;
i) A hipótese de uma falta de empenho de alguns juízes em demonstrar aos pais a importância do diálogo e da flexibilidade para a manutenção da guarda dos filhos;
j) A constatação de que, embora haja genitores cada vez mais preocupados em participar da vida dos menores, a questão do abandono afetivo ainda é uma realidade na sociedade brasileira, conforme se observa do elevado número de famílias monoparentais chefiadas por mulheres.

Diante dessa conjuntura de pressuposições, questiona-se se a simples imposição da guarda compartilhada, como se pretende com essa nova regra do Código Civil, irá realmente proporcionar uma alteração estrutural na maneira de se lidar com essa dificuldade.

Alguns doutrinadores estão sendo muito idealistas, afirmando que o então Projeto de Lei nº 117/2013 iria colocar uma bandeira branca nos litígios: "O Projeto hasteia a bandeira branca, sinal de paz, aos graves conflitos patrocinados pela guarda unilateral."[110] Será mesmo?

O fato de que a Lei nº 11.698/2008 não "pegou" como deveria demonstra que não basta apenas a alteração legislativa. Quando existem ideias e paradigmas ainda tão arraigados na sociedade, é um pensamento ingênuo achar que a simples letra da lei irá reverter esse quadro, já que a transformação deve ser sistêmica.[111]

Outro questionamento ocorre a fim de se saber se os genitores estão preparados para essa mudança, ou se é necessário um esforço mais amplo, começando pelo incentivo do Estado, com divulgação de informações, cursos e estímulos a formas não litigiosas de solução de conflito.

[110] IBDFAM. *Guarda Compartilhada*: diretor do IBDFAM comenta o modelo de guarda recém aprovado no Senado como regra em casos de dissolução conjugal. Data: 03/12/2014. Disponível em: <http://ibdfam.org.br/noticias/5495/Guarda+Compartilhada%3A+diretor+do+IBDFAM+comenta+o+modelo+de+guarda+rec%C3%A9m+aprovado+no+Senado+como+regra+em+casos+de+dissolu%C3%A7%C3%A3o+conjugal>. Acesso em: 5 dez. 2014.

[111] O capítulo IV deste livro se propõe a dar algumas sugestões que podem favorecer essa modificação do panorama atual.

É preciso buscar caminhos para se conseguir efetivar a guarda compartilhada, de preferência de forma consensual. Assim, não é dando aos pais mais direitos, mas os conscientizando de suas responsabilidades.

Imprescindível deixar claro que não se está aqui censurando a guarda compartilhada, muito pelo contrário, o objetivo é encontrar soluções para que se busque um arranjo familiar que leve em consideração o melhor interesse dos filhos, as peculiaridades do caso concreto e, acima de tudo – ou independentemente do tipo de arranjo –, uma forma que privilegie o diálogo e a flexibilidade.

Portanto, o passo mais importante, antes de impor essa lei, seria criar programas, assim como já existem alguns pontuais no Brasil, como as oficinas de parentalidade, que proporcionassem informação e base adequada para que os pais tivessem maior conscientização da importância de um bom relacionamento, em nome do bem-estar dos filhos. Essas oficinas, assim como ocorre na Inglaterra com o "SPIP – Separated Parenting Information Programme", têm-se mostrado bastante positivas.[112]

Desse modo, o mais acertado seria manter como se encontravam até então os artigos de lei sobre a guarda compartilhada e, o magistrado, desprendido de ranços ultrapassados acerca das funções parentais, levar em conta as particularidades do caso concreto e realizar um esforço conjunto com as partes, a fim de implementar a guarda compartilhada de forma consensual.

Não obstante a boa intenção da Lei nº 13.058/2014, ela pode causar retrocessos e expectativas irreais. Por isso, a alteração pretendida, além de não ser necessária, pode acirrar os conflitos judiciais sobre a guarda dos filhos. Ademais, a quantidade de tempo não significa melhora no relacionamento, mas sim a qualidade nesses contatos, lembrando que é preciso, no mínimo, uma convivência razoável para que haja o estreitamento de laços afetivos.

Em resumo, é preciso resolver a raiz do problema e não suas consequências. Ou seja, o objetivo maior é fazer com que os pais tomem consciência de seus papéis parentais e consigam chegar a acordos flexíveis, visando o melhor interesse da criança.

Dessa forma, na busca pela qualidade desses relacionamentos, outro aspecto a ser citado é a necessidade de um maior incentivo aos meios apropriados de resolução de conflito, pois eles favorecem soluções mais ágeis, proporcionando um desgaste emocional, financeiro e temporal muito menor. Além disso, é notório o fato de que o Sistema Judiciário não consegue atender a contento as demandas. Por isso, especificamente no âmbito do Direito de Família, a mediação é muito bem-vinda.

---

[112] Vide item 4.2.2.1.

CAPÍTULO III
EXPERIÊNCIA INGLESA SOBRE "PARENTING"[1]

3.1 PANORAMA GERAL

O Reino Unido é composto pela Inglaterra, País de Gales, Escócia e Irlanda do Norte. No entanto, Escócia e Irlanda do Norte possuem governos e administrações próprios. Apesar de a maioria das leis englobarem a Inglaterra e o País de Gales, essa obra se restringirá especificamente à Inglaterra.

Durante a pesquisa de doutorado realizada na Inglaterra em 2013, observou-se a preocupação na realização de consultas públicas antes da aprovação de leis, havendo escrutínios e debates entre a sociedade, associações de pais, advogados, juízes, assistentes sociais e demais especialistas. Nesses escrutínios, a sociedade é convidada a responder diversos questionamentos e inserir sugestões aos projetos de lei. Notou-se o engajamento das entidades não governamentais e o cuidado de levar em conta essas opiniões coletadas.

Outro aspecto bastante relevante na Inglaterra é a importância dada às pesquisas acerca dos aspectos práticos dessas leis. Não obstante ainda ser considerado insuficiente pelos ingleses, a quantidade, bem como a qualidade das pesquisas no Direito de Família, são aspectos a serem copiados pelo Brasil. Os pesquisadores contam com o apoio financeiro do Governo e possuem uma boa estrutura para desenvolver seus projetos e elaborar estatísticas, o que é de suma significância para se verificar a necessidade de adaptações em uma futura lei, por exemplo. Entre esses estudos pode-se citar aquele que traça o perfil dos indivíduos que vão ao Judiciário em decorrência de abusos domésticos; o perfil das pessoas que buscam a mediação; a porcentagem de reingresso no Judiciário, entre outros, trazendo informações preciosas para executar futuras políticas sociais. Muito ainda se tem

[1] Como já se mencionou, optou-se por não traduzir algumas palavras para o português, para que o sentido não fosse alterado, diante de eventual tradução, já que não há expressão exata correspondente na língua portuguesa.

ressaltado sobre a necessidade de aperfeiçoar esses dados de pesquisas, pois, sem essas evidências, as reformas no sistema de família podem não ser tão eficientes.

3.2 ORDENAMENTO JURÍDICO INGLÊS

Antes de se iniciar a análise dos resultados das pesquisas inglesas sobre "parenting", é preciso esclarecer algumas fundamentais diferenças entre o ordenamento inglês e o brasileiro. O sistema jurídico brasileiro utiliza a *Civil-law*, baseado no direito romano, havendo a codificação do Direito, cuja principal fonte é a lei. Já o inglês se utiliza da *Common-law*.

Miguel Reale explica que a tradição romanística se caracteriza pelo primado ao processo legislativo, com atribuição de valor secundário às demais fontes de direito. Já na *Common-law* o Direito se revela muito mais pelos usos e costumes e pela jurisdição do que pelo trabalho abstrato e genérico dos parlamentos, havendo, nesse caso, um Direito misto: costumeiro e jurisprudencial.[2]

No sistema inglês da *Common-Law*, em que o Direito é criado a partir dos usos e costumes, formam-se precedentes judiciais que estabelecerão a jurisprudência, vinculando decisões futuras. Cabe ressaltar que apenas as decisões dos Tribunais são vinculantes, não a dos juízos inferiores.

A partir dos séculos XIX e XX, verificando-se que a jurisprudência como única fonte de Direito não acompanhava os avanços sociais, ocorreu, paulatinamente, o desenvolvimento da atividade parlamentar no Reino Unido, com a criação de estatutos e leis, apesar de seu caráter se manter secundário.

No âmbito legislativo, os 'MPs' ou Membros do Parlamento fazem parte da "House of Commons" (Câmara dos Comuns) e são eleitos. Eles são responsáveis por debater as grandes questões políticas e propostas de novas leis. A Câmara dos Comuns é o local onde os Ministros do Governo, o Primeiro-Ministro e o Chanceler trabalham.[3] É nessa Câmara que se tomam as decisões sobre as contas financeiras do Governo, tais como a criação de novos impostos. Já a "House of Lords" (Câmara dos Lordes) complementa o trabalho dos MPs, elabora leis e supervisiona as contas do Governo.

---

[2] REALE, Miguel. *Lições preliminares de Direito*. 27 ed. São Paulo: Saraiva, 2002, p. 141-142.

[3] No Brasil as funções do Executivo e Legislativo estão bem definidas. Já no Reino Unido, por vezes, eles podem se confundir, quando os membros do Parlamento são nomeados e se tornam Ministros do Governo. Tanto os "Membros do Parlamento" como os Ministros do Governo, o Primeiro-Ministro e o Chanceler trabalham na Câmara dos Comuns.

Os "Lords", que antes de 1999 herdavam o cargo de seus pares (peers), agora são nomeados e possuem especialidades em variadas áreas.[4]

Um "Act" do Parlamento cria uma nova lei ou altera uma lei já existente. Esse "Act" é um projeto de lei ("Bill") aprovado tanto pela "House of Commons" como pela "House of Lords" e formalmente ratificado pelo monarca, ato esse conhecido como "Royal Assent". O projeto de lei pode ser introduzido pelo Governo, por um Lord ou membro do Parlamento (MP) individualmente, ou até mesmo por um cidadão ou uma organização.

O Direito de Família do ordenamento jurídico inglês passou por uma relevante evolução, a exemplo do "Custody of Infants Act", do ano de 1839 que oficializava a tese de que seria melhor para as crianças com idade inferior a sete anos ficarem com a mãe, no caso de separação dos pais.[5] Nos dias atuais essa presunção já foi ultrapassada e o foco agora é o melhor interesse da criança, embora, em 2014, tenha havido a inserção de um polêmico artigo que presume que a participação de ambos os pais na vida dos filhos é benéfica para o menor.[6]

Atualmente, a principal lei que se refere ao casamento e vida em comum é a "The Matrimonial Causes Act 1973".[7] Para ingressar com o pedido de divórcio é preciso estar casado há pelo menos um ano e provar a impossibilidade da vida em comum. Esse último item é comprovado por meio de um dos cinco fatores:

a) adultério, tornando intolerável a vida em comum;
b) comportamento inadequado do cônjuge, tornando intolerável a vida em comum;
c) abandono do lar pelo período de dois anos;
d) dois anos de separação de fato e haja consenso entre os cônjuges;
e) cinco anos de separação de fato.[8]

O divórcio é completado em dois estágios, sendo o primeiro condicional e o segundo absoluto, que é somente requerido após seis semanas, correspondendo ao prazo para eventual interposição de recurso. Em 75% dos casos, a alegação é de adultério ou comportamento inadequado, o que evita a prova de lapso temporal de dois ou cinco anos.[9]

---

4 Disponível em: <http://www.parliament.uk/about/mps-and-lords/about-lords/lords-appointment/.> Acesso em: 1 jul. 2013.

5 STJ REsp nº 1.428.596 –RS. Rel. Ministra Nancy Andrighi. Dje 25.06.2014.

6 Vide item 3.6.2 e seguintes.

7 "Matrimonial Causes Act 1973".

8 "Matrimonial Causes Act 1973, s 1 (1)".

9 HERRING, Jonathan. *Family Law*, op. cit., p. 117.

Cabe aqui ressaltar a existência da separação judicial que, embora não muito comum, é possível de ser pleiteada, como nos casos em que o casamento tenha ocorrido há menos de um ano; razões religiosas que não admitem o divórcio ou ainda a concessão de um prazo para que se reflita sobre se realmente o divórcio é a única alternativa. A separação judicial permite que, embora ainda casados ou em "civil partnership", não haja obrigação da coabitação.[10]

Essa lei, "The Matrimonial Causes Act 1973", sofre muitas críticas e foi alvo de propostas de reforma em 1996, que, no entanto, foram rejeitadas por também não serem ideais. Entre as críticas da lei, sustenta-se que as partes devem resolver seus problemas por elas mesmas e as disputas só deveriam ser levadas para os Tribunais em casos excepcionais. No caso do divórcio no modelo atual, além de se provar que houve ruptura da vida em comum, é necessário comprovar um dos cinco fatores mencionados anteriormente.

Esse tipo de posicionamento acaba provocando hostilidade desnecessária, na medida em que a prova da culpa do outro cônjuge evita a espera pelo lapso temporal de dois ou cinco anos. Assim, essa discussão, além de não trazer qualquer benefício, acaba afetando as crianças envolvidas. A lei não busca reduzir o conflito, pelo contrário, acaba tornando-o maior ao focar na conduta culposa.

Atualmente, há propostas de mudanças, mas apenas relativas aos procedimentos de divórcio, como o preenchimento do formulário de divórcio *online*; a não necessidade da presença de advogados, bem como a análise do procedimento por um oficial da Corte e não juiz, caso haja consenso dos cônjuges tanto sobre as razões do divórcio, como a questão do contato com os filhos e a divisão dos bens. O objetivo é a economia de tempo e dinheiro da Corte, já que em 98% dos casos o divórcio não é contestado, o que geraria uma economia estimada em 10.000 horas.[11]

3.3 "CHILDREN ACT 1989"

A principal lei que se refere aos menores de idade, ou seja, com idade inferior a 18 anos, foi a "Children Act 1989", que, apesar de ter proporcionado muitas inovações, já havia passado por consideráveis atualizações desde a sua promulgação.

---

[10] Ibidem, p. 141. E disponível também em: <https://www.gov.uk/legal-separation>. Acesso em: 9 mar. 2013.

[11] HERRING, Jonathan. *Family Law*, op. cit., p. 133-134. Propostas inseridas na "Family Justice Review".

De acordo com essa lei, no que tange aos assuntos relacionados à criação dos menores, o princípio de proteção e bem-estar da criança deve ser sempre aplicado como princípio supremo e primordial.[12] Há uma lista de fatores que o juiz deve considerar, como seus desejos e sentimentos; necessidades físicas, emocionais e educacionais; sua idade, sexo e experiência; capacidade do responsável; efeito na criança de qualquer mudança de circunstância.[13] Os interesses dos pais apenas são levados em conta se estão em congruência com o bem-estar dos filhos.

O Estado procura incentivar que as decisões referentes à "guarda" dos filhos sejam resolvidas pelos seus próprios membros.[14] É a filosofia da não intervenção.[15] No entanto, quando os pais não conseguem chegar a um acordo e buscam o Judiciário para resolver suas disputas, ou quando há questões sobre o bem-estar do menor, o juiz deve levar em consideração o melhor interesse da criança e, sempre que possível, possibilitar a convivência com ambos os genitores.

Os princípios contidos no "Children Act 1989" são:

- O bem-estar da criança é o princípio fundamental;

- Os pais têm responsabilidades sobre seus filhos, em vez de direitos sobre eles;

- A responsabilidade parental não termina com o divórcio, ela continua;

- Os pais devem acordar sobre seus próprios arranjos sobre os filhos sempre que possível;

- A Corte só deve conceder uma determinação judicial sobre a criança se considerar que fazendo será mais benéfico que não fazer.

---

12 "Children Act 1989:
1 - Welfare of the child:
(1) When a court determines any question with respect to—
(a) the upbringing of a child; or
(b) the administration of a child's property or the application of any income arising from it, the child's welfare shall be the court's paramount consideration".

13 "Children Act 1989, section 1(3)".

14 Nas ações de Divórcio, na prática, se nenhum dos genitores pleitear uma ordem de residência ou contato, a Corte normalmente assume que não é necessário intervir, tendo em vista que os pais sabem o que é melhor para seus filhos. HERRING, Jonathan. *Family Law*, op. cit., p. 495.

15 "Children Act 1989:
1 - Welfare of the child.
(5) Where a court is considering whether or not to make one or more orders under this Act with respect to a child, it shall not make the order or any of the orders unless it considers that doing so would be better for the child than making no order at all."

-As ordens que a Corte pode determinar são limitadas. Há cinco tipos de ordens que podem ser feitas: ordens de residência, ordens de contato, ordens de questões específicas, ordens de proibição e ordens de assistência à família.

- Ao determinar uma ordem que diga respeito à criança, a Corte deve levar em conta uma lista de fatores ("the check-list"). O primeiro fator é respeitar o desejo e sentimentos da criança, de acordo com sua idade e maturidade.[16]

Normalmente, o princípio de que o contínuo envolvimento com ambos os pais é benéfico para os filhos é consignado nas decisões judiciais, mas não o é de maneira explícita na legislação que guia esse processo, qual seja, a "Children Act 1989".[17] Desse modo, iniciou-se uma discussão sobre a necessidade ou não de se inserir um artigo expresso sobre o tema.

Ademais, conforme será analisado adiante, instaurou-se um debate sobre a necessidade de uma reforma mais ampla no Direito de Família inglês, que culminou na "Family Justice Review" e na recente lei "Children and Families Act 2014".

3.4 RESPONSABILIDADE PARENTAL

A lei inglesa tem diferentes abordagens sobre a definição de "parent", ou seja, o pai ou a mãe. Há a paternidade legal, na qual, pelos olhos da lei, o genitor é o responsável pelo menor; há a paternidade genética, que abrange o vínculo biológico; e há a paternidade socioafetiva, ou seja, representada por aquele que exerce a função de pai no dia a dia. Esses papéis são normalmente desempenhados pela mesma pessoa, mas nada impede que diferentes indivíduos os exerçam. Assim, a lei pode determinar que uma pessoa tenha a paternidade,[18] mas não a responsabilidade parental ou vice-versa. O debate gira em torno dos diferentes modos pelos quais um adulto pode exercer seu papel parental.[19]

---

16 PARKINSON, Lisa. *Family Mediation*. Appropriate dispute resolution in a new family justice system. 2 ed. Bristol: Family Law, 2011, p. 174.

17 INGLATERRA. *Cooperative parenting following family separation: proposed legislation on the involvement of parents in a child's life*. Summary of consultation responses and the Government's response. Department for Education. November 2012, p. 4.

18 O dever de alimentos decorre da paternidade biológica, mesmo que esse indivíduo não tenha responsabilidade parental e nem contato com a criança. "Aquele que trata a criança como criança da família", ou seja, padrasto ou madrasta, também pode estar sujeito ao dever alimentar, conforme o "Children Act 1989, Schedule 1, para 4(2)" e "Matrimonial Cause Act 1973, section 25(4)". Nesse último caso, antes dessa determinação, será avaliado se há outra pessoa sujeita ao dever alimentar. HERRING, Jonathan. *Family Law*, op. cit., p. 205-206 e 209.

19 HERRING, Jonathan. *Family Law*, op. cit., p. 338.

Na Inglaterra não existe a figura da guarda[20] como no Brasil, pois a ênfase é no instituto da responsabilidade parental. O conceito de responsabilidade parental substituiu a noção de "direitos dos pais", que existia até 1980, abolindo o termo "custody".

Lisa Parkinson explica que o termo "custody", ou custódia, trazia consigo associações negativas, tais como encarceramento e controle, sendo, por isso, abolido com a promulgação do "Children Act 1989". A nomenclatura foi substituída por "parental responsibility", pois destaca que os pais têm responsabilidade, e não direitos sobre os filhos.[21]

De acordo com a lei "Children Act 1989", a responsabilidade parental significa todos os direitos, deveres, poderes, responsabilidades e autoridade que, pela lei, um pai de uma criança tem em relação a ela e sua propriedade.

Na Inglaterra há distintas formas de aquisição da responsabilidade parental. É permitido, por exemplo, que uma terceira pessoa, que não os pais, adquira responsabilidade parental. Um exemplo é aquele que tem uma ordem de residência,[22] como um padrasto ou um avô. No entanto, nesses casos, eles não obterão os mesmos direitos que os genitores. No Brasil, isso não ocorre, pois somente os genitores podem deter o poder familiar.[23]

Outra diferença é a possibilidade de ser pai, ter uma ordem de contato em vigência, mas não ter responsabilidade parental. Isso acontece quando o nome do genitor não está na certidão de nascimento e ele não adquiriu a responsabilidade parental posteriormente.

A genitora obtém a responsabilidade parental de forma automática no momento do nascimento, mesmo nos casos em que o filho tenha sido fruto de reprodução assistida e não haja vínculo biológico.[24] Nesse caso, é a gestação e o parto que são relevantes.[25]

---

20 O que mais se assemelha à guarda dos filhos na Inglaterra é o "contact and residence order", disposto no "Children Act 1989", que será substituído pela expressão "child arrengements order", de acordo com a recente lei "Children and Families Act 2014". Esse tema será analisado mais a fundo no item 3.7.1.

21 PARKINSON, Lisa. *Family Mediation*, op. cit., 3 ed. No prelo.

22 Acerca das ordens de residência e contato, vide item 3.7.

23 HERRING, Jonathan. *Family Law*, op. cit., p. 356.

24 Seção 33 (1) da "Human Fertilisation and Embryology Act 2008".

25 No caso da maternidade de substituição, a lei é clara ao afirmar que aquela que gestou é a mãe. Por isso, o casal deve ingressar com pedido à Corte de um "parenting order", e, uma vez preenchidos todos os requisitos, terão o direito de serem tratados como os pais daquela criança, adquirindo responsabilidade parental. Por consequência, extingue-se o *status* parental com a gestora do menor. O problema reside no fato de que esse procedimento e o reconhecimento parental são feitos somente depois de nascida a criança, o que pode causar grandes controvérsias. HERRING, Jonathan. *Family Law*, op. cit., p. 350-351.

Quando os pais são casados, o marido também adquire automaticamente a responsabilidade parental, diante da presunção legal. Mas, quando não há casamento, as três formas mais comuns de o pai obtê-la são: a) por meio de acordo com a mãe, através do termo de responsabilidade parental, seguindo os requisitos formais;[26] b) pela inserção de seu nome na certidão de nascimento da criança [regra válida a partir de 1 de dezembro de 2003, de acordo com "Children Act 1989 s4(1)(a)]"; c) ou por pedido à Corte, caso não haja acordo.[27]

Na Inglaterra, apesar de a criança somente poder ter dois pais, várias pessoas podem ter responsabilidade parental sobre ela. Outras possibilidades de se adquirir responsabilidade parental, inclusive por terceiros além dos pais, são por meio de uma ordem de residência; ser apontado como guardião; ou pela adoção, sendo que, nesse último caso, se adquire o *status* completo da paternidade.[28] Além disso, autoridades locais também têm responsabilidade parental quando obtêm ordens de cuidado ou ordem de proteção emergencial.[29]

O fato de uma terceira pessoa adquirir responsabilidade parental não significa que outra irá perdê-la. Se essa responsabilidade for decorrente de uma ordem de residência, uma vez que esta termine, cessará a responsabilidade parental.[30]

Há um debate sobre se os genitores masculinos deveriam adquirir a responsabilidade parental de forma automática, em detrimento da exigência do cumprimento dos requisitos mencionados. Antes de 2003, mesmo com o registro no certificado de nascimento, o pai não adquiria a responsabilidade parental.[31] Com a vigência da "Adoption and Children Act 2002", que alterou a seção 4 do "Children Act 1989", basta o registro na certidão de nascimento para obter, automaticamente, a responsabilidade parental.

Atualmente, 80% dos parceiros não casados registram conjuntamente a criança no nome de ambos e, por consequência, o homem adquire responsabilidade parental.[32] Mas, em qualquer hipótese, quando não há presunção

---

26 O número desses acordos é pequeno, em torno de 3.000 por ano. HERRING, Jonathan. *Family Law*, op. cit., p. 368.

27 "Children Act 1989, 4 (1)".

28 HERRING, Jonathan. *Family Law*, op. cit., p. 366.

29 "Children Act 1989, s 44(4) (c)".

30 HERRING, Jonathan, op. cit., p. 425-426.

31 Antes de 2003, mesmo com o registro do nome do pai na certidão, este não adquiria a responsabilidade parental, mas somente por meio de "Acordo de Responsabilidade Parental" entre os pais, ou decisão da Corte.

32 HERRING, Jonathan. *Family Law*, op. cit., p. 374. National Statistics (2005: table 3.2)

legal decorrente do casamento, é preciso a anuência da mãe para o registro. Por isso, o problema maior reside nos casos em que não há relacionamento entre os genitores, havendo divergência de posições. Eekelaar aponta a preocupação de que mães não queiram registrar o nome do pai por receio de, se assim o fizerem, eles passarão a ter o direito de interferir na criação da criança.[33]

Essa mentalidade presente no ordenamento inglês e na sociedade, de que a mãe tem certas prerrogativas[34] que o pai não tem, tal como autorizar a inclusão do nome paterno na certidão de nascimento, traz alguns prejuízos para o incentivo a uma paternidade responsável, pois incute a noção de que o pai é somente uma figura secundária no desenvolvimento dos filhos.

Por um lado, a sensação é a de que o genitor precisa ser aprovado pela mãe para obter a responsabilidade parental. Por outro lado, se eles não são casados e ele decidir não ter responsabilidade parental, a genitora não poderá forçá-lo, embora nesse caso ele não se livre da obrigação alimentar. Há genitores que não querem registrar a criança e, assim, não desejam adquirir responsabilidade parental, diante da equivocada ideia de que não precisarão arcar com as despesas alimentares. No entanto, diante da "Child Support Act 1991", tendo ou não responsabilidade parental eles estão sujeitos a essa obrigação.[35]

Muito se argumenta sobre a mensagem que a lei deve transmitir à sociedade. Os genitores devem ser incentivados a exercer seu papel como pais, e isso deveria ser enfatizado antes da concessão de responsabilidade parental sempre que possível, sem a imposição de barreiras. Deixando a cargo da vontade do genitor se esse deseja ou não adquirir responsabilidade parental, por exemplo, o Estado pode transmitir a percepção de que não se trata de uma obrigação, mas sim mera liberalidade, de maneira a não encorajar o relacionamento entre pais e filhos.

Jonathan Herring afirma que isso pode decorrer de uma suposição de que é natural para as mães serem cuidadoras, mas não necessariamente isso é esperado dos pais.[36] Todavia essa situação já está começando a mudar, já que diante da "Welfare Reform Act 2009"[37] (Lei da reforma sobre o

---

[33] EEKELAAR, J. Rethinking parental responsibility. Family Law 31:426. 2001, p. 430, apud HERRING, Jonathan. *Family Law*, op. cit, p. 368.

[34] Cabe mencionar que os pais não têm direitos em relação ao feto, por isso, não estão aptos a impedir um aborto. HERRING, Jonathan. *Family Law*, op. cit., p. 411.

[35] HERRING, Jonathan. *Family Law*, op. cit., p. 368.

[36] HERRING, Jonathan. *Family Law*, op. cit., p. 367.

[37] Schedule 6 da "Welfare Reform Act 2009" altera "Births and Deaths Registration Act 1953" para determinar o registro conjunto de nascimento quando os pais não são casados nem vivem união estável.

bem-estar de 2009) é solicitado à mãe que nomeie o pai da criança, a não ser que se configure uma das exceções. As exceções são o nascimento decorrente de produção independente por reprodução assistida; morte do pai; falta de capacidade mental do genitor; temor por sua segurança ou da criança; paradeiro desconhecido do pai ou desconhecimento de sua identidade. Apesar da intenção da lei, na prática, acaba prevalecendo a vontade da genitora, já que ela pode alegar não conhecer a identidade do pai.

Outra crítica que cabe mencionar decorre dessas exceções acima citadas, que estão inseridas na "Welfare Reform Act 2009". Isso porque, mesmo que o pai tenha falecido ou possua capacidade mental reduzida, a criança tem o direito a ter uma figura paterna. Inclusive diante do vínculo de parentesco com os demais familiares, como avós, tios, primos, ainda que o genitor não possa estar presente na vida da criança. Caso o menor não seja registrado do nome do pai na certidão de nascimento, o direito ao convívio do menor com sua família paterna pode acabar sendo cerceado.

Quando o genitor deseja obter a responsabilidade parental, mas não há acordo, o pai pode ingressar com pedido perante a Corte. Uma importante diferença com o ordenamento brasileiro é que não basta a prova do vínculo biológico ou socioafetivo. A decisão deve levar em conta o bem-estar da criança e os seguintes fatores: a) o grau de comprometimento que o pai demonstrou ter em relação à criança; b) o grau de relacionamento que existe entre o genitor e o menor; c) as razões pelas quais o pai está pleiteando a ordem. Se houver dúvidas sobre a paternidade, o teste de DNA deve ser realizado. Estatísticas demonstram que na grande maioria dos casos a decisão é positiva. Em 2011, 5.586 ordens de responsabilidade parental foram concedidas e somente 45 negadas.[38] No Brasil, quando ainda não há paternidade socioafetiva entre a criança e outra figura masculina, basta comprovar judicialmente o vínculo biológico para adquirir o poder familiar em sua plenitude. Não se discute o vínculo afetivo preexistente.

A questão sobre a concessão da responsabilidade parental aos homens "não casados"[39] é bastante controversa na Inglaterra, havendo discussões que podem ser traduzidas pelos seguintes argumentos de ambos os lados, nem todos razoáveis, enumerados por Jonathan Herring:[40]

1) Deve haver um equilíbrio de poder entre pais e mães;

---

[38] HERRING, Jonathan. *Family Law*, op. cit., p.369.

[39] Expressão utilizada, apesar de não ser a mais apropriada para descrever pais que não são legalmente casados com a mãe da criança.

[40] HERRING, Jonathan, op. cit., p. 375-378.

2) Só é necessária a responsabilidade parental quando se lida com terceiros, como médicos e escola, casos em que a mãe pode dar o consentimento;
3) O pai só necessita dessa ordem se ele quer exercê-la de modo contrário aos desejos da mãe;
4) Um pai comprometido com a criação do filho pode ter algo válido a opinar, mas um genitor que tenha limitado contato com a criança não deveria atrapalhar a intenção da mãe (ele não teria conhecimento suficiente da rotina do menor para tomar decisões);
5) A mãe, que assume primariamente a responsabilidade pelo filho deve ter prioridade nas decisões sobre se o pai deve adquirir responsabilidade parental, pois a ética do cuidado deve se sobrepor à ética da justiça;
6) Não é verdadeira a afirmação de que ter dois genitores tomando decisões sobre a educação é o melhor interesse para os filhos, especialmente quando um deles mal tem contato com o menor;
7) Há o receio de que o genitor que não detém ordem de residência possa fazer mau uso da responsabilidade parental, pois poderia continuar exercendo seu poder sobre a mãe;
8) A responsabilidade parental deve refletir a realidade social, ou seja, o pai deve ter a responsabilidade parental se está exercendo suas funções paternas;
9) É incorreto supor que o pai não assume a responsabilidade na criação dos filhos;
10) É errado impor obrigações, mas não direitos, pois um pai, mesmo sem responsabilidade parental, é sujeito ao dever de prover alimentos;
11) Trata-se de um direito do pai, pois não deve haver discriminação de sexo; nem de estado civil no que se refere a genitores não casados;
12) Não é tão difícil obter responsabilidade parental, embora envolva custo e tempo;
13) A responsabilidade parental deve ser vista sob a perspectiva do direito da criança.

Estima-se que 1/6 dos casais que moram juntos não são casados e 25% das crianças têm pais que não são casados,[41] ou seja, nesses casos, os genitores não adquirem a responsabilidade parental automática. Numa pesquisa

41 PARKINSON, Lisa. *Family Mediation*, op. cit., p. 226.

realizada em 1999[42] verificou-se que 75% dos pais que não detinham responsabilidade parental, mas exerciam a paternidade de fato, não sabiam que precisavam dessa ordem, por isso, não buscavam o reconhecimento formal. Muitos deles já eram pais de adolescentes. Mesmo entre aqueles que estavam cientes da necessidade de regularização, somente poucos procuraram fazê-lo.[43]

Oitenta por cento dos parceiros acreditavam que um pai que coabitasse com a criança teria responsabilidade parental, mesmo se não casado. Até mesmo os médicos ignoram a lei e realizam procedimentos médicos com autorização do genitor, que nem sempre tem responsabilidade parental.[44]

Há uma dificuldade de entender a responsabilidade parental, em razão de sua variedade de funções. De acordo com a lei "Children Act 1989", a responsabilidade parental significa todos os direitos, deveres, poderes, responsabilidades e autoridade as quais, pela lei, o genitor de uma criança tem em relação a ela e sua propriedade.[45] Ela se assemelha ao poder familiar brasileiro, com a diferença de que não há a figura específica da guarda dos filhos, mas sim ordem de contato e residência.

Para Jonathan Herring, essa definição contida na lei deixa sem resposta diversas questões, pois falha ao não explicar quais são os direitos, poderes e responsabilidades. No entanto, a "Law Comission" decidiu-se contra uma determinação legal mais específica sobre essas responsabilidades, pois elas

---

42 Lembrando que antes de 2003, não bastava a inserção do nome paterno no registro de nascimento, era necessário o "Acordo de Responsabilidade Parental" entre os pais, ou decisão da Corte.

43 HERRING, Jonathan. *Family Law*, op. cit., p. 424.

44 Ibidem, p. 374.

45 "Children Act 1989:
3 - Meaning of 'parental responsibility':
(1) In this Act 'parental responsibility' means all the rights, duties, powers, responsibilities and authority which by law a parent of a child has in relation to the child and his property.
(2) It also includes the rights, powers and duties which a guardian of the child's estate (appointed, before the commencement of section 5, to act generally) would have had in relation to the child and his property.
(3) The rights referred to in subsection (2) include, in particular, the right of the guardian to receive or recover in his own name, for the benefit of the child, property of whatever description and wherever situated which the child is entitled to receive or recover.
(4) The fact that a person has, or does not have, parental responsibility for a child shall not affect –
(a) any obligation which he may have in relation to the child (such as a statutory duty to maintain the child); or
(b) any rights which, in the event of the child's death, he (or any other person) may have in relation to the child's property.
(5) A person who -
(a) does not have parental responsibility for a particular child; but
(b) has care of the child, may (subject to the provisions of this Act) do what is reasonable in all the circumstances of the case for the purpose of safeguarding or promoting the child's welfare".

mudam de acordo com o caso concreto, a exemplo de uma criança com necessidades especiais.

Todavia, as Cortes não têm sido consistentes no entendimento do que seja esse instituto, às vezes entendendo ser apenas um "selo de aprovação" ou *status* de genitor participativo.[46] Mas, no geral, a responsabilidade parental é vista como direito de exercício de suas responsabilidades e na possibilidade de tomada de decisões sobre a vida da criança, de modo que o pai residente, por exemplo, tem de consultar as demais pessoas com responsabilidade parental em determinadas questões.

Cabe aqui mencionar alguns exemplos ainda citados por Jonathan Herring[47] sobre essa falta de precisão na aplicação do instituto pelos Tribunais, bem como demonstrar as diferentes linhas de pensamento de alguns julgados:

Em Re J (Parental Responsibility)[48] a responsabilidade parental foi negada baseada no fato de que a criança não conhecia o pai, sendo ele praticamente um "estranho".

Em Re S (A Minor) (Parental Responsibility)[49] a Corte de Apelações enfatizou que a responsabilidade parental acarreta a um pai não casado o *stauts* pelo qual a natureza já havia ordenado de que ele deve arcar com suas responsabilidades.

Em C and V (Minors) (parental Responsibility and Contact)[50] afirmou-se que é benéfico para a autoestima da criança ter uma imagem positiva do pai ausente, por isso, sempre que possível a lei deveria conferir a um genitor interessado um "selo de aprovação", porque ele se mostrou disposto a assumir as responsabilidades da paternidade e não negá-la ou evitá-la.

Em Re G (A Child) (Domestic Violence: Direct Contact)[51] o fato de a criança, de aproximadamente quatro anos, não querer ter nenhum contato com o pai e ficar temerosa quando seu nome era mencionado, levou à decisão de que a concessão da responsabilidade parental era inapropriada.

É possível que seja concedida a responsabilidade parental, mas que, ao mesmo tempo, haja a determinação de que ela não deve ser exercida de determinado modo. Um exemplo ocorreu em Re D (Contact and Parental Responsibility: Lesbian Mothers and Known Father)[52] em que foi concedida a

46 HERRING, Jonathan. *Family Law*, op. cit, p. 423.
47 Ibidem, p. 370-373.
48 1999] 1 FLR 784.
49 1995] 2 FLR 648.
50 1998] 1 FLR 392.
51 2001] 2 FCR 134.
52 2006] 1 FCR 556.

responsabilidade parental, mas houve a proibição de interferência em assuntos médicos e escolares.

Contrariando a função mais abrangente da responsabilidade parental, em R v E and F (Female Parents: Known Father)[53] não foi concedida responsabilidade parental, mas somente ordem de contato, sob o argumento de que a seção 3(5) da "Children Act 1989"[54] permite que o pai tome decisões sobre a criança durante as sessões de contato. Por isso, ele não precisaria de responsabilidade parental.

A preocupação de a criança ser levada para outro país sem consentimento do pai foi fator determinante no caso Re J-S (A Child) (Contact: Parental Responsibility),[55] cuja mãe era australiana e o pai, inglês.

Outro aspecto que foi levado em conta, é a possível reação da mãe com a concessão da ordem, que poderia afetar sua habilidade na criação do menor. Assim, em Re R (Parental Responsibility)[56] a responsabilidade parental não foi concedida para um indivíduo que era um pai não biológico, mas socioafetivo, pois embora profundamente comprometido com a criança, a concessão da ordem iria causar tensão e instabilidade, diante da ruptura da relação.

Em Re A (Child) (Joint Residence: Parental Responsibility)[57] um homem criou o menor acreditando ser o genitor, exercendo esse papel até que no segundo aniversário da criança, descobriu-se que ele não era seu pai biológico. A Corte de Apelações concedeu uma ordem de residência dividida, pois reconheceu sua função paterna e o vínculo socioafetivo. Jonathan Herring afirma que a determinação de ordem de residência conjunta era o único meio de lhe auferir responsabilidade parental. A ordem foi concedida mesmo sabendo que na realidade a criança iria viver com a mãe e o requerente teria somente contato regular com a criança.[58]

No caso "Re G (parental Responsibility Order)", um pai não tinha relação com a criança em razão de esta ter sido concebida numa relação de uma só noite. O juiz concedeu ao genitor uma ordem de "responsabilidade parental suspensa" que teria efeito se a mãe não fornecesse informações sobre a educação e saúde. Mas na Corte de Apelações, entendeu-se não ser

---

53 2010] EWHC 417 (Fam).

54 A seção 3(5) estabelece que aquele que não tem responsabilidade parental, mas tem "care", ou seja cuidado e contato com a criança pode tomar decisões razoáveis de acordo com as circunstâncias, com o objetivo de protegê-la e promover seu bem-estar.

55 2002] 3 FCR 433.

56 2011] EWHC 1535 (Fam)

57 2008] 3 FCR 107.

58 HERRING, Jonathan. *Family Law,* op. cit., p. 373-374.

possível esse tipo de ordem, devendo o juiz decidir se concedia ou não a responsabilidade parental.[59]

Como aponta Jonathan Herring, essa discussão mostra a tensão existente no "case law", ou seja, se a responsabilidade parental é realmente o poder de tomar decisões ou se é um valor mais simbólico, reconhecendo o compromisso do pai para com a criança.[60]

Percebe-se, diante das decisões inglesas mencionadas acima, que o grande problema é que o conceito e a noção do que seja responsabilidade parental não estão definidos de forma apropriada, de modo que se verifica no "case law" uma abrangência de argumentos e uma falta de harmonia nas decisões, o que acaba gerando incertezas na sociedade quanto aos direitos e obrigações dos pais na criação dos filhos.

Diante da divergência jurisprudencial, não ficou claro qual é a função exata da responsabilidade parental. Mas o que se percebe das decisões, é que, diferente do que expressa a lei, como sendo "direitos e responsabilidades que um genitor tem, em relação à criança", a Corte tende a seguir a interpretação de que a responsabilidade parental é um rótulo ao genitor que, na prática, é responsável pela criação do filho, estando presente no dia a dia.

A raiz do problema decorre do fato de que a noção de responsabilidade parental inglesa, assim como no Brasil, abrange uma variedade de funções, sendo um conceito muito vago até mesmo para profissionais do Direito. É o que revelam as afirmações de uma decisão judicial inglesa sobre o tema: "a responsabilidade parental pode ser um conceito inacessível e de difícil compreensão até mesmo para advogados, o que se dirá para os demais indivíduos".[61]

Jonathan Herring cita uma lista exemplificativa das atribuições daquele que tem responsabilidade parental, como a criação, proteção e sustento dos filhos, prover educação e disciplina; dar consentimento para tratamento médico[62] e para casamento; apontar um guardião; permitir sua adoção; autorizar viagens internacionais; administrar seus bens; representá-la em processos judiciais etc.[63]

Sem a responsabilidade parental o genitor não pode tomar certas decisões importantes como a escolha do sobrenome, da religião e da escola,[64]

---

59 2006] FL744, citado por HERRING, Jonathan. *Family Law*, op. cit., p. 423.

60 Idem.

61 Re D (Contact and Parenal Responsibility: Lesbian Mothers and Known Father) 2006] 1 FCR 556.

62 "Children Act 1989".

63 GEORGE, R.H. *Ideas and Debates in Family Law*, Oxford: Hart, 2012, p. 131, *apud* HERRING, Jonathan. *Family Law*, op. cit., p. 421.

64 "Education Act 1996".

ou não necessita ser consultado caso a criança seja removida de jurisdição,[65] por exemplo. No entanto, ele tem alguns direitos e obrigações, como prioridade para pedir ordens como de contato e residência; direito à sucessão, possibilidade de direito de cidadania, proibição de incesto e obrigação alimentar. Em resumo, um genitor sem responsabilidade parental não tem direitos diretamente relacionados ao dia a dia e criação do filho.[66]

Para Eekelaar, "a responsabilidade parental seria o reconhecimento legal do exercício social da paternidade. Compreenderia, assim, um elemento fatual (reconhecimento de um estado de coisas) e normativo (como um selo de aprovação)".[67]

Como mencionado anteriormente, uma terceira pessoa pode receber responsabilidade parental quando é concedida uma ordem de residência. Isso porque ela irá exercer a função parental e, por consequência, precisará de um reconhecimento legal para tomar decisões importantes relativas à criação do menor. Nesses casos, uma vez cessada a ordem de residência, termina a responsabilidade parental desse indivíduo sobre a criança.

Não há hierarquia, ao menos legalmente, entre aqueles que detêm responsabilidade parental, nem entre aqueles com os quais a criança vive ou somente tem contato. Quem tem responsabilidade parental tem autoridade para tomar decisões em relação àquele determinado menor, podendo agir sozinho, a não ser que seja necessário o consentimento do outro.[68] Por isso, quando o genitor está com a criança, pode decidir, por exemplo, sobre ida a igreja, fazer determinado corte de cabelo etc. Se o outro genitor não concordar com alguma decisão, deve ingressar com um pedido à Corte de uma ordem de proibição.

Em geral, pode-se resumir da seguinte forma: nas decisões de fundamental importância na vida da criança, todos aqueles com responsabilidade parental devem se manifestar, como no caso de casamento de menor; mudança de sobrenome, remoção do Reino Unido, adoção. Apesar da seção 2 (7) do "Children Act 1989" dispor que na ausência de previsão em contrário os pais podem exercer a responsabilidade parental sem realizar consulta ao outro genitor, quando há controvérsia, o litígio deve ser analisado caso a caso. Em temas como educação, circuncisão e recusa na aplicação de vacina

---

65 "Children Act 1989, s 13".

66 HERRING, Jonathan. *Family Law*, op. cit., p. 424-425.

67 EEKELAAR, J. Rethinking parental responsibility. Family Law 31:426. 2001, apud HERRING, Jonathan. *Family Law*, op. cit., p. 424.

68 "Children Act 1989, 2 (7)".

houve decisões no sentido de obrigatoriedade de consulta ao outro genitor com responsabilidade parental.

Argumenta-se que, em hipóteses como essas, o dever é de informar o outro genitor e não obter o seu consentimento. Nesse sentido, caberia àquele que não concorda buscar os procedimentos legais para evitar tais ações, com a ordem de proibição.[69] No entanto, esse tema está longe de se tornar claro e será abordado com mais profundidade em outro momento.

A responsabilidade parental decorrente da paternidade somente pode ser afastada pela Corte, não podendo haver renúncia.

No Brasil, uma vez comprovada a paternidade e registrada a criança com o nome paterno, este automaticamente recebe o poder familiar, mesmo contra sua vontade, devendo assim assumir suas responsabilidades como pai.

Na Inglaterra, além da responsabilidade parental, existem outras maneiras com que a lei trata aqueles indivíduos que tomam conta da criança, exercendo o papel parental de alguma forma, mesmo que não sejam pais verdadeiramente. Assim, há diversas categorias reconhecidas legalmente como "guardianship", "foster parents", "special guardians", "tratar a criança fosse da família"; "step-parents", entre outros.

O "guardianship" equivale, no ordenamento brasileiro, à tutela, ou seja, à nomeação de um tutor que, no caso do ordenamento inglês, será chamado de "guardian", ou guardião. Esse guardião será responsável pela criação do menor em caso de morte dos pais.

O mais comum é que os pais com responsabilidade parental nomeiem os guardiões, sendo frequente se apontar o padrasto ou a madrasta. No geral, essa intenção é manifestada em testamento, embora não seja obrigatória. Pais sem responsabilidade parental não podem apontar um guardião, e nem terceiros com responsabilidade parental. Já um guardião pode nomear outro.[70]

Quando ambos os pais têm responsabilidade parental, a "guardianship" só passa a ter efeito quando os dois falecem. No entanto, se há uma ordem de residência em favor de um genitor, com a sua morte, a nomeação de "guardianship" feita pelo falecido passa a ter efeito mesmo que o outro genitor esteja vivo, se esse não tiver também uma ordem de residência[71] em seu favor. Nesse caso, haverá um genitor e um guardião concomitantemente.[72]

---

[69] HERRING, Jonathan. *Family Law*, op. cit., p. 426-428.

[70] HERRING, Jonathan, op. cit., p. 353.

[71] Nota-se aqui a força de uma ordem de residência que, em geral é dada somente ao "primary carer".

[72] "Children Act 1989 (7) (b)". HERRING, Jonathan. *Family Law*, op. cit., p. 353.

Esse guardião nomeado não precisa ter sido aprovado por um juiz, mas o Tribunal pode revogar essa "guardianship" se verificar prejuízos ao menor. A crítica que se faz é que o genitor sobrevivente é que deveria ter prioridade em relação ao guardião que, apesar de nomeado pelo falecido genitor, não passou pela anuência da Corte. Talvez seja uma interferência desnecessária que pode causar conflitos na criação daquela criança. Mas o que parece que a lei buscou proteger é a decisão daquele que tem ordem de residência, ou seja, que estava presente no dia a dia dos filhos e, por isso, estaria mais apto a tomar decisões mais ponderadas.

A Corte também pode determinar um guardião quando, por exemplo, ambos os pais morrem sem deixar uma nomeação, ou quando o nomeado está incapaz de exercer a função. Importante destacar que o guardião adquire responsabilidade parental. Aos guardiões são dados mais direitos do que aos não pais com responsabilidade parental, como direito à adoção, embora não tenham todos os direitos e responsabilidades que um genitor com responsabilidade parental.

O guardião tem o dever de prover a educação e criação, ainda que não seja responsável financeiramente pela criança.[73] Se um cônjuge atual – padrasto, por exemplo – é nomeado como guardião, essa nomeação é revogada com o divórcio, a não ser que o contrário seja expressado na nomeação.[74] A "guardianship" termina com a renuncia justificada; a maioridade ou revogação pela Corte.[75]

Outras hipóteses em que o guardião representa os interesses da criança ocorrem em alguns casos de alto nível de animosidade entre os pais nos procedimentos judiciais relativos à criança, ou em adoção contestada. Nessas hipóteses, a função dos "guardian *ad Litem*" é prover representação autônoma da criança, sendo somente temporária. Cita-se o caso de um menino de 12 anos que morava com sua mãe, mas após anos de disputa judicial, a Corte determinou mudança de domicílio para a casa do pai em outra cidade. Relatórios demonstraram que o garoto estava sofrendo e sentia que sua opinião não estava sendo levada em consideração. Foi então determinado um guardião que o representasse de maneira direta.[76]

Outra modalidade de proteção à criança é por meio do "foster-parent" ou "foster-care". Ela ocorre quando uma pessoa cuida da criança por um período superior a 28 dias, mas não tem relação de parentesco, podendo

---

73 HERRING, Jonathan. *Family Law*, op. cit., p. 354.

74 "Children Act 1989, 6 (3B) (b)".

75 HERRING, Jonathan, op. cit., p. 355.

76 S (A Child) 2010] EWCA Civ 219.

ser desde um conhecido da família, em casos informais; como uma terceira família nomeada pela Corte. A intenção é que seja algo transitório, portanto, os "foster-parents" só podem pedir ordem de residência após três anos.

Já o *status* de guardião especial ou "special guardian" foi criado pela "Adoption and Children Act 2002", com o objetivo contemplar aquele que é responsável pela criação da criança, mas não objetiva adquirir o completo *status* da paternidade. Essa figura é, de certa forma, uma alternativa menos extrema que a adoção, já que o menor mantém o vínculo com seus pais. Um exemplo é a criança que buscou refúgio na Inglaterra, mas seus genitores permaneceram em outro país. Por isso, o cuidador, normalmente um parente mais distante com melhores condições de educar a criança, será responsável por sua criação, preservando os laços afetivos do menor com a família de origem.[77]

A proteção do menor também pode se dar pelo reconhecimento daqueles que "tratam a criança como um membro da família".[78] Assim, mesmo que um adulto não seja biologicamente um pai, haverá consequências legais se ele tratar a criança como se fosse da família, mesmo que não tenha responsabilidade parental.

Essa situação ocorre quando, num casamento, há enteados, por exemplo, tratados como filhos e sendo reconhecidos por terceiros como tal. Nessa hipótese, pode haver solicitação de apoio financeiro para continuidade da criação do menor, embora os pais biológicos mantenham-se, primariamente, sendo os responsáveis financeiros. Por outro lado, é possível ingressar com pedido de ordem de contato ou residência, decorrente dessa relação afetiva. Em caso de morte, a criança pode até pleitear parte de herança. Ressalta-se que para que essa figura exista, é preciso que haja casamento, não somente união estável.[79]

Por fim, cabe citar a figura do "step-parent" ou padrasto. Trata-se de uma situação similar à anterior, já que em ambos precisa haver casamento, mas a diferença é que, nesse caso, o padrasto busca a responsabilidade parental. Isso ocorre por meio de acordo com os pais biológicos ou, caso contrário, decisão da Corte. Essa responsabilidade parental não se perde caso haja divórcio, a não ser por ordem judicial. Nesse sentido, o padrasto pode ser obrigado a fornecer alimentos, mas também pode pleitear uma ordem de contato com o menor.[80]

---

77 HERRING, Jonathan. *Family Law*, op. cit., p. 355, 693.

78 "Those who treat a child as a child of the family". "Children Act 1989, section 105(1)".

79 HERRING, Jonathan, op. cit., p. 357-358.

80 HERRING, Jonathan. *Family Law*, op. cit., p. 358-359.

No ordenamento jurídico inglês, conforme observado, a responsabilidade parental, inclui os "direitos, poderes, responsabilidades e autoridade", os quais, por lei, os pais têm sobre a criança. Não há o instituto específico da guarda dos filhos expressamente descrito, nem a menção de "ter os filhos em sua companhia", como ocorre no ordenamento brasileiro.

Desde 1989, com a promulgação do "Children Act 1989" há, no ordenamento jurídico inglês, ordens de residência e ordens de contato que, na prática, se aproximariam da guarda única e o direito de contato do outro genitor. É também possível que se determine a divisão de residência, embora não muito comum.

Antes da "Children Act 1989", que passou a utilizar a nomenclatura "residence" e "contact", os termos usados eram "custody" e "access". Apesar de atualmente se buscar aperfeiçoar ainda mais a nomenclatura dessas ordens para evitar um clima de disputa entre os pais, a terminologia ora empregada na Inglaterra ainda é mais apropriada que a nomenclatura brasileira. Utilizar os termos "residência" e "contato" é mais acertado do que "guarda" e "visita", mesmo porque, um pai não é um mero visitante, mas responsável pela criação dos filhos.[81]

Em 2014 houve uma relevante reforma no Direito de Família, após alguns anos de debates e estudos, que culminou com a aprovação da "Children and Families Act 2014". Entre outras mudanças, essa lei irá alterar a nomenclatura dessas ordens judiciais para "Child Arrangement Orders", com o objetivo de eliminar a ideia de ganhador-perdedor.[82]

3.5 INTERPRETAÇÕES SOBRE A NOMENCLATURA "SHARED PARENTING"

Como já mencionado, não há expressamente, no ordenamento inglês, o instituto da guarda, pois se entende que a responsabilidade parental já é suficiente para determinar os direitos e obrigações em relação ao menor.

Doutrinariamente, no entanto, os estudiosos utilizam alguns termos para nomear o que seria o cuidado diário dos pais em relação aos filhos, que, de certa maneira, se assemelharia à guarda brasileira.

Quando o cuidado diário é único, utiliza-se a expressão "primary care" para o pai residente. Já quando é compartilhado, há uma ampla variedade

[81] O Código Civil brasileiro ainda menciona a expressão "direito de visita", conforme se observa no artigo nº 1.589, *caput* e parágrafo único.

[82] Essa modificação será analisada mais a fundo no item 3.7.1.

de nomeações, muitas vezes sem análise do que esse conceito representa, o que, por consequência, causa muita confusão nas interpretações. Portanto, verifica-se que esse problema não se restringe ao Brasil, cuja inserção da lei sobre guarda compartilhada é relativamente recente.

Os termos "shared care", "shared parenting", "equal share", "shared time" e até "shared residence" por vezes, são usados como sinônimos até mesmo por profissionais da área,[83] o que se dirá então de leigos e pais que precisam enfrentar a questão de estabelecimento do arranjo da rotina dos filhos num momento de transformação da família. É comum ligar essa expressão à questão temporal, o que gera muitos mal-entendidos, podendo arraigar ainda mais os conflitos existentes.

Tendo em vista que a maioria dos estudos realizados na Inglaterra não faz a diferenciação entre "shared care" (o que em português poderia ser entendido como "cuidado compartilhado") e "shared residence" (divisão de residência, ou guarda alternada), a opção mais adequada para essa pesquisa foi manter as expressões em inglês. Isso porque esses termos podem, por vezes, ser usados, como sinônimos ou, em outras ocasiões, significar conceitos diferentes. Por isso, uma eventual tradução poderia acarretar mudança do sentido proposto pelo autor citado. Sendo assim, quando a autora dessa obra mencionar sobre o "cuidado de ambos os pais na rotina e criação dos filhos" na Inglaterra, as expressões utilizadas serão "shared parenting" ou "shared care". Ademais, no Capítulo II o foco foi justamente demonstrar as diferenças e especificidades entre esses dois tipos de guarda.

Aqui cabe fazer outro esclarecimento. Devido à colonização da Austrália pela Inglaterra durante os séculos XVIII e XIX, e por ambas serem signatárias da "Commonwealth" notam-se relevantes influências entre os dois ordenamentos jurídicos. Nesse sentido, muitos estudos realizados sobre a "shared parenting" na legislação australiana têm influência na legislação inglesa e, por isso, serão mencionados nessa pesquisa.

Na Austrália o termo "shared care" engloba expressamente a questão temporal,[84] o que não ocorre que na Inglaterra. No entanto, diante da forte relação entre ambos os países, e tendo em vista que a nomenclatura é a

---

[83] Liz Trinder utiliza as expressões "shared care" e "shared residence" como sinônimos. "I will largely use the term 'shared care' rather than 'shared residence', as it is the term commonly used in Australia and internationally. The term is used only to refer to the sharing of the child-s time between each parent. It does not imply any particular degree of co-operation or co-ordination between parents". In: TRINDER, Liz. Shared residence: a review of recent research evidence. *Child and Family Law Quarterly*. v. 22, n. 4, 2010, p. 475-498, p.2.

[84] FEHLBERG, Belinda; SMYTH, Bruce; MACLEAN, Mavis; ROBERTS, Ceridwen. Caring for children after parental separation: would legislation for shared parenting time help children? In:

mesma, embora o conceito tenha diferenças, há ainda mais dificuldade de compreender o vocábulo.

Apesar de a muito comentada e discutida, não se chegou a um consenso sobre o conceito de "shared care" na Inglaterra, assim como ocorre no Brasil. É comum se aceitar a definição ampla do termo "shared care" como contato entre pais e filhos entre 35% e 65% de noites.[85]

3.5.1 *Análise da expressão "shared-care" no sentido de "shared-residence"*

Apesar de a Inglaterra não inserir o conceito de tempo no entendimento do "shared parenting", a expressão "shared residence" é, por vezes, usada. Aqui, cabe fazer uma crítica dessa falta de rigor e consenso sobre a melhor expressão a ser empregada. A contradição ocorre, pois, embora se procure esclarecer que "shared care" não envolve divisão de tempo nem de residência, tanto a doutrina como as decisões judiciais, por vezes, utilizam a nomenclatura "shared residence order", o que significa "ordem de divisão de residência".

Há uma lei, recentemente aprovada, que irá substituir as diferentes nomenclaturas dessas ordens judiciais, por uma única expressão: "Child Arrangement Order" (ordem de arranjo da criança), que encerrará, consequentemente, essa confusão.[86]

Jonathan Herring afirma que a ordem de residência dividida pode ser usada para garantir responsabilidade parental a ambos os pais. Um exemplo é o caso de mães homossexuais que planejaram o filho juntas, já que só a parturiente será agraciada com a responsabilidade parental automática.

Outra situação que ainda é bastante controversa é quando a Corte quer deixar claro que, embora a criança vá passar a maior parte de seu tempo com um genitor, ambos os pais estarão envolvidos em sua vida.[87] Essa conjuntura se assemelha muito à discussão no Brasil sobre a guarda compartilhada. A estipulação desse arranjo tem um caráter mais pedagógico do que a efetivação de direitos, pois o poder familiar já abrange todos os direitos e

---

Family Policy Briefing 7. University of Oxford. Department of Social Policy and Intervention. Oxford, Maio, 2011.

85 McINTOSH, Jennifer; et al. *Post-separation parenting arrangements*: patterns and developmental outcomes. Studies of two risk groups. Australian Institute of Family Studies. Family Matter, 2011, n. 86, p. 40-48, p. 47.

86 Sobre o tema, vide item 3.7.1.

87 HERRING, Jonathan. *Family Law*, op. cit., p. 530.

deveres dos pais para com os filhos. Trata-se, portanto, de uma espécie de "selo de aprovação".

Para corroborar esses argumentos de falta de clareza do termo também na Inglaterra é propício mencionar algumas decisões judiciais, que demonstram a necessidade de esclarecimento sobre a "shared residence".

Uma interessante definição de "shared residence order", citada numa decisão judicial é a que considera aquela que envolva que ambos os pais vejam a criança por uma quantidade de tempo substancial.[88] No entanto, a inserção do vocábulo "tempo" é bastante criticada.

Em Re A (Child) (Joint Residence: Parental Responsibility)[89] a Corte de Apelações concedeu uma ordem de residência dividida, mesmo sabendo que na realidade a criança iria viver com a mãe e o pai teria somente contato regular com a criança.[90] Essa decisão se assemelharia à da guarda compartilhada brasileira, com estabelecimento de residência fixa.

Em Re K (Shared Residence Order) sugeriu-se que primeiro a Corte deveria determinar a correta divisão de tempo entre os pais, para depois decidir se a ordem de divisão de residência era apropriada. Nessa decisão, mencionou-se que a ordem de divisão de residência colocaria "um selo de que ele tem dois pais de igual importância na direção de sua vida, não obstante a divisão de tempo entre as duas casas possa ser relativamente desigual".[91]

Jonathan Herring aponta que esse pensamento é de certa forma surpreendente, pois o princípio da continuidade da responsabilidade parental visava justamente transmitir essa mensagem. Herring lembra que isso demonstra a confusão sobre qual é o papel e a significância da "shared residence".[92] O que o autor pretende frisar é que tendo em vista a existência da responsabilidade parental de ambos os pais, não seria necessária a determinação de "shared residence".

Em Re S (A Child) (Contact Order)[93] o juiz emitiu uma ordem, permitindo ao pai "cuidar"[94] da criança por determinado período de tempo. No entanto, essa decisão foi considerada inapropriada, pois a ordem deveria ser em termos de "contato" e "residência".

---

88 Re D (Children) (Shared Residence Orders) 2001] 1 FCR 147 at para 32.

89 2008] 3 FCR 107.

90 HERRING, Jonathan. *Family Law*, op. cit., p. 373-374.

91 2008] EWCA Civ 526.

92 HERRING, Jonathan, op. cit., p. 497.

93 2010] EWCA Civ 705.

94 No original: "care".

Na decisão AR (A Child: Relocation), sugeriu-se que uma ordem de residência dividida é atualmente a regra e não a exceção, mesmo quando a quantidade do cuidado realizado por cada genitor é decidida de maneira desigual.[95] No entanto, Jonathan Herring afirma que a Corte de Apelações em seguida sugeriu que essa afirmação havia ido longe demais, já que a Corte deve simplesmente determinar uma ordem que seja no melhor interesse da criança.[96]

Relevante é um apontamento da decisão de Re M (Children) (Residence Order) que esclarece que há uma obscuridade na distinção entre uma ordem de residência dividida e uma generosa ordem de contato. Por isso, o juízo teria um amplo arbítrio para decidir sobre a nomeação da ordem.[97] Mas o que se questiona é se há implicações práticas para aquele que não tem a ordem de residência.

Há um debate sobre se aquele que tem "primary care" ou ordem de residência deve ter prioridade na tomada de decisões. Na prática, o pai residente teria mais privilégios na hora de decidir sobre a criação dos filhos?

Já houve decisões judiciais afirmando que o pai com quem a criança vive é que deve ter o poder de determinar as questões do dia a dia relacionadas ao menor. Nesse sentido, o pai não residente não poderia usar de sua responsabilidade parental para atrapalhar a rotina feita pelo genitor residente.[98] Essa sentença leva a crer que o pai residente tem prerrogativas que o não residente não tem.

Por outro lado, em A v A (Children) (Shared Residence Order) foi determinado que o genitor residente não deveria interferir no modo como o pai não residente trata da rotina da criança durante o período de contato.[99] Essa mesma problemática em relação à guarda única também existe no Brasil. O genitor que tem a guarda possui o poder maior de decisão sobre a criação dos filhos?

Aqui, cabe fazer uma crítica, pois, como no Brasil, se ambos têm responsabilidade parental, não deveria prevalecer o interesse daquele genitor que tem ordem de residência, já que ambos têm as mesmas obrigações e responsabilidades. Essa interpretação de que um genitor tem privilégio nas decisões acaba criando a sensação de que há um pai secundário. Por isso

---

95 2010] EWHC 1346 (Fam)

96 HERRING, Jonathan. *Family Law*, op. cit., p. 530. T vT (Shared and Joint Residence Orders) 2010] EWCA Civ 1366.

97 2010] 2 FCR 236.

98 Re P (A Minor) (Parental Responsibility Order) 1994] 1 FLR578. (High Court)

99 2004] 1 FCR 201 at para 118.

é positiva a lei inglesa recém-aprovada que irá alterar a nomenclatura,[100] desde que acabe com essa disparidade ou privilégio, se de fato existir.

Mas, na prática, o entendimento inglês majoritário continua sendo o de que, na maioria dos casos, o mais adequado para a criança é ter a segurança de estar baseada em uma casa e que somente quando for para o melhor interesse do menor a ordem de residência dividida deva ser determinada.[101]

A Inglaterra não possui muitos estudos sobre "shared parenting". A maioria dessas pesquisas vem da Austrália e dos Estados Unidos. Ademais, essas análises falham ao não distinguirem entre os diferentes tipos de "shared care", ou seja, colocam juntos pais cooperativos, com litigantes.[102]

No entanto, essa distinção entre genitores litigantes ou não é extremamente importante, pois os resultados para as crianças envolvidas podem ser totalmente opostos. McIntosh afirma que as famílias em "shared care" por decisões judiciais o fazem por motivos diferentes dos que decidiram o "shared care" por meio de mediação, por exemplo.[103] Desse modo, é preciso fazer essa separação e analisar cada grupo individualmente. Da mesma maneira, é necessário diferenciar os arranjos de divisão de tempo igual (50-50%), com os arranjos mais flexíveis.

McIntosh estabelece diferentes tipos de "shared care":[104]

- Grupo cooperativo: tendência de maiores níveis educacionais, pais mais envolvidos na criação antes da separação. Ingressaram na mediação com baixo nível de conflito e rancor e maior nível de aliança parental, mantendo essa configuração ao longo do tempo;
- Grupo rígido de "shared care": a divisão do tempo é bastante rígida, fixada desde o início e com a mínima flexibilidade. Esse grupo tende a ter vindo de constante litígio e ter menores níveis de cooperação. Normalmente os acordos rígidos decorrem de ordem judicial;
- Grupo que iniciou na "shared care", mas se converteu para cuidado único ("primary care"). Em geral, menor grau de educação do pai, maior nível de disputa da mãe, menor disponibilidade emocional do

100 Esse tema será analisado no item 3.7.1.

101 HERRING, Jonathan. *Family Law*, op. cit., p. 530-531.

102 TRINDER, Liz. Shared residence: a review of recent research evidence, op. cit., p. 477.

103 McINTOSH, Jennifer; et al. Post-separation parenting arrangements: patterns and developmental outcomes, op. cit., p. 40-48.

104 Idem. Post-separation parenting arrangements and developmental outcomes for infants and children. Collected Reports. Three reports prepared for the Australian Government Attorney-General's Department, 2010. E TRINDER, Liz. Shared residence: a review of recent research evidence. Child and Family Law Quarterly. v. 22, n. 4, 2010, p. 475-498, p. 483.

pai. Tanto os genitores como os filhos estavam insatisfeitos com esse tipo de guarda após a mediação, possuindo alto grau de litígio antes e após a mediação.

Um estudo realizado na Austrália, muito utilizado como referência pelos pesquisadores ingleses, sugere que no grupo de famílias em "shared care" que aderiu a esse arranjo consensualmente, em geral, os genitores são mais velhos, possuem alto nível educacional, têm salários maiores, ambos trabalham, foram casados, moram em residências próximas, são cooperativos, fazem arranjos mais flexíveis, se comparados com "primary care" e os filhos estão na educação primária ou são adolescentes.[105]

Ainda de acordo com pesquisas australianas, é comum que a "shared care", que na Austrália envolve divisão de tempo, seja experimentada de modo temporário, mas não perdure no longo termo, revertendo-se a um modo mais tradicional pelo qual a mãe tenha o cuidado principal na criação. Por exemplo, 49% dos "shared time arrangements" continuam em vigor, comparado com 87% do "primary care" a favor da mãe, após quatro ou cinco anos.[106]

Pais com "shared care" na Inglaterra são significantemente mais entusiastas sobre os arranjos do que os pais que somente têm contato com as crianças. Por outro lado, as mães com "shared care" são mais descrentes do que os pais e do que as mães que possuem "primary care". Na Austrália, uma pesquisa realizada em 2010 demonstra que entre 86% e 89% dos genitores masculinos em "shared care" dizem que o arranjo funciona para as crianças, comparado com 78% dos que têm apenas contato. Cerca de 40% das mães com "shared care" decorrente de litígio relataram que o arranjo não estava funcionando para os filhos, enquanto que apenas 5% dos pais na mesma situação afirmaram que o arranjo não estava dando certo.[107]

Liz Trinder, em uma das pesquisas sobre "shared residence",[108] buscou analisar o impacto nas crianças dessa divisão de tempo entre os pais, a durabilidade desses arranjos e a satisfação dos pais e dos filhos. A pesquisadora inglesa afirma que, quando os pais são cooperativos, pode até ser

---

105 SMITH, Bruce (editor). *Parent–child contact and post-separation parenting arrangements.* Research Report n. 9 (Australian Institute of Family Studies, Melbourne, 2004. E TRINDER, Liz. Shared residence: a review of recent research evidence. Child and Family Law Quarterly. v. 22, n. 4, 2010, p. 475-498, p. 481.

106 TRINDER, Liz. Shared residence: a review of recent research evidence, op. cit., p. 484.

107 Ibidem, p. 484-485.

108 A autora utiliza a expressão "shared residence" como sinônimo de "shared care".

positivo, mas nos casos em que haja alto nível de conflito, os resultados são negativos.[109]

Importante ressaltar que a "shared residence", apesar de estar crescendo nos últimos anos, ainda é relativamente incomum na Inglaterra. De acordo com a análise de uma amostra nacional, entre 9% e 12% dos pais que residem na Inglaterra relataram ter a companhia dos filhos durante pelo menos três noites por semana.[110] Do número total de pais com "shared care", 6% a 7% obteve esse arranjo por meio do Judiciário. Trinder afirma que há uma tendência dos juízes e legisladores em encorajar a "shared residence" até mesmo por meio de decisões judiciais e que eventual presunção de "shared residence" na Inglaterra irá acarretar a rápida expansão do "tipo errado" de "shared care".[111]

Essa tendência descrita por Trinder decorre, em grande parte, da pressão de movimentos feitos pelos genitores masculinos a respeito de seus direitos em relação à criação de seus filhos. Entre esses grupos, destaca-se o "Fathers 4 Justice",[112] fundado em 2001 por Matt O'Connor, cujo grupo se tornou notório pelo uso de fantasias de super herois e que, inclusive, um membro da organização escalou o Buckingham Palace na busca pelos direitos dos pais na criação dos filhos.

Esses movimentos de pais pressionam o Governo por uma reforma no sistema de Direito de Família no Reino Unido, em que seja respeitada a igualdade entre mães e pais, já que, para esses grupos, há um preconceito contra os genitores masculinos.

A questão sobre a criação e convivência dos filhos com seus genitores masculinos após a separação é bastante discutida, com posições muito conflitantes também no Reino Unido. Diante dessas reivindicações dos pais, Carol Smart buscou fazer uma pesquisa sobre "shared residence", questionando se a divisão igual se trataria de um direito dos pais ou do reconhecimento para as crianças.

A autora argumenta que essa demanda ignora totalmente as experiências dos menores, reduzindo-as a meros objetos, que não têm voz ativa, num

---

109 TRINDER, Liz, op. cit., p. 475 e 478.

110 Na Austrália, onde há presunção de "shared care", 24% dos casos de mediação resultaram nesse arranjo. Já em processos judiciais, 33% dos casos também resultaram em "shared care", alguns com alto grau de conflito. Esse elevado número se deve à inserçao da presunção no ordenamento australiano em 2006. No entanto, ressalta-se que assim como na Inglaterra, na Austrália o número de pais que buscam o Judiciário para resolver conflitos familiares é reduzido (entre 2% e 6%), representando uma pequena proporção no número geral dos casos de "shared care". In: TRINDER, Liz. Shared residence: a review of recent research evidence, op. cit., p. 478-480.

111 Ibidem, p. 475 e 478.

112 Disponível em: http://www.fathers-4-justice.org/ Acesso em: 26 abr 2016.

sistema formado para criar a igualdade entre os adultos. Para ela, o que é necessário é criar uma política baseada no reconhecimento da criança em vez de focar a atenção nos interesses, direitos e demandas dos adultos.[113]

Em caráter similar ao relatado na pesquisa de Carol Smart, Liz Trinder destaca que as crianças são menos satisfeitas com a "shared care" que os pais, especialmente com arranjos rígidos e inflexíveis, nos quais elas não se sentem ouvidas e que focam nos adultos e não na necessidade das crianças. No entanto, apesar dessas ponderações, não há clara relação entre "shared care" e o bem-estar do menor.

A pesquisadora acrescenta que mais tempo com cada genitor não significa melhores resultados para as crianças. Ao contrário, o que importa é a qualidade dos relacionamentos no ambiente em que vive o menor; pais sensíveis e com autoridade (authoritative); existência de aliança entre os genitores e ausência de preocupações com segurança. Em casos de alto nível de conflito, e quando há arranjos rígidos, há evidências de que a "shared care" é associada à hiperatividade, especialmente com meninos.

Trinder conclui em seu estudo que "shared care" tende a durar menos no longo prazo do que outros arranjos, muitas vezes se convertendo em cuidado principal pela mãe. A pesquisadora acrescenta também que a propensão dos arranjos com divisão de tempo 50-50% é durar mais do que a composição de 35-65%.

Pais em "shared care" estão mais propensos a se comunicar e tomar decisões conjuntas com mais frequência do que na "primary care". No entanto, o relacionamento entre os pais pode ser menos amistoso que os de "primary care". Uma minoria significante das mães em "shared care" relatou alto nível de conflito e preocupação com segurança e violência. Pais têm maiores níveis de satisfação em "shared care", mesmo em casos de litígio e arranjos rígidos do que as mães.[114]

Em resumo, pelas pesquisas realizadas por Liz Trinder, o que importa é a qualidade e a habilidade dos pais de focar na necessidade dos filhos, independentemente da quantidade de tempo dedicado à criança. No entanto, quando o Governo envia as mensagens políticas de que a "shared care" é a melhor opção, acaba ocorrendo um paradoxo, pois a grande expansão da "shared care" ocorre especialmente nas famílias nas quais ela tem menos chances de funcionar e maiores chances de causar problemas para as crianças.

---

[113] SMART, Carol. *Equal shares*: rights for fathers or recognition for children?, op.cit., p. 484-485.

[114] TRINDER, Liz. Shared residence: a review of recent research evidence, op. cit., p. 494.

Ao contrário da esperança de alguns, a "shared care", quando há níveis elevados de conflito, não é transformativa, ao contrário, pode aumentar ou perpetuar o conflito. O foco deve ser na necessidade da criança individualmente. A falta da presunção de "shared residence" não vai impedir o desenvolvimento da "shared care" positiva. Pais cooperativos sempre tiveram a habilidade e a capacidade de tomar decisões flexíveis e centradas na criança e continuarão fazendo isso mesmo sem a imposição da lei.[115]

As mensagens-chave que emergem dos estudos analisados por Liz Trinder são: 1) a importância crucial de possibilitar que a criança tenha alguma influência sobre os arranjos.[116] No entanto, somente em uma minoria dos casos elas são diretamente consultadas em casos de litígio na Inglaterra.[117] 2) Não é o arranjo em si que importa, se compartilhado ou não, mas sim de que forma os pais lidam com esses relacionamentos. Enquanto o Tribunal foca em "timetables", é essencial que todo o esforço seja concentrado na qualidade dos relacionamentos com as crianças. Além disso, o desenvolvimento de programas educacionais de aconselhamento é bem-vindo.

O grande desafio é verificar em que casos a "shared care" é apropriada, promovendo o bem-estar da criança. Somente em hipóteses de consenso entre os pais ou também por meio de decisões judiciais? Quais são as vantagens e desvantagens em cada caso?

3.6 PROJETO DE MUDANÇA NA LEGISLAÇÃO INGLESA SOBRE ASPECTOS DO DIREITO DE FAMÍLIA: "CHILDREN AND FAMILIES BILL"

De acordo com os dados estatísticos de 2009 do Judiciário inglês, houve um aumento de 23% nas ações visando ordem de contato, se comparados com 2008; 11% de crescimento nos pedidos de ordem de residência[118] e 15% de elevação nos pedidos de ordem de proibição.[119]

Atualmente, o custo para o Estado para a manutenção do Sistema de Justiça de Família gira em torno de 1,5 bilhão de libras por ano, com processos longos e complicados que afetam financeira e emocionalmente muitas

---

115 TRINDER, Liz. Shared residence: a review of recent research evidence, op. cit., p. 495.

116 "Children Act 1989, s 1 (3) (a)".

117 Somente 25% das crianças foram ouvidas diretamente por um profissional, aumentando para somente 50% em casos nos quais um relatório de bem-estar foi determinado. TRINDER, Liz. Shared residence: a review of recent research evidence, op. cit., p. 496.

118 As ordens de residência e contato se assemelham, no Brasil, à guarda única e ao direito de visita, respectivamente.

119 PARKINSON, Lisa. *Family Mediation*, op. cit., p. 174.

famílias.[120] Tendo em vista a dificuldade para lidar com essa demora, o alto custo e o excesso de procedimentos burocráticos no Sistema de Direito de Família, o Ministério da Justiça, o Departamento de Educação e o Governo galês decidiram, em 2010, realizar uma profunda reformulação no sistema de Direito de Família da Inglaterra e País de Gales.

O Projeto de Lei "Children and Families Bill" propunha alterações na legislação sobre o sistema de Direito de Família, em áreas como adoção, crianças sob a responsabilidade do Estado, cuidado e educação das crianças, mediação familiar, procedimentos do Judiciário e prova pericial.

Um dos focos principais das reformas era auxiliar os pais separados a alcançar seus próprios acordos sobre os cuidados e a convivência com as crianças, sem a necessidade de intervenção dos Tribunais. Uma proposta era a inclusão de cláusula na lei que reforçasse a ideia de participação de ambos os pais na vida dos filhos e medidas que ajudassem os genitores a resolver suas disputas sobre os filhos após a separação. De acordo com o Governo, estudos demonstram que os arranjos sobre guarda tendem a ser mais eficazes quando feitos pelos próprios pais fora das Cortes e de modo cooperativo.[121]

Entre as proposições de mudanças do Projeto de Lei "Children and Families Bill", também estavam a inserção de cláusula que determinasse a obrigatoriedade de comparecimento à sessão de informação sobre mediação antes do ingresso no Judiciário,[122] bem como a introdução da "Child Arrangements Orders" no lugar das existentes "ordens de contato e de residência". O objetivo dessa substituição de nomenclatura era estabelecer o foco claro no bem-estar e nas necessidades da criança em vez de nos eventuais "direitos" dos pais sobre os filhos.

Por fim, o Governo planejava melhorar o acesso dos pais a programas de apoio após a separação, fornecendo-lhes ferramentas para uma melhor gestão de conflitos, focando no interesse dos menores.[123]

3.6.1 "Family Justice Review"

Anualmente 500.000 crianças e adultos se envolvem no Direito de Família da Inglaterra. As questões enfrentadas pelo sistema são bastante

---

120 INGLATERRA. Cooperative parenting following family separation: proposed legislation on the involvement of parents in a child's life. Summary of consultation responses and the Government's response. Department for Education. November 2012, p. 4.

121 Ibidem, p. 2, 4.

122 "MIAMS – Mediation Information Assessment Meeting".

123 INGLATERRA. Cooperative parenting following family separation: proposed legislation on the involvement of parents in a child's life, op.cit., p. 4, 5.

complexas, pois se deve lidar com a falência da família, dos relacionamentos e com a educação dos filhos. Ademais, os efeitos dessas decisões repercutem não somente nos envolvidos, mas na sociedade, de modo geral.

Preocupado com a lentidão, a queda na eficiência e o alto custo tanto para o Estado como para as partes, o Governo decidiu reestruturar o Sistema Judiciário de Família. Estima-se que o custo somente para o Governo, excluindo os gastos despendidos pelas partes, foi em torno 1,5 bilhão de libras entre 2009 e 2010.[124]

Assim, diante da necessidade de uma reformulação profunda, o Governo criou um comitê independente, formado por diversos especialistas, cujo presidente foi David Norgrove, para a elaboração da "Family Justice Review". Esse estudo destinava-se a obter uma visão geral sobre o Direito de Família, com o intuito de averiguar as deficiências e as necessidades de mudanças para o aprimoramento do modelo atual.

O objetivo é tornar o ordenamento jurídico mais rápido, simples, eficiente e justo, de maneira que os acordos respeitem o melhor interesse da criança e proteja os adultos vulneráveis. Nessa reforma, pretende-se analisar como o sistema de Família funciona; fazer um uso mais efetivo da mediação; facilitar o contato entre pais não residentes e seus filhos e destes com seus avós.

O relatório inicial da "Family Justice Review", publicado em março de 2011, decorreu da participação de todos os setores envolvidos no Direito de Família, como profissionais da área, entidades representativas e genitores, que apontaram a necessidade de diversas mudanças tanto em setores públicos como privados e no sistema de Família como um todo. Em seguida, houve uma consulta pública, que resultou no relatório final, em novembro de 2011.[125]

O Comitê que realizou a "Family Justice Review", após 18 meses analisando a questão, decidiu-se contra a "shared-care legislation", ou seja, contra a inserção de uma presunção sobre a "shared care", tendo em vista que o bem-estar da criança é que deve ser o foco e o princípio fundamental. Argumentou-se, ainda, que a inclusão dessa cláusula seria baseada na experiência Australiana, na qual legislação similar não funcionou como foi planejado e, consequentemente, acabou deslocando o interesse do menor para o direito dos pais.[126]

---

124 Idem. *Family Justice Review*. Interim report. Executive summary and recommendations. March 2011, p. 5.

125 Disponível em: <http://www.justice.gov.uk/about/moj/independent-reviews/family-justice-review.> Acesso em 20 fev. 2013.

126 TRINDER, Liz. The Children Act is an act of kindness. There's no systematic bias against fathers in family courts, so no need for ministers to tinker. Guardian, 6/2/2012. Disponível em: <http://www.

Essa crítica feita pela "Family Justice Review", defendendo a não inserção da presunção da "shared care" não foi vista com bons olhos por associações de pais, que argumentam que existe preconceito da Corte em relação à figura paterna, conforme será discutido a seguir.

Em fevereiro de 2012, o Governo, após ter analisado o relatório da "Family Justice Review", publicou suas respostas, afirmando que, de fato, o ordenamento no âmbito do Direito de Família afeta, anualmente, milhares de casais, filhos e famílias e que atrasos, excesso de burocracia, alto custo judicial e falta de confiança são muito prejudiciais aos demandantes. Desse modo, defendeu como prioridade uma profunda reforma no sistema.[127]

No entanto, apesar de ter aceitado a maioria das recomendações existentes no relatório final da "Familiy Justice Review", o Governo decidiu dar andamento à mudança em relação ao artigo sobre o "envolvimento de ambos os pais na vida dos filhos" e realizou um escrutínio em 2012. O Governo acredita que mais ações podem ser feitas para reforçar e garantir que os filhos sejam capazes de manter um relacionamento com ambos os pais após a separação, quando há disputa sobre os arranjos de convivência.[128]

3.6.2 Consulta pública quanto à inserção da presunção da "convivência de ambos os pais com os filhos" na "Children Act 1989" (Escrutínio[129])

Em junho de 2012, o Governo realizou uma consulta pública para inserção de um artigo na lei "Children Act 1989", mencionando a importância de participação de ambos os pais na vida dos filhos nos casos em que não haja risco ou prejuízo à criança, a *"Co-operative parenting after separation*".

Na realidade, a intenção do Governo era introduzir uma legislação que reforçasse e estabelecesse de maneira expressa o princípio de que a maioria das crianças se beneficia do contínuo relacionamento com ambos os pais depois da separação – além dos outros fatores que envolvem seu bem-estar. Paralelamente, o objetivo também era diluir a ideia de que há um preconceito em relação a um dos genitores.

---

guardian.co.uk/commentisfree/2012/feb/06/no-bias-against-fathers-childrens-act>. Acesso em: 18 jun. 2012.

127 INGLATERRA. The Government response to the Family Justice Review: a system with children and families at its heart. Ministry of Justice and the Department for Education, February, 2012, p. 3.

128 Idem. Cooperative parenting following family separation: proposed legislation on the involvement of parents in a child's life, op.cit., p. 4.

129 Escrutínio: investigação de pesquisa minuciosa.

A maioria dos pais consegue alcançar seus próprios acordos sobre os arranjos de convivência com seus filhos após a separação. No entanto, o Governo acredita que uma abordagem mais dura (tougher) seja necessária, pois, em casos de disputa, há o risco de que as necessidades das crianças sejam negligenciadas. Para o Governo, em muitos casos, um dos genitores acaba numa posição que dificulta o fortalecimento da relação com os filhos. Em razão disso, e acreditando que pais capazes devem ter a oportunidade de participar ativamente da vida dos menores, a proposta legislativa é a de garantir que isso ocorra também nos litígios judiciais, reforçando o fato de que ambos os pais são corresponsáveis pela criação dos filhos.

Em suas declarações, o Governo procura deixar claro que o princípio do bem-estar da criança continuará sendo soberano nas decisões judiciais e que qualquer que seja o caminho escolhido, deve-se tomar muito cuidado para que não haja implicações de igual divisão de tempo entre os pais.[130] Nessa consulta pública, a população foi convidada a considerar quatro diferentes abordagens para promover a "shared care" pós-separação:

Opção 1 – abordagem da presunção. "Nas circunstâncias mencionadas na alínea (4) (A) ou (4 A)[131] a Corte deve presumir, a menos que o contrário seja mostrado, que o bem-estar da criança em questão será promovido pelo envolvimento de cada pai na educação da criança, desde que não prejudicial para a segurança desta".

Opção 2 – abordagem do princípio. "Nas circunstâncias mencionadas na alínea (4) (A) ou (4 A) a Corte deve levar em conta o princípio geral o qual, independente da quantidade de contato que a criança tenha com cada genitor, o bem-estar da criança deve ser promovido pelo envolvimento mais completo possível com cada genitor na vida da criança".

Opção 3 – abordagem do "ponto de partida". "Nas circunstâncias mencionadas na alínea (4) (A) ou (4 A) o ponto de partida da Corte deve ser o de que o bem-estar da criança em questão pode ser promovido se cada genitor da criança está envolvido em sua educação".

Opção 4 – abordagem da "lista de verificação (checagem) do bem-estar". Pela qual haveria inserção de um fator adicional, o qual a Corte deveria considerar. "Nas circunstâncias mencionadas nas alíneas (4) (A) e (4 A) a Corte deve permitir que a criança em questão possa ter o melhor relacionamento possível com cada genitor".

---

130 INGLATERRA. *Cooperative parenting following family separation*: proposed legislation on the involvement of parents in a child's life, op.cit., p. 3, 4.

131 do "Children Act 1989". Esse item refere-se às determinações judiciais referentes às crianças, como as ordens de contato e residência.

O resultado se baseou nas 214[132] respostas de diversas organizações e indivíduos como juízes, mediadores, advogados, genitores, avós e acadêmicos. Esses retornos demonstraram a existência de variados pontos de vista e opiniões controversas.

- 25% declararam que não concordam com nenhuma forma de legislar para promover a "shared care" pós-separação.

- 52% dos que selecionaram uma das opções escolheram a abordagem da presunção (opção 1), sustentando ser uma forma mais justa, que nivela ambos os lados e traz soluções mais rápidas. Em particular, os pais (homens) preferiram essa opção. Muitos deles, no entanto, demonstraram preocupação sobre o impacto negativo na implementação da presunção.

- 24% escolheram a opção 4 como preferível embora a maioria deles fosse contra qualquer mudança. No entanto, para esse grupo, essa opção do "checklist" seria a que menos enfraqueceria o princípio supremo do melhor interesse da criança e traria menos riscos aos menores e pais vulneráveis.

- As opções 2 e 3 foram pouco mencionadas.

Houve 181 respostas a essa questão. As escolhas foram da seguinte maneira:

Option 1	Option 2	Option 3	Option 4	No selection
93 (52%)	13 (7%)	9 (5%)	44 (24%)	22 (12%)

Entre as razões para apoiar a alteração na legislação mencionam-se os seguintes argumentos: Essa mudança irá melhorar o bem-estar das crianças, permitindo um relacionamento com ambos os pais; haverá aumento de confiança no sistema; diminuirá a sensação de preconceito contra um dos genitores; haverá menor grau de conflito entre os pais; os genitores serão encorajados a fazer acordos fora do Tribunal; pais residentes ficarão menos suscetíveis de obstruir contato; provavelmente haverá diminuição no número de ações visando contato; as partes ficarão menos polarizadas; as propostas de mudanças na lei destacam que ambos os pais são responsáveis pelos filhos.

132 A quantidade de respostas não foi tão elevada, pois a maioria delas decorreu de associações e organizações, cuja opinião já representava um grupo representativo de pessoas. INGLATERRA. Cooperative parenting following family separation: proposed legislation on the involvement of parents in a child's life, op.cit., p. 7.

Já nos argumentos que se opõem à mudança estão as preocupações a respeito do impacto dessa legislação sobre o "shared parenting". A principal delas é o enfraquecimento do princípio do bem-estar da criança como consideração primordial e os riscos de mudar o foco para "direito dos pais". Argumenta-se também que essa alteração de percepção para "direito dos pais" aumentará o litígio; o quadro legal atual é adequado e funciona bem e os Tribunais já entendem o envolvimento de ambos os genitores como um fator a ser considerado. Além disso, a modificação da legislação poderia levar a expectativas irreais de que essa mudança seria presunção de tempo igual. Essa nova presunção não incluiria suficientes salvaguardas para proteger as crianças de dano. Somado a isso, as cláusulas seriam complexas, confusas e abertas a interpretações erradas.

Metade dos consultados preocupou-se com o fato de que a mudança na legislação poderia levar à expectativa de divisão de tempo de 50/50% entre os pais, podendo colocar a criança em risco de abuso emocional ou físico, em casos de conflito. Alguns consultados apontaram a possibilidade de que o receio de um dos genitores de ser considerado inflexível ou de ser apenado poderia forçar os pais residentes a concordar com arranjos fora dos Tribunais, mesmo quando houvesse preocupação com o bem-estar da criança.[133]

Ademais, 40% dos consultados acha que essa lei irá aumentar os pedidos aos Tribunais em relação ao contato com a criança, podendo elevar o número de litígios, tendo em vista a possível confusão de conceitos e a expectativa de "direitos iguais" dos pais de passarem em companhia de seus filhos. Por outro lado, para os que defendem que haverá diminuição dos casos de litígio, o motivo seria a sensação de que os genitores aceitariam melhor o fato de que a criança necessita de contato com ambos os genitores, o que facilitaria um acordo, durante a mediação, por exemplo.[134]

Na consulta pública,[135] também se questionou como o ponto de vista das crianças poderia ser levado em conta nos processos judiciais, de maneira a manter o foco no seu melhor interesse. A maioria dos que opinaram acha que o ponto de vista das crianças poderia ser levado em conta de diversas maneiras, incluindo a participação de especialistas treinados e de confiança. No entanto, há preocupações pelo fato de que é difícil avaliar se a criança

---

133 INGLATERRA. Cooperative parenting following family separation: proposed legislation on the involvement of parents in a child's life, op.cit., p. 8, 9, 11.

134 Ibidem, p. 11-12.

135 Essa consulta se restringiu aos elementos da "shared care", portanto, a questão de como tornar mais efetivas as determinações da Corte relacionadas a esses arranjos, o Governo decidirá *a posteriori*. In: INGLATERRA. *Cooperative parenting following family separation*: proposed legislation on the involvement of parents in a child's life, p. 3.

não foi influenciada por um dos pais, além de ter de levar em conta a idade e maturidade do menor.

Também houve sugestões no sentido de se efetuar ações e programas educacionais sobre parentalidade, bem como disponibilidade de serviços de mediação e aconselhamento que facilitem acordos. Percebeu-se a necessidade de que a cooperação entre os pais seja promovida desde o início, durante o relacionamento, o que facilitaria uma composição em caso de eventual separação.

Como conclusão a esse aspecto de inserção desse artigo, o Governo considerou todos os pontos levantados na consulta pública e permanece com a opinião de que a opção número um, ou seja, a abordagem da presunção é a que melhor assegura o envolvimento da criança com ambos os pais. No entanto, em razão da grande preocupação com a salvaguarda das crianças e pais vulneráveis, o Governo pretende incluir melhores esclarecimentos acerca da segurança dos menores.[136]

3.6.2.1 Questionamento sobre a necessidade da inclusão da cláusula de "envolvimento de ambos os pais na vida dos filhos" na "Children Act 1989"

Conforme relatado anteriormente, o Governo realizou um escrutínio para verificar a opinião da sociedade em relação à inserção da cláusula acerca da presunção *"sobre o envolvimento de ambos os pais na vida dos filhos, a não ser que o contrário seja provado*". Apesar das respostas obtidas serem bastante divididas, com relevante porcentagem de instituições e profissionais da área serem contra a inserção da presunção, o Governo decidiu manter essa cláusula no Projeto de Lei "Children and Families Bill 2013-2014", que posteriormente se tornou lei.

Desse modo, consta no item 11 – "Bem-estar das crianças: envolvimento dos pais" do Projeto de Lei que a Seção 1 do "Children Act 1989"[137] deve ser alterada para inserir o item (2A). Assim, a Corte deverá presumir, "a não

---

[136] INGLATERRA. *Cooperative parenting following family separation*: proposed legislation on the involvement of parents in a child's life. Summary of consultation responses and the Government's response. Department for Education. November 2012, p. 13, 16.

[137] "Shared Parenting. (1) Section 1of the Chidren Act 1989 (welfare of the child) is amended as follows: (2) After subsection (2) insert – '(2A) A Court, in the circumstances mentioned in subsection (4) (a) or (7), is as respects each parent within subsection (6) (a) to presume, unless the contrary is shown, that involvement of that parent in the life of the child concerned will further the child's welfare".

ser que o contrário seja demonstrado, que o envolvimento dos pais na vida da criança irá promover seu bem-estar".[138]

O papel ativo dos pais na criação dos filhos é de suma importância, mas o que foi bastante questionado durante as consultas públicas na Inglaterra é a conveniência de consagrar esse princípio da legislação, uma vez que já existe o princípio fundamental de melhor interesse da criança.

De acordo com o Comitê de Justiça, para saber se a mudança é necessária, proporcional e desejável, é preciso verificar o que o Governo espera com essa alteração e como esse objetivo pode ser posto em prática. Para o Governo, a intenção da lei não é mudar o modo como os juízes julgam, mas sim lidar com o senso de que há um suposto preconceito contra um dos pais no sistema atual, dando, assim, mais confiança ao ordenamento, na esperança de que os pais consigam resolver fora da Corte esses arranjos.[139]

A questão acerca de um suposto preconceito pelo Tribunal em relação à figura paterna e, consequentemente, vantagens para as mães, é muito discutida. Nesse contexto, nota-se a existência de muitas associações voltadas à informação e proteção dos genitores masculinos, como "Fathers 4 Justice"; "Family Needs Fathers" e "Both Parents Matters Cymru" que buscam reforçar o papel paterno na criação dos filhos.

No entanto, de acordo com a análise de dados do Judiciário, em 2010 a Corte negou apenas 300 de 95.000 dos pedidos de contato. Em 2011, dos 111.302 pedidos de contato, somente 333 foram negados.[140]

Para Liz Trinder, a grande maioria dos pais obtém o contato desejado e frequentemente até mais tempo do que as mães. Para a pesquisadora, a presunção de contato é tão forte que estudos atuais demonstram a preocupação das

---

[138] O Comitê de Justiça sugeriu a substituição do termo 'Shared Parenting' por 'Parent Involvement", o que foi acolhido. INGLATERRA. Pre-legislative scrutiny of the Children and Families Bill. House of Commons. Justice Committee. Fourth Report of Session 2012–13. 14 december, 2012, p. 68.
A redação da lei "Children Act 1989" passará a ser da seguinte maneira após as mudanças:
"11Welfare of the child: parental involvementE+W
This sectionnoteType=Explanatory Notes has no associated
(1)Section 1 of the Children Act 1989 (welfare of the child) is amended as follows.
(2)After subsection (2) insert—
(2A)A court, in the circumstances mentioned in subsection (4)(a) or (7), is as respects each parent within subsection (6)(a) to presume, unless the contrary is shown, that involvement of that parent in the life of the child concerned will further the child's welfare.
(2B)In subsection (2A) 'involvement' means involvement of some kind, either direct or indirect, but not any particular division of a child's time."

[139] INGLATERRA. *Pre-legislative scrutiny of the Children and Families Bill. House of Commons.* Justice Committee. Fourth Report of Session 2012–13. 14 december, 2012, p. 53, 54.

[140] HERRING, Jonathan. *Family Law*, op.cit., p. 550.

mães, especialmente aquelas que sofrem de violência doméstica, que esses abusos não estão sendo analisados adequadamente pela Corte. A autora ainda enfatiza que pesquisas comprovam que esse preconceito contra homens é um mito e que estereótipos como "mulheres vingativas" e "pais inocentes e desorientados" podem até existir, mas em números bastante reduzidos.[141]

Do mesmo modo, o Comitê de Justiça, nomeado pela "House of Commons" para examinar a administração e as políticas do Ministério da Justiça e seus órgãos públicos associados, apesar de ser a favor da maioria das recomendações do Governo, também tem sérias preocupações com a introdução do artigo sobre "shared parenting". Para o Comitê, essa presunção pode diminuir a força do princípio do melhor interesse da criança, que deve ser o primordial.

De acordo com o Comitê de Justiça é pouco provável que a inserção dessa cláusula vá modificar, sozinha, a percepção de que existe um preconceito no Sistema de Direito de Família. A maior dificuldade, na realidade, é a efetivação das medidas judiciais impostas, o que acaba por arraigar ainda mais essa ideia equivocada na sociedade. Ambos os pais têm responsabilidade parental, de modo que o maior problema não é a decisão em si, mas o meio de fazer cumprir essas ordens. Nesse sentido, executar as determinações judiciais relativas à convivência trará uma mudança de percepção maior do que a criação de uma norma sobre "shared care".[142]

Essa é a mesma dificuldade que existe no Brasil, de modo que a simples aprovação da lei sobre a guarda compartilhada, sem uma mudança estrutural, tanto da sociedade como dos magistrados e do Estado, em geral, não irá alterar esse quadro.

Liz Trinder, ainda sustenta que, na Inglaterra e País de Gales, na grande maioria dos casos, – cerca de 90% – os conflitos são resolvidos fora do Sistema Judiciário. Dessa maneira, não haveria necessidade de mudança de lei para inserção dessa cláusula. Ademais, esses 10% dos pais que buscam o Judiciário por um maior contato com os filhos envolvem casos de elevada litigiosidade. A autora afirma:

> Achar caminhos para fazer funcionar a "shared care" para essas crianças não é dando aos pais mais direitos, mas sim os ajudando a cumprir suas responsabilidades e concedendo às crianças uma voz. A beleza da lei em vigor é focar na individualidade do menor, e de suas necessidades, preferências e circunstâncias únicas.[143]

---

141 TRINDER, Liz.The Children Act is an act of kindness, op.cit.

142 INGLATERRA. Pre-legislative scrutiny of the Children and Families Bill. House of Commons. Justice Committee. Fourth Report of Session 2012–13. 14 december, 2012, p. 03, 63.

143 TRINDER, Liz.The Children Act is an act of kindness, op. cit.

Não obstante essas recomendações do "Family Justice Review" e do Comitê de Justiça contra a inserção de artigo relativo à presunção de "shared care", o Governo decidiu manter essa cláusula, influenciado, entre outras razões, pela pressão de grupos de pais. Assim, a Lei "Children and Families Act 2014" determinou a inclusão do subitem (2A) no item 11 do "Children Act 1989":

> 11- Welfare of the child: parental involvement
>
> (1)Section 1 of the Children Act 1989 (welfare of the child) is amended as follows.
>
> (2)After subsection (2) insert—
>
> "(2A) A court, in the circumstances mentioned in subsection (4)(a) or (7), is as respects each parent within subsection (6)(a) *to presume, unless the contrary is shown, that involvement of that parent in the life of the child concerned will further the child's welfare.* (grifo nosso)

Para Liz Trinder, em teoria essa mudança soa totalmente sensível, mas conforme se verificou na experiência australiana, esse tipo de formulação dificulta o juiz de focar no interesse individual daquela criança, em detrimento do interesse dos pais. Tanto é assim que advogados, juízes, pesquisadores, que escutam ambos os lados do conflito, não defendem as mudanças na lei.[144]

O então Ministro Tim Loughton, do Departamento de Educação e "Subsecretário de Estado para Crianças e Famílias".[145] assinala que o que se deve deixar claro é que o intuito da mudança não é reforçar o direito dos pais, pois essa lei diz respeito ao direito das crianças. No entanto, contraditoriamente, o Ministro afirma que não está buscando uma alteração no modo de decisão dos juízes sobre o princípio fundamental do bem-estar dos menores, mas sim que pretende acabar com a sensação de que há um favorecimento em relação a um dos genitores.[146]

Embora haja uma ferrenha discussão acerca de um eventual preconceito contra um dos genitores, é preciso ter em mente que o centro do debate deve ser se a inserção desse artigo de lei irá fortalecer ou tirar o foco do princípio do melhor interesse da criança, este sim, primordial.

---

144 Ibidem.

145 O Ministro ficou nesse cargo entre 2010 e 2012, período em que ocorreu a elaboração do Projeto de Lei sobre a inserção de artigo sobre a presunção da participação de ambos os pais na vida dos filhos, bem como a realização de consultas públicas, com a produção do "Family Justice Review".

146 INGLATERRA. Pre-legislative scrutiny of the Children and Families Bill, op. cit., p. 54.

3.6.2.2 Apontamentos acerca da inserção da presunção na "Children Act 1989"

Como já mencionado, não há uma definição na lei do que seja "shared parenting". Embora não seja adequado, algumas interpretações doutrinárias e jurisprudenciais incluem divisão de tempo. O projeto de lei "Children and Families Bill" inicialmente conceituava a "shared care" como o "envolvimento dos genitores na vida dos filhos", sem qualquer referência à questão temporal.

No entanto, questionou-se se esse artigo poderia trazer mal-entendidos, pois o projeto de lei falava em "involvement", mas não definia o que seria,[147] nem deixava claro o que não seria. A preocupação era que os pais interpretassem como um período específico de tempo. Muitos genitores não entendem a diferença entre "shared parental responsibility" e "shared care time".

Um equívoco comum é que a responsabilidade parental dividida permitiria uma distribuição equânime no tempo de convivência com os filhos e que, se há uma responsabilidade dividida, a Corte irá ordenar divisão temporal.

Durante a consulta pública "co-operative parenting consultation", a maioria das pessoas que responderam a pesquisa entendeu que a "shared care" envolvia 50-50% do tempo de convivência.[148] Diante dessa constatação, a preocupação é que haja uma enxurrada de ações visando uma divisão temporal equânime entre os pais.

Ademais, a ideia, até mesmo reforçada por diversas decisões judiciais, de que a "shared residence order" seria uma forma de demonstrar que ambos os pais estão profundamente envolvidos na vida da criança[149] também poderá contribuir para o aumento de ações no Judiciário, na medida em que os pais queiram buscar na Corte "um selo de aprovação" de igualdade na paternidade.

Em T v T (Shared and Joint Residence Orders)[150] a decisão procurou criticar esse entendimento, enfatizando que, quando ambos os pais têm responsabilidade parental, esse fato já reconhece que eles são iguais, que possuem os mesmos *status*, não havendo necessidade de reforçar essa ideia. Pelo contrário, isso poderia acabar incentivando uma batalha entre adultos. Por isso, os pais devem focar em acordos que sejam melhores para as crianças e não num rótulo para eles.[151]

---

147 INGLATERRA. Pre-legislative scrutiny of the Children and Families Bill, op. cit. p. 60.

148 INGLATERRA. Pre-legislative scrutiny of the Children and Families Bill, op. cit., p. 61.

149 Puxty v Moore 2006] 1 FCR 28.

150 2010] EWCA Civ 1366.

151 HERRING, Jonathan. *Family Law*, op. cit., p. 531.

Essa sentença é de suma importância, pois demonstra que, não obstante a boa intenção da lei, ela pode ocasionar retrocessos em algumas interpretações. Ora, por um lado, ela traz um caráter pedagógico demonstrando que ambos são corresponsáveis pela criação da criança, não havendo a supremacia de um genitor sobre o outro. Mas, por outro lado, se os pais têm responsabilidade parental e o princípio fundamental é o melhor interesse da criança, individualmente considerada, não haveria necessidade de inserir expressamente esse artigo. Isso pode acabar ocasionando um enfraquecimento da responsabilidade parental, como ocorreu no Brasil, em que houve um inchaço dos atributos da guarda dos filhos.

Diante dessas adversidades, houve uma pressão, na Inglaterra, para que o atual Ministro da Educação, Edward Timpson, do Departamento de Educação e "Subsecretário de Estado para Crianças e Famílias", explicasse quais seriam os objetivos exatos do Governo com a inserção desse artigo sobre a presunção e quais efeitos pretendiam nas decisões judiciais. Recomendava-se deixar expresso na lei a definição de "involvement" e de que a "shared care" não trata de divisão de tempo.[152]

Na Austrália, por exemplo, os pais têm dificuldade em entender a lei e as disposições sobre a "shared care". Somente 18% dos advogados relataram que seus clientes compreenderam facilmente a diferença entre divisão de responsabilidade parental e divisão de tempo. Além disso, os advogados também afirmaram que 65% dos pais e 32% das mães tinham a expectativa de divisão de tempo equânime.

Essas expectativas podem ser complicadas de serem manejadas, principalmente para os genitores, no momento da formação do arranjo mais adequado para os filhos. Há preocupações de que os acordos feitos sem a consulta de advogados, por meio da mediação, por exemplo, sejam baseados na interpretação errônea da lei.[153] Esse problema também se repete na Inglaterra e no Brasil, em que há significativa dificuldade de se definir a guarda compartilhada.[154]

Diante da possibilidade da aprovação desse projeto de lei inglês, muito foi comentado sobre a experiência australiana sobre a "shared parenting" e a confusão no entendimento dessa norma, dando a ideia de divisão temporal. No entanto, rebate-se esse pensamento alegando que apesar da experiência australiana ser relevante, sua lei é mais ampla e, de fato, ela

---

[152] INGLATERRA. Pre-legislative scrutiny of the Children and Families Bill, op. cit., p. 61.

[153] TRINDER, Liz. Shared residence: a review of recent research evidence, op. cit, p. 492-493.

[154] Essa questão foi melhor discutida no Capítulo III, item 2.1.

sugere substancial ou significante quantidade de tempo, o que não ocorre no projeto de lei inglês.

Na realidade, a falta de definição de "meaningful relationship", inserida no projeto de lei, gerou diferentes construções do termo, além de discussões se o conceito é quantitativo ou qualitativo. O projeto de lei inglês não falava em divisão de tempo, embora estivesse claro que um período razoável seja necessário para que se construa um "relacionamento significativo e sólido.[155]

De acordo com o Comitê de Justiça, há duas preocupações. A primeira é se a má interpretação da lei fará com que as vítimas de abuso não reportem o caso por acreditarem que a Corte dará ordem de "shared care". Já a segunda, diz respeito à presunção, que transfere à vítima de abuso doméstico a responsabilidade de refutar a presunção de "shared care", o que pode ser difícil, principalmente para aqueles que se autorrepresentam. Vale dizer que normalmente as evidências podem ser somente testemunhais.[156]

É certo que o envolvimento de ambos os genitores na vida dos filhos é benéfico para as crianças, por isso, a lei pode trazer muitos benefícios. No entanto, é preciso estar atento, pois, em alguns casos, pode trazer prejuízos ao desenvolvimento do menor. Por isso, há muitos defensores que sustentam que a "shared care" não deve ser presumida, mas analisada caso a caso, de acordo com o melhor interesse da criança.

Sonia Harris-Short argumenta que se se deseja encorajar a "shared-care" após a separação, é preciso encorajá-la cada vez mais durante a relação dos pais. Na ânsia de querer estabelecer igualdade, há o perigo de serem esquecidas as realidades de cada família, pois padrões já foram estabelecidos.[157]

Nesse sentido, em 2009 a Suprema Corte recomendou que os juízes foquem na verificação do bem-estar da criança individualmente, sem se ater a presunções gerais.[158]

Importante destacar que as situações que necessitam de ordem judicial não conseguiram ser resolvidas por consenso, o que demonstra uma inabilidade de cooperação para tomada de decisões conjuntas em questões relativas

---

155 INGLATERRA. Pre-legislative scrutiny of the Children and Families Bill, op. cit. "A meaningful relationship" é traduzido como "uma relação significativa". No Brasil, utiliza-se o termo "guarda e visitas" (artigo nº 1.589 do Código Civil), o que não é adequado, pois um pai não é um mero visitante de seu filho. Nesse sentido, o mais coerente seria a substituição dessas expressões por "convivência paterno-filial".

156 Ibidem, p. 58.

157 HARRIS-SHORT, Sonia. Resisting the march towards 50/50 shard residence: rights, welfare and equality in post-separation families, op. cit., p. 257.

158 Re B (A Child) 2009] UKSC 5.

aos filhos. Tais hipóteses envolvem os maiores níveis de conflito, incluindo, por vezes, cenários de abuso. Essa nova lei será aplicada exatamente para esses casos, o que não se dará necessariamente no interesse da criança. Por isso, o Comitê de Justiça defende que o menor deve se beneficiar da habilidade da Corte de tomar as decisões individualmente, permitindo que o juiz analise todas as circunstâncias e priorize o bem-estar da criança.

Outra citação feita pelo Comitê é a preocupação de que essa presunção de "shared care" seja usada por juízes e advogados quando estejam indecisos ou sobrecarregados. Uma declaração determinando a supremacia do bem-estar da criança em relação à presunção da "shared care" pode evitar esse problema.[159]

Para o então Ministro Tim Loughton,[160] do Departamento de Educação e "Subsecretário de Estado para Crianças e Famílias", a inserção desse artigo na lei será considerada bem-sucedida se houver uma diminuição no número de requerentes que ingressarem no Judiciário, pois saberão que não podem se basear no: "winner takes all", ou seja, "vencedores levam tudo".[161] No entanto, há quem ache que o número de ações irá aumentar, especialmente, os casos de re-litígio.

Interessante enfatizar resultado de uma pesquisa realizada na Inglaterra com 398 jovens, entre 18 e 35 anos que conviveram com a separação dos pais e vivenciaram disputas pelo contato. A maioria deles não é a favor da mudança na lei para inserir a presunção, pois entendem que a individualidade da decisão deve ser preservada. Nesse sentido, esses jovens afirmam que tal ordem não deveria ser dada a menos que: os pais vivam muito próximos; as crianças fiquem na mesma escola; os pais tenham bom relacionamento; os genitores consigam prover dois quartos, roupas, material escolar em cada casa e, sobretudo, que as crianças estejam felizes com esse tipo de arranjo.[162]

No mesmo sentido, o Comitê de Justiça sustenta que qualquer lei deve ter em conta o princípio primordial do bem-estar da criança. Por isso, deve-se evitar que "shared parenting orders" sejam feitas quando há risco de dano, seja qual for o envolvimento da criança com seus pais.

---

159 INGLATERRA. Pre-legislative scrutiny of the Children and Families Bill. House of Commons. Justice Committee. Fourth Report of Session 2012–13. 14 december, 2012, p. 59, 60.

160 Representando o Governo, o Ministro Tim Loughton, Subsecretário de Estado para Crianças e Famílias, foi convidado a se manifestar no escrutínio realizado pelo"Family Justice Review", referente às mudanças na lei sobre Crianças e Famílias".

161 INGLATERRA. Pre-legislative scrutiny of the Children and Families Bill, op. cit., p. 62.

162 FORTIN, Jane; HUNT, Joan; SCANLAN, Lesley. Taking a longer view of contact, op. cit. Summary, p. 11.

O mesmo Comitê apoia o princípio da participação dos pais, mas não vê a necessidade de inclusão na lei, pois a convivência com ambos os genitores não é benéfica em todos os casos, por isso não pode ser presumida, principalmente em casos de litígios. Há o perigo de que a inserção de uma segunda presunção tire a atenção da Corte e dos pais para o melhor interesse da criança, que deve ser primordial.[163]

Para a "Family Justice Review" o princípio primordial do bem-estar da criança já é suficiente e inserir outra proposição adicional traz um risco desnecessário com pouco ganho.[164]

Jonathan Herring afirma que há uma ironia nessa lei, pois quase todos os pais estão incluídos na vida das crianças, já que têm responsabilidade parental. Por isso, criar uma presunção de que eles estejam envolvidos iria enfraquecer a posição atual. Para o autor, essas proposições não terão impacto na lei.[165]

Na realidade, a intenção da presunção é mostrar a importância da participação de ambos os pais na vida dos filhos, pois, há genitores que, embora tenham o registro na certidão de nascimento, não exercem esse papel efetivamente. A questão é saber se essa presunção irá ou não trazer benefício para os menores.

Apesar de todo esse ferrenho debate, o Governo decidiu inserir o artigo na "Children Act 1989", para fortalecer a lei e assegurar o envolvimento de ambos os pais na vida dos filhos, quando for para o melhor interesse da criança. Nesse sentido, procurou deixar claro que não se trata de divisão de tempo, sendo que os fatores mais importantes seriam a qualidade de convivência que a criança passa com cada genitor; a necessidade de estabilidade na vida do menor e a sustentabilidade dos arranjos.[166]

Desse modo, tendo em vista a controvérsia, optou-se por inserir um subitem à cláusula inicial, para esclarecer que "involvement", ou seja, o envolvimento pode ser de qualquer tipo, direto, ou indireto, mas não uma divisão específica do tempo com a criança.

11- Welfare of the child: parental involvement

---

[163] INGLATERRA. Pre-legislative scrutiny of the Children and Families Bill, op. cit.

[164] Idem. "Family Justice Review". Interim report. Executive summary and recommendations. March 2011.

[165] HERRING, Jonathan. *Family Law.*, op. cit., p. 532.

[166] INGLATERRA. Cooperative parenting following family separation: proposed legislation on the involvement of parents in a child's life. Summary of consultation responses and the Government's response. Department for Education. November 2012.

(1) Section 1 of the Children Act 1989 (welfare of the child) is amended as follows.

(2) After subsection (2) insert—

"(2A) A court, in the circumstances mentioned in subsection (4)(a) or (7), is as respects each parent within subsection (6)(a) to presume, unless the contrary is shown, that involvement of that parent in the life of the child concerned will further the child's welfare.

(2B) In subsection (2A) "involvement" means involvement of some kind, either direct or indirect, but not any particular division of a child's time. (grifo nosso)

Cabe lembrar que essa cláusula será implementada paralelamente a outros fatores, como o corte no "legal aid"[167] no Judiciário. Isso certamente afetará o nível de ingresso de ações privadas de família e de pessoas se autorrepresentando na Corte, mas, por outro lado, haverá um incentivo maior à mediação. Por isso, a análise das consequências da inserção dessa presunção do "envolvimento de ambos os pais na criação dos filhos" no ordenamento inglês será mais complexa.

3.7 ORDENS JUDICIAIS EM RELAÇÃO ÀS CRIANÇAS EM PROCEDIMENTOS FAMILIARES[168]

Desde 1989, de acordo com a seção 8 do "Children Act 1989", na Inglaterra, há quatro tipos de determinações judiciais: "residence order"; "contact order"; "prohibited steps order" (ordens de proibição) e "specific issue order" ("determinação de questão específica"). Essas ordens são pleiteadas quando os pais não conseguem chegar a um consenso sobre o modo de criação dos filhos.

Uma ordem de residência determina com quem a criança iria morar, sendo, geralmente o genitor residente, mas, em caso de necessidade, pode ser ordenada em favor de outra pessoa. Aquele que tem ordem de residência tem ou adquire, obrigatoriamente, responsabilidade parental. Isso porque esse adulto com quem a criança viverá, exercerá os deveres e responsabilidades da paternidade, por isso necessita de um reconhecimento legal para desempenhar a função. Nesse sentido, quando um terceiro é que recebe a ordem de residência, uma vez que ela seja revogada, cessa também a responsabilidade parental.

---

167 "Legal aid" é uma ajuda financeira do Governo para ingresso no Judiciário. Esse ponto será analisado no item 3.9.

168 "Orders with Respect to Children in Family Proceedings. Children Act 1989, section 8".

É possível que a ordem de residência seja determinada a mais de uma pessoa, mesmo que elas não morem no mesmo local. O termo mais conhecido é "shared residence order", embora Jonathan Herring prefira o termo "dual residence", já que não foca no adulto, mas sim na criança.[169]

A ordem de contato ocorre quando a Corte considera apropriado que a criança tenha convivência regular com o genitor não residente ou até mesmo outro familiar. É uma determinação para fixação das "visitas", de acordo com o vocabulário jurídico brasileiro, a fim de manter os laços paterno-filiais.

Essa determinação é definida como "uma ordem requerendo que a pessoa com quem o menor vive ou irá morar permita a criança de visitar ou ter contato com a pessoa nomeada na ordem", ou seja, a ordem é dirigida ao genitor residente.[170]

Normalmente o contato envolve encontros pessoais, mas também pode abranger contato indireto, como por meio de telefonemas, cartas, skype, nos casos de distância, por exemplo, ou para iniciar ou restabelecer o contato direto. É possível, de acordo com as circunstâncias, que o contato direto seja supervisionado e ocorra em centros especializados, caso haja evidências que justifiquem esse tipo de supervisão.

Já a "ordem de questão específica" fornece direções em relação a algum aspecto da responsabilidade parental, por exemplo, que se providencie a vacinação da criança. Em Re A (Children) (Specific Issue Order: Parental Dispute),[171] a Corte de Apelações manteve a decisão de que a criança frequentasse uma escola francesa na Inglaterra, para possibilitar que ela pudesse se comunicar com os dois lados de sua família, já que a mãe era inglesa e o pai francês.

---

169 HERRING, Jonathan. *Family Law*, op. cit., p. 497.

170 "Children Act 1989, section 8: Residence, contact and other orders with respect to children.E+W
(1)In this Act
- "a contact order" means an order requiring the person with whom a child lives, or is to live, to allow the child to visit or stay with the person named in the order, or for that person and the child otherwise to have contact with each other;
- "a prohibited steps order" means an order that no step which could be taken by a parent in meeting his parental responsibility for a child, and which is of a kind specified in the order, shall be taken by any person without the consent of the court;
-"a residence order" means an order settling the arrangements to be made as to the person with whom a child is to live; and
- "a specific issue order" means an order giving directions for the purpose of determining a specific question which has arisen, or which may arise, in connection with any aspect of parental responsibility for a child".

171 2001] 1 FCR 210.

Há também a "ordem de proibição de determinado ato", que impede que se dê algum passo sem o consentimento da Corte, por exemplo, a remoção da criança do Reino Unido. Essas duas últimas ordens só podem ser feitas quando as determinações não são alcançadas pelas ordens de residência e contato.

Há dois diferentes grupos que podem aplicar para essas ordens contidas na seção 8 do "Children Act 1989": a) aqueles que tem o direito automático para pleiteá-las, como os pais, guardiões ou quem tenha ordem de residência; b) e aqueles que devem pedir autorização da Corte para requerê-las, como as próprias crianças ou terceiros que com ela tenham alguma conexão. Nesse caso, a Corte irá averiguar se o problema realmente demanda uma análise completa da questão. Trata-se de um ponto de equilíbrio entre proporcionar um acesso à Corte para aqueles que estão realmente preocupados com alguma questão da formação daquela criança e, por outro lado, respeitar a privacidade dos pais na criação dos filhos.

No ordenamento inglês, a criança pode fazer um pedido diretamente à Corte se tiver maturidade suficiente. Ademais, caso tenha 16 ou 17 anos, ordens judiciais não devem ser feitas (à exceção da ordem de residência), a menos que a circunstância do caso seja excepcional, pois se procura levar em conta o discernimento daquele jovem.[172]

Somado a isso, há o princípio da não intervenção, pela qual se entende ser mais benéfico não realizar qualquer determinação judicial sempre que possível, a não ser que essa ordem seja mais positiva do que a não intervenção.[173] Por isso, é preciso demonstrar o benefício que essa ordem judicial irá trazer para o menor, caso contrário, ela não será concedida, já que se presume que os pais saibam o que é melhor para seus filhos.

Se a Corte estabelece ordem de contato e verifica que houve impedimento proposital para que a ordem não fosse cumprida, pode ser determinada a "enforcement order", incluindo o cumprimento de trabalho social não remunerado e até mesmo prisão,[174] mas sempre levando em conta o interesse da criança.[175] Por outro lado, caso o pai não residente não queira manter contato com o filho, não há nenhuma sanção legal, embora nos dois casos a criança se veja privada do seu direito de contato com ambos os pais.[176]

---

172 "Children Act 1989, section 8".

173 "Children Act 1989, section 1(5): Where a court is considering whether or not to make one or more orders under this Act with respect to a child, it shall not make the order or any of the orders unless it considers that doing so would be better for the child than making no order at all".

174 Embora na prática isso não aconteça.

175 "Children Act 1989, section 11L".

176 HERRING, Jonathan. *Family Law*, op. cit., p. 568-569.

É possível também a determinação para pagamento de compensação em decorrência das perdas financeiras, pelo impedimento do contato, como nos casos de tíquetes ou viagens pagas pelo pai não residente.[177] No entanto, o contrário não se aplica. Assim, se o pai residente programou viagem no período em que estava determinado contato entre o filho e o outro genitor, mas ele fica impedido de ir, diante da ausência do genitor não residente, tecnicamente, não há quebra da ordem.

3.7.1 Mudança nas determinações de ordem de convívio, decorrente da "Children and Families Act 2014"

Como mencionado anteriormente, de acordo com a seção 8 do "Children Act 1989", na Inglaterra, havia quatro tipos de determinações judiciais: "residence order"; "contact order"; "prohibited steps order" e "specific issue order".

Conforme a análise do Comitê de Justiça da "House of Commons" sobre o escrutínio realizado,[178] o Projeto de Lei "Children and Families Bill", em seu item 12 (Child Arrangements Order) pretendia suprimir as ordens de contato e residência, para evitar a sensação de ganhador-perdedor na Corte, que, na visão do Governo, contribui para a natureza adversarial dos procedimentos judiciais.[179]

Assim, na seção 8(1) do "Children Act 1989" essas ordens seriam substituídas por "Child Arrangement Order", que significa uma ordem regulando arranjos sobre com quem e quando a criança irá morar, passar o tempo, ou manter contato.

O objetivo não é mudar a natureza da responsabilidade parental, mas sim deslocar o foco de "ganhador-perdedor", para as necessidades das crianças. A ordem judicial simplesmente iria determinar os arranjos. Apesar da boa intenção, essa modificação na cláusula foi bastante criticada, pois ela não é clara e traz desnecessária complexidade.

Diante dessa possível mudança, o Comitê de Justiça também se posicionou preocupado com a alteração, principalmente quando envolva disputa internacional, já que uma linguagem vaga como a utilizada – "child arrangement order" –, pode causar transtornos de interpretação, dificultando uma decisão adequada, conforme lembrado pelo "Family Bar Association".[180]

---

177 "Children Act 1989, section 110(2)".

178 INGLATERRA. Pre-legislative scrutiny of the Children and Families Bill, op. cit.

179 Essa denominação de ordem de contato e de residência se assemelha à guarda e direitos de "visitas" que existe no Brasil.

180 INGLATERRA. Pre-legislative scrutiny of the Children and Families Bill, op. cit., p. 47.

Para o referido Comitê, a lei precisa ser mais bem definida para ser capaz de ser entendida também fora dos Tribunais, por policiais, pelos pais e na jurisdição internacional. O Comitê de Justiça até concorda com a expressão "child arrangement order", embora ache que "shared residence order" seja uma expressão mais adequada. No entanto, deve-se deixar claro na ordem judicial qual genitor, ou se ambos, possui o direito de decidir a residência da criança, para ter efeito na Convenção de Haia nos casos internacionais.[181]

Não obstante a opinião acima de que a nomenclatura "shared residence order" seria a melhor opção, cabe aqui fazer uma crítica, pois nem sempre a residência será dividida. Pode ser que haja determinação de uma moradia fixa e um contato amplo da criança com o pai não residente. Estabelecer a expressão "shared residente order" só iria reforçar uma ideia equivocada que já existe na sociedade atualmente.[182]

Não se pode negar a boa intenção em se buscar alterar a nomenclatura de "residence and contact order" para "child arrangement order", pois, além de focar na criança e não nos pais, tira a perspectiva de uma disputa entre os genitores. O objetivo da nova definição é esclarecer que se trata somente de uma determinação sobre a rotina dos filhos, pois ambos os pais continuam mantendo sua responsabilidade parental. Nesse sentido, utiliza-se uma linguagem mais neutra, que enfatiza os aspectos práticos da rotina a ser estabelecida.

Diante de toda a discussão sobre a reforma no Direito de Família na Inglaterra, que incluía a substituição dos termos de ordem de residência e contato, houve a aprovação da "Children and Families Act 2014". Assim, após muitos debates, a partir de 22 de abril de 2014 entrou em vigor a maioria de suas determinações.

Ocorre que, esse ponto especificamente, relativo à mudança de nomenclatura, irá afetar diversos estatutos relacionados que ainda mencionam "residence and contact order". Em razão disso, ainda não está vigorando essa alteração, pois envolve até mesmo determinações relacionadas à Convenção de Haia sobre Sequestro Internacional de Crianças.

É preciso haver uma adaptação, não só no âmbito interno, mas também no internacional, para que as decisões judiciais sejam cumpridas corretamente, seja no Reino Unido, seja nas demais localidades. Isso é particularmente importante nos países da Europa, nos quais o trânsito de pessoas é

---

181 INGLATERRA. Pre-legislative scrutiny of the Children and Families Bill, op. cit., p. 49.

182 Vide discussão a respeito da presunção do envolvimento de ambos os pais na vida dos filhos, no item 3.6.2.

bastante corriqueiro entre os países e há diversas línguas envolvidas. Uma má interpretação da decisão pode causar o não cumprimento da medida judicial, prejudicando, sobremaneira, os menores.

De toda forma, será apenas uma questão de tempo essa mudança, de modo que as questões relativas a: a) com quem e quando o filho irá morar e b) com quem e quando ele vai conviver,[183] serão agora abordados pela "Child Arrengement Order" e não mais pela nomenclatura "residence and contact order".

Aqui, cabe fazer um paralelo com o Brasil. Conforme mencionado na Introdução, a genitora Fabiana Farias divulgou em seu blog "Depois que eu descobri" que havia cedido a guarda de seu filho para seu ex-marido.[184] Embora ela continuasse se envolvendo ativamente na vida da criança, convivendo nos finais de semana, participando da vida médica e escolar; por desconhecimento, pensou que a guarda única era do genitor. Na realidade, isso se configura guarda compartilhada com definição de residência fixa.

No entanto, ter utilizado a nomenclatura guarda única em favor do pai bastou para que ela fosse julgada e severamente criticada por ter "abandonado" seu filho. Citam-se alguns trechos dessas opiniões:

> Acho engraçado você se chamar de mãe. Você não é. Asquerosa essa sua atitude de abrir mão de criar seu filho pra ir para a academia ou ir beber com os amigos. Um dia seu filho irá ti cobra (sic) e voce (sic) vai se arrepender amargamente.
>
> Eu gostaria de saber se o seu filho foi consultado sobre o que ele queria, pq uma criança de 4 anos já tem vontade própria, a escolha dele foi respeitada? Para mim madrasta vai ser sempre madrasta por melhor que ela seja, ela tem um jeito de pensar de criar que pode não ser o mesmo que o seu, *vc vai perder a sua autoridade de mãe, e se o seu filho se sentir abandonado*? (sic) Vc lembra quando vc era criança que vc ficava doente quem vc queria do seu lado? A sua madrasta? *Vc está abrindo mão do seu filho, a felicidade dele é estar ao lado da mãe, que ama, cuida e protege, será mesmo que vc está pensando nele ao tomar esta decisão ou querendo reconstruir a sua vida* e não há espaço para seu filho? Não adianta falar que mãe e pai é a mesma coisa eles não são, mãe é mãe, o filho é carregado pela mãe, é dela que o bebê ouve o coração, é da mãe o

---

183 "a) with whom and when a child is to live with a person (old residence orders); b) with whom and when a child is to spend with or otherwise have contact with a person (old contact orders)".

184 Programa "Encontro com Fatima Bernardes, em 20.08.2014. Rede globo, Disponível em: <http://gshow.globo.com/programas/encontro-com-fatima-bernardes/O-Programa/noticia/2014/08/apos-ceder-a-guarda-do-filho-ao-pai-mae-justifica-decisao-ele-e-feliz-la.html>. Acesso em: 20 ago. 2014.

verdadeiro amor, pai ama mas nunca é igual. Será que a felicidade dele vai ser em ter um irmão, cachorro e um quintal? Estou admirada pelas pessoas estarem te apoiando é tudo hipocrisia pq (sic) duvido que elas fariam a mesma coisa.[185]

Há, no Brasil, um entendimento distorcido sobre a guarda dos filhos. É como se, cedendo a guarda para o pai, a criança perdesse a mãe, o que demonstra que, na concepção social, quem não tem a guarda, perde o vínculo com o filho, deixa de ter convivência e poder de decisão. No geral, a sociedade não leva em conta o poder familiar:

> [...] Um filho não precisa de um vídeo game, de cachorros e um quarto lindo todo decorado, *um filho precisa de uma mãe e um pai, mas na minha concepção acima de tudo de uma mãe.*[186]
>
> [...] a ex-esposa do meu amigo está brigando pela guarda dos filhos e acho que é isso que 99,9% das mães fariam. *Não entendo sua atitude.* Por pior que fosse minha situação financeira ou por mais cansativa que fosse minha rotina, *tenho certeza que não teria ninguém no mundo que pudesse cuidar melhor dos meus filhos que eu*! Me colocando no lugar do João, acho que ele não terá como fugir do pensamento, no futuro, que *"minha mãe não fez questão de ficar comigo"*... Enfim, te admiro pela coragem de expôr essa atitude tão incomum. Não faria o que você fez, mas *penso que se você abriu mão de conviver e cuidar diariamente do seu filho, isso já é um motivo suficiente para todos entendermos que o melhor para o João não é mesmo ficar com a mãe. Que bom que ele tem um pai amoroso para acolhê-lo* (sic) (grifos nossos).[187]

Diante dessa conjuntura, nota-se que o Brasil ainda precisa avançar no sentido da igualdade de direitos entre homens e mulheres. Há ainda a noção de que a mulher, embora tenha ganhado seu espaço no mercado de trabalho, deve cumprir a dupla jornada, pois é dela a função de criar os filhos, já que o pai não teria a mesma capacidade.

Essas opiniões demonstram como o vocábulo empregado pode acirrar ou minimizar paradigmas ultrapassados, além de fomentar a disputa judicial, pois com a sentença, haverá um carimbo de aprovação sobre determinado genitor. No caso citado, o fato da "guarda única" ter sido entregue ao

---

[185] Comentários, respectivamente, de Jessica e de Amanda no blog "Depois que eu descobri", em 20.05.2014. Disponível em: <http://depoisqueeudescobri.com.br/coisas-da-fabi/sim-joao-vai-morar-com-o-papai/>. Acesso em: 20 ago. 2014.

[186] Comentário de Ágata no blog "Depois que eu descobri", em 13/8/2014. Disponível em: <http://depoisqueeudescobri.com.br/coisas-da-fabi/sim-joao-vai-morar-com-o-papai/>. Acesso em: 20 ago. 2014.

[187] Comentário de Aline. Ibidem.

pai, mesmo que de forma consensual, afetou, sobremaneira, o modo como a sociedade vê aquela genitora. É como se ela tivesse desistido do filho, embora sua intenção tenha sido totalmente oposta, pois ela estava visando seu bem-estar.

O interessante é que a sociedade não julga da mesma maneira o ex-casal que está em escalada de conflito, disputando bens materiais e a guarda dos menores, deixando os interesses da criança em segundo plano. É como se brigar pela guarda demonstrasse o amor pelo filho, mesmo que isso implicasse alienação parental. Por outro lado, uma decisão conversada e ponderada entre os pais, como no caso citado, que transferisse a guarda a um deles, representaria falta de amor. Ora, mas em qual das situações a criança poderá sofrer mais?

Na verdade, se a guarda dos filhos não tivesse o peso social e jurídico que ganhou nos últimos tempos, talvez a simples fixação da residência da criança não ocasionasse todo esse debate. Mesmo porque os pais mantêm a autoridade parental e dividem as decisões importantes da vida dos filhos.

Nesse sentido, é bastante relevante o debate ocorrido na Inglaterra sobre a mudança de nomenclatura dessas ordens judiciais de residência e contato. Uma mudança que deveria ser absorvida pelo Brasil.

Na Inglaterra não há a figura jurídica de guarda dos filhos, apenas a da responsabilidade parental. Ademais, optou-se por substituir as ordens de residência e de contato pela expressão "child arrangement order", justamente para evitar a impressão de que há uma figura prevalecente na criação do filho. Assim, ambos podem ter responsabilidade parental e a fixação da residência é somente um aspecto, se comparado com o dever de criação dos filhos.

3.8 PRAZO PARA SENTENÇA JUDICIAL NAS QUESTÕES DO DIREITO DE FAMÍLIA

A média de duração dos processos judiciais no Direito de Família nos últimos anos é de 60 semanas[188] na Inglaterra, principalmente nos casos que envolvam Direito Público, como crianças sob o cuidado estatal; hipóteses de adoção etc. Por isso, outro ponto da ampla reforma no Judiciário proposta pelo Governo no Projeto de Lei "Children and Families Bill" é a busca de redução dos prazos dos processos judiciais, principalmente quando envolve menores de idade.

---

188 60 semanas equivale a aproximadamente 14 meses.

Nesse sentido, a seção 32 (1)(a) da "Children Act 1989" seria alterada para constar um prazo de 26 semanas,[189] podendo esse período ser estendido somente em caso de necessidade, após pedido de prorrogação devidamente justificado. Cada extensão de tempo não poderá ultrapassar 8 semanas.[190] De acordo com o Projeto de Lei "Children and Families Bill 2014", os prazos devem sempre levar em consideração o impacto da demora no bem-estar da criança.

Lord Justice McFarlane, da "Hight Court of Justice" afirma que atualmente há uma crise no Judiciário do Direito de Família e que mudanças são necessárias, não somente para tornar o processo mais barato e rápido, mas também para proporcionar um resultado mais positivo. No entanto, essa imposição temporal, se feita de forma isolada, não irá atingir o objetivo. O magistrado afirma que, na realidade, não há um "sistema" de Direito de Família, pois as diversas agências envolvidas no procedimento judicial, CAFCASS,[191] autoridades do financiamento público, juízes, advogados, assistentes sociais não trabalham em conjunto.[192]

McFarlane ressalta que é preciso que haja um trabalho por autoridades locais, antes de se ingressar na Corte, para que não negligenciem os casos e que se crie uma conexão maior entre as autoridades envolvidas. Do mesmo modo, são necessárias mudanças estruturais como a unificação da Corte de Família; concentração das audiências de instrução; uma significante redução no uso de "experts" evitando protelação desnecessária. Portanto, para que se consiga atingir o prazo de 26 semanas, se as leis não se alterarem, se a estrutura não mudar, não será possível atingir essa meta. Nos últimos anos os juízes estão lutando para reduzir os prazos que, atualmente, giram em torno de 46[193] semanas.[194]

Há ainda um projeto piloto com recomendações práticas, cujo objetivo é dar mais celeridade ao processo judicial. Nesse sentido, a meta é que a audiência ocorra após 12 dias do ingresso no Judiciário e só excepcionalmente haja uma segunda audiência.[195]

---

189 26 semanas equivale a aproximadamente 06 meses.

190 8 semanas equivale a aproximadamente 02 meses.

191 Sobre o "CAFCASS" vide item 3.10

192 Lord Justice McFarlane. Family Justice. The need to change and the change that is needed. Palestra proferida na Conferência "Children Law and Practice", em 21.06.2013, London, UK.

193 46 semanas equivale a aproximadamente 10 meses e meio.

194 Lord Justice McFarlane. Family Justice. The need to change and the change that is needed, op. cit.

195 Practice Direction 36C - Pilot scheme: Care and Supervision proceedings and other proceedings under part 4 of the Children Act 1989. Disponível em: <http://www.justice.gov.uk/courts/procedure-rules/family/practice_directions/practice-direction-36c-pilot-scheme-care-and-supervision-proceedengs-and-other-proceedings-under-part-4-of-the-children-act-1989>. Acesso em: 31 mar. 2014.

Atualmente, com a aprovação da "Children and Families Act 2014", foi estabelecido, inicialmente, o limite de 26 semanas[196] para a conclusão dos procedimentos relativos à "care and supervision orders", ou seja, quando o menor está em situação de risco, tendo que ser supervisionado ou cuidado pela autoridade local. Esse limite pode ser estendido, mas a Corte precisa estar convencida de que essa dilação é necessária, de modo que essa extensão não se torne corriqueira.[197]

3.9 ALTERAÇÃO NO "LEGAL AID" PARA INGRESSO NO JUDICIÁRIO REFERENTE ÀS QUESTÕES FAMILIARES

Uma das principais mudanças propostas pelo Governo é na questão da "Legal Aid" ou assistência jurídica. A Legal Aid fornece apoio financeiro para pagamento de aconselhamento jurídico, mediação ou representação nos Tribunais, caso o indivíduo não possa pagar os custos envolvidos. Ela é bastante utilizada nos procedimentos de Família no Judiciário, como na fixação das ordens de residência e contato para estabelecimento da rotina dos filhos após o divórcio.

Conforme esclarece Jo Miles, o sistema de apoio jurídico foi criado em 1949, como parte do desenvolvimento do "Welfare State" do pós-guerra, ao lado do Sistema Nacional de Saúde. Esse sistema fornece financiamento para aconselhamento jurídico tanto no Tribunal, como fora dele, no caso, por exemplo, de negociações extrajurídicas. Inicialmente 80% da população se encaixava nos padrões, que foram se modificando ao longo do tempo, passando para somente 30% dos cidadãos em 2012. No entanto, a partir de abril de 2013 houve uma profunda mudança, em decorrência da entrada em vigor do "Legal Aid, Sentencing and Punishment of Offenders Act 2012".[198]

Diante desse cenário de austeridade e dando início às reformas no instituto, no início de 2013 houve a substituição do "Legal Service Comission" por uma agência chamada "Legal Aid Agency", que será responsável pela administração da assistência jurídica da Inglaterra e País de Gales. Como dito no próprio site oficial do Governo, o sistema de assistência jurídica da

---

196 Children and Families Act 2014, section 14, que altera s 32(1)(a) da Children Act 1989.

197 ROYCE-GREENSILL, Amy. The Children and Families Act 2014 – essential update. Data: 16 de abril de 2014. Disponível em: < http://www.familylaw.co.uk/news_and_comment/the-children-and-families-act-2014-essential-update?#.U-JMeixASM8>. Acesso em: 5/8/2014.

198 The Effect of the Legal Aid, Sentencing and Punishment of Offenders Act 2012 on Legal Aid for Family Cases. University of Cambridge. Data: 18.06.2012. Disponível em: <http://www.cam.ac.uk/research/discussion/the-effect-of-the-legal-aid-sentencing-and-punishment-of-offenders-act-2012-on-legal-aid-for-family-cases/>. Acesso em: 19 jan. 2013.

Inglaterra é um dos mais caros do mundo, necessitando de uma reformulação. Isso porque os recursos são limitados e por isso, faz-se necessário reduzir custos de assistência jurídica para possibilitar um sistema que forneça um custo-benefício justo e credibilidade para a sociedade que o financia por meio de impostos.[199]

Assim, a partir de abril de 2013, a ajuda financeira para ingresso no Judiciário passou a se dar somente em casos de abusos domésticos ou financiamento excepcional,[200] o que gera uma grande mudança no sistema, pois, até então, 30% da população estava apta a receber esse apoio financeiro. "Lord Chancellor and Secretary of State for Justice" afirma que atualmente somente casos extremamente necessários receberão auxílio financeiro. Nesse sentido, a assistência jurídica não estará mais disponível nas hipóteses em que o suporte jurídico não seja absolutamente indispensável.

O objetivo é encorajar as pessoas a tomar maiores responsabilidades de explorar outras possibilidades para lidar com os problemas, como, por exemplo, por meio da mediação, em vez de ir diretamente ao Judiciário, que deve ser usado como último recurso. Essas mudanças de critério para recebimento de assistência jurídica serão responsáveis pela redução de custo de dois bilhões de libras para 1.8 bilhões em 2013/2014, uma redução de 7,7%.[201]

Não havendo assistência jurídica, caberá à parte buscar meios não judiciais de resolução de conflitos ou se autorrepresentar no Judiciário. Diferentemente do Brasil, na Inglaterra é possível essa autorrepresentação. Ademais, há a possibilidade de receber ajuda informal, com os conhecidos "McKenzie Friends".[202]

Para Lisa Parkinson o fim da ajuda financeira para representação no Judiciário pode acarretar graves desequilíbrios de poder em favor da parte

---

199 Legal Aid Agency. Business plan 2013/2014, p. 5. Disponível em: <http://www.justice.gov.uk/downloads/publications/corporate-reports/legal-aid-agency/laa-business-plan-2013-14.pdf>. Acesso em: 19 abr. 2013.

200 Essa exceção chamada "exceptional funding" é fornecida para evitar violações ou risco de violações do artigo 6 da Convenção Europeia de Direitos Humanos, que implicitamente protege o direito ao acesso à assistência jurídica para garantir uma representação adequada e satisfatória no Tribunal. Um exemplo é para o caso da parte ter problemas mentais ou quando o caso envolve complexidade técnicas que o impossibilitem de se autorrepresentar de maneira satisfatória. MILES, Jo. *Family proceedings without legail aid in England and Wales*. Palestra proferida no workshop "Voices Heard and unheard", em 7 de setembro de 2012, University of Exeter, Inglaterra.

201 Legal Aid Agency. Business plan 2013/2014. p. 6. Disponível em: <http://www.justice.gov.uk/downloads/publications/corporate-reports/legal-aid-agency/laa-business-plan-2013-14.pdf>. Acesso em: 19 abr. 2013.

202 Os "Mckenzie friends" não têm o mesmo nível de capacitação que os advogados, sendo uma espécie de bacharéis em Direito.

que possui condições de pagar por um advogado para representá-lo no Judiciário. Isso porque aquele que recebe baixos rendimentos ou benefícios do Governo não terá como arcar os custos de uma representação legal e terá que se autorrepresentar na Corte. Ademais, haverá uma pressão maior para que a parte mais vulnerável aceite um acordo na mediação, já que não teria condições de contratar um advogado para defendê-la durante o processo judicial.[203]

Para Miles, a lei levanta profundas preocupações ao acesso à Justiça, diante da remoção de assistência jurídica de muitas áreas do Direito em que estava disponível anteriormente.

No que diz respeito ao Direito de Família o Governo alega que essa ajuda não necessariamente precisa ser dada pela via do litígio, mas sim pela mediação, por exemplo, na qual os resultados seriam mais rápidos, baratos e duráveis.[204] Somente uma pequena quantia será destinada à assistência judicial.

No entanto, para Jo Miles há ainda poucas e insuficientes pesquisas sobre mediação para dar suporte a esse argumento. Miles sustenta que a premissa de que o envolvimento de advogados significa litígio adversarial é falsa, pois, de acordo com estudos, muitos, senão a maioria das ações consensuais, envolvem advogados, que, de maneira cuidadosa, lidam com as expectativas dos clientes. Ademais, a retirada de assistência jurídica para advogados elevará o número de partes que se autorrepresentam.[205]

As características usuais daqueles que se autorrepresentam são: jovens, baixos salários, menor nível educacional, o que os torna mais vulneráveis e com mais dificuldade de ter acesso a conselhos jurídicos de advogados. Em razão disso, eles podem enfrentar problemas nos Tribunais ao lidarem com os procedimentos judiciais, identificarem evidências legais e se posicionarem. Ao mesmo tempo, os juízes têm de lidar com possíveis entendimentos equivocados, respostas emocionais, e não racionais, o que acaba prolongando ainda mais o processo, além de poder ocasionar sentenças que não satisfaçam as partes.[206]

A assistência jurídica estará disponível para casos de violência doméstica, mas, para isso, as vítimas terão de demonstrar esses abusos, sejam eles emocionais ou físicos. Apesar de haver uma lista exemplificativa, ainda não se sabe qual é o nível de evidência da prova que será aceita.

---

203 PARKINSON, Lisa. *Family Mediation*. op. cit., p. 72.

204 The Effect of the Legal Aid, Sentencing and Punishment of Offenders Act 2012 on Legal Aid for Family Cases. University of Cambridge. Data: 18.6.2012. Disponível em: <http://www.cam.ac.uk/research/discussion/the-effect-of-the-legal-aid-sentencing-and-punishment-of-offenders-act-2012-on-legal-aid-for-family-cases/>. Acesso em: 19 jan.2013.

205 MILES, Jo. Family proceedings without legal aid in England and Wales, op. cit.

206 Ibidem.

Além disso, há uma dificuldade de se captar provas, pois em geral essa violência ocorre dentro de casa, sem que haja testemunhas. Questiona-se se isso não impediria as vítimas de buscarem seus direitos.

Por outro lado, tendo em vista que a assistência jurídica na área de família só será possível em casos de abusos domésticos, pergunta-se se não haverá um aumento nos casos de alegação de violência, com a intenção de conseguir apoio financeiro para custear a assistência de um advogado. Percebe-se, portanto, que o quadro ainda é incerto e que somente no decorrer dos anos se verificará as consequências desse corte na ajuda financeira para defesa judicial nos processos de Família.

De todo modo, o que se notou com essa medida de austeridade é que, além da redução dos gastos, a intenção do Governo é fortalecer os meios não judiciais de solução de conflito, como, por exemplo, a mediação.

Certo é que deve haver um incentivo para a utilização de ferramentas não litigiosas de solução e transformação de conflito. No entanto, elas não podem ser a única saída viável para a classe menos favorecida. Todos os cidadãos devem ter acesso também ao Judiciário. Ademais, a mediação, por exemplo, é um método positivo quando as partes estão realmente determinadas a resolver a questão por meio do diálogo. Dessa forma, ela não trará benefícios se for realizada de maneira impositiva ou em decorrência de impedimentos financeiros de acesso ao Judiciário. A mediação deve ocorrer em razão de uma escolha livre, consciente e informada.

Nesse ponto, o Judiciário brasileiro merece destaque, pois, embora ainda haja um déficit considerável em algumas partes do país, é assegurado ao cidadão o acesso ao Judiciário por meio dos defensores públicos. Na Inglaterra não há essa figura, de modo que são os advogados privados que, quando autorizados, devem atender as partes, para, posteriormente, serem ressarcidos pelo Estado. Esse procedimento encarece muito o orçamento do Governo. Uma sugestão para se respeitar tais medidas de austeridade e ao mesmo tempo manter o acesso ao Judiciário, seria a criação da figura do defensor público, com remuneração fixa. E, paralelamente, continuar incentivando e informando cada vez mais a população sobre os benefícios da mediação.

3.10 "CAFCASS - CHILDREN AND FAMILY COURT ADVISORY AND SUPPORT SERVICE"

CAFCASS é um órgão público do Executivo, ligado ao Departamento de Educação, que visa à proteção das crianças. Ele surgiu em 2001 e seu papel é salvaguardar e promover o bem-estar dos menores; possibilitar sua representação; dar aconselhamento às Cortes de Família; fornecer informações, conselhos e apoio às crianças e suas famílias. O CAFCASS é um órgão independente dos Tribunais, serviços sociais, autoridades de educação e saúde e outras agências similares. Esse instituto opera de acordo com as regras e direções das Cortes de Família.[207]

O CAFCASS defende os interesses das crianças envolvidas em procedimentos judiciais no Direito de Família, orientando os Tribunais de Família na Inglaterra sobre o que considera serem os melhores interesses individuais das crianças.[208] O órgão é o maior empregador de assistentes sociais com um nível bastante qualificado e com experiência na área. Entre 2011 e 2012 trabalhou com 80.270 crianças e jovens na Inglaterra, em geral, no que se refere ao estabelecimento dos arranjos de convivência no momento do divórcio dos pais.

No entanto, apesar dos esforços, nota-se que a quantidade de trabalho exigido acaba diminuindo a qualidade do serviço. Na prática, por vezes as crianças são ouvidas em um único e rápido encontro, o que não é suficiente para entender suas reais necessidades.

No geral, as crianças menores são mais satisfeitas com o CAFCASS do que as mais velhas, pois essas gostariam de ter recebido mais informações e mais atitudes proativas para ajudá-las a vivenciar um acordo de guarda mais perto de suas necessidades.

Ademais, alguns menores demonstraram decepção, pois informações que consideravam confidenciais foram repassadas aos pais por um membro do CAFCASS sem a sua permissão, havendo quebra de confiança: "Eles disseram que não iriam contar ao meu pai algumas coisas. Aí, dois dias depois meu pai começou a perguntar por que eu tinha dito essas coisas que eu não queria que ele ouvisse".[209]

Portanto, percebe-se que é preciso, assim como no Brasil, aperfeiçoar a maneira como se dá essa escuta pelo profissional e a forma como se passa a informação, de modo que não haja quebra de confiança em relação às garantias e ressalvas dadas às crianças.

---

207 "CAFCASS". Disponível em: <http://www.cafcass.gov.uk/about_cafcass.aspx>. Acesso em: 18 abr. 2013.

208 Não obstante as diferenças substanciais de origem, esse órgão se aproxima à assistência social do Judiciário brasileiro, no que tange ao objetivo de elaboração de parecer técnico para embasar as decisões judiciais e assegurar o melhor interesse da criança.

209 TIMMS, Judith; BAILEY, Sue; THOBURN, June. Your shout too! A survey of the views of children and young people involved in court proceedings when their parents divorce or separate. London: NSPCC Publications, 2007, Summary, p. 12.

CAPÍTULO IV
IMPLEMENTAÇÃO E SOLIDIFICAÇÃO DE INSTRUMENTOS FACILITADORES DA GUARDA DOS FILHOS

4.1 MÉTODOS APROPRIADOS DE RESOLUÇÃO DE CONFLITO

Embora o direito ao acesso à Justiça seja um direito fundamental brasileiro, assegurado pelo artigo 5º, XXXV da Constituição Federal de 1988, a realidade é muito distinta. O Sistema Judiciário brasileiro não funciona de maneira satisfatória, a exemplo da demora na análise do processo judicial, diante da sobrecarga de trabalho dos juízes e servidores públicos. Ademais, os múltiplos recursos e incidentes processuais, alguns meramente protelatórios, acabam contribuindo, sobremaneira, para a morosidade da prestação jurisdicional.

Outro fator relevante sobre o tema é que, para aqueles que não se encaixam no perfil da assistência gratuita, o dispêndio para pagamento das custas processuais e para a contratação de advogados dificulta ainda mais o efetivo acesso dos menos favorecidos economicamente à Justiça.

Além desse contexto, a sociedade brasileira ainda possui uma mentalidade voltada para o litígio e para a disputa judicial, até mesmo por falta de informação sobre outros meios adequados de transformação do conflito.

O relatório "Justiça em números 2013" do Conselho Nacional de Justiça (CNJ) revela um aumento de 10,6% de processos em trâmite no Judiciário brasileiro, nos últimos quatro anos, chegando à marca de 92,2 milhões de ações, em 2012. Apesar da produtividade dos magistrados e servidores ter melhorado e o número de processos solucionados ter crescido 7,5%, o estoque de casos pendentes de julgamento vem crescendo ano a ano. A taxa de congestionamento, ou seja, a taxa que mede o percentual de processos que não foram baixados durante um ano foi de 69,9%.[1]

---

[1] Disponível em: <http://www.cnj.jus.br/noticias/cnj/26625-numero-de-processos-em-tramite-no-judiciario-cresce-10-em-quatro-anos>. Acesso em: 12 mai. 2014.

Desse modo, nota-se que a estrutura do Poder Judiciário brasileiro não consegue atender a contento as demandas sociais, acarretando morosidade da prestação jurisdicional, insatisfação dos envolvidos e descrença no Sistema.

No âmbito do Direito de Família, essa conjuntura é ainda mais complexa, pois a lide envolve pessoas de uma mesma família e, em geral, lida com relacionamentos desfeitos. A falta de estrutura do Judiciário, diante da crescente demanda, desfavorece uma análise mais aprofundada e cuidadosa do profissional na apreciação do caso concreto. Ademais, não há espaço para questões afetivas serem trabalhadas e, por consequência, muitas vezes a decisão judicial não satisfaz qualquer das partes, retornando, posteriormente, ao Judiciário.

Diante desse cenário, verifica-se a necessidade de esclarecer à população que o acesso à Justiça não necessariamente precisa ocorrer pela via judicial. Apesar de alguns esforços no sentido de mudança de paradigmas, boa parte da sociedade brasileira ainda desconhece outros meios, que não o jurídico, para a resolução de conflitos. Não se pode esquecer que a Constituição Federal em seu preâmbulo cita a importância da solução pacífica de controvérsias.[2]

Antes de adentrarmos especificamente na mediação, cabe fazer uma introdução sobre os meios adequados de resolução de litígios. Francisco José Cahali explica que existem os meios heterocompositivos de solução de conflitos, cuja decisão é imposta por um terceiro, e os autocompositivos, em que o resultado final depende somente da vontade das partes, podendo haver ou não um terceiro facilitador. Os métodos heterocompositivos mais comuns são o processo judicial e a arbitragem. Já entre as formas autocompositivas, cita-se a negociação, a conciliação e a mediação.[3]

Os métodos "alternativos"[4] integram a denominada terceira onda renovatória do direito processual civil, que se caracteriza por uma reforma dos procedimentos judiciais, criação de procedimentos especiais, mudança de métodos para a prestação de serviços judiciais e a simplificação do direito, além da utilização de mecanismos privados ou informais de solução

---

2 "Nós, representantes do povo brasileiro, reunidos em Assembléia Nacional Constituinte para instituir um Estado Democrático, destinado a assegurar o exercício dos direitos sociais e individuais, a liberdade, a segurança, o bem-estar, o desenvolvimento, a igualdade e a justiça como valores supremos de uma sociedade fraterna, pluralista e sem preconceitos, fundada na harmonia social e comprometida, na ordem interna e internacional, *com a solução pacífica das controvérsias*, promulgamos, sob a proteção de Deus, a seguinte Constituição da República Federativa do Brasil". (grifo nosso)

3 CAHALI, Francisco José. *Curso de Arbitragem*. Mediação, conciliação, resolução CNJ 125/2010. 5 ed. rev. atual. São Paulo: Editora Revista dos Tribunais, 2015, p. 43.

4 Alguns autores criticam a expressão "alternativos", pois daria um condão de que esses meios são considerados secundários ao processo judicial. Atualmente a expressão mais utilizada é "meios adequados de solução de conflitos".

de litígios. O objetivo é garantir efetivamente o acesso à justiça, que não é exclusividade do Poder Judiciário, mas sim finalidade do Estado.[5]

Nesse sentido, entre as formas de acesso à justiça, Águida Arruda Barbosa os divide em dois pilares: a) a jurisdição estatal de aplicação do Direito; b) os chamados equivalentes jurisdicionais, consistentes em três principais institutos: mediação, conciliação e arbitragem.[6]

A Ministra Fátima Nancy Andrighi ressalta a importância de se construir novas formas para solucionar litígios, já que subsiste uma demanda reprimida daqueles que sequer conseguem deduzir seu pedido perante o Judiciário. Isso ocorre ante a insuficiência e precariedade de acesso às diversas formas de assistência judiciária gratuita, tornando parte da população vulnerável e desassistida. Além disso, há aqueles que, embora tenham acesso ao Judiciário, enfrentam lentidão, excesso de burocracia e, muitas vezes, não alcançam o resultado pretendido, o que enfraquece o senso de Justiça.[7]

Os meios adequados de solução de litígio não são somente uma "alternativa" para os que não têm acesso à Justiça ou uma saída para desafogar o Judiciário. Na verdade, são ferramentas positivas e eficazes disponíveis para a sociedade, além do procedimento judicial. Entre os meios extrajudiciais de solução de contendas, os mais conhecidos são a negociação, conciliação, a mediação e a arbitragem, conforme explica Francisco José Cahali:[8]

Na negociação, os envolvidos buscam resolver a divergência diretamente, ou por meio de representantes, mas em nome de seus interesses. Eles negociam resultados que propiciem ganhos recíprocos e condições mutuamente aceitáveis e equitativas, para que haja um acordo.

Já na arbitragem, diante de um litígio, ou por meio de uma cláusula contratual, as partes, de comum acordo, estabelecem que um terceiro, ou colegiado, terá poderes para solucionar a controvérsia, sem a intervenção estatal, sendo que a decisão terá a mesma eficácia que uma sentença judicial. A arbitragem é considerada um método adversarial.

---

5 CAHALI, Francisco José. *Curso de Arbitragem*. Mediação, conciliação, resolução CNJ 125/2010. 5 ed. rev. atual. São Paulo: Editora Revista dos Tribunais, 2015, p. 43-44.

6 BARBOSA, Águida Arruda. *Mediação familiar*: instrumento transdiciplinar em prol da transformação dos conflitos decorrentes das relações jurídicas controversas. 2003. Dissertação de mestrado em Direito Civil. Faculdade de Direito da Universidade de São Paulo, São Paulo, p. 53.

7 ANDRIGHI, Fátima Nancy. Apresentação do *livro Mediação no Judiciário*. Teoria na prática e prática na teoria. GROSMAN, Claudia Frankel; MANDELBAUM, Helena Gurfinkel (Orgs.). São Paulo: Primavera editorial, 2011, p. 13-15.

8 CAHALI, Francisco José. *Curso de Arbitragem*. Mediação, conciliação, resolução CNJ 125/2010, op. cit., p. 45, 115, 46.

Na conciliação, há a intervenção de um terceiro imparcial que facilita a composição das partes, podendo fazer interferências e sugestões com o objetivo de demonstrar as vantagens de uma composição. Duas características fundamentais da conciliação são a apresentação de propostas e a finalidade de se obter o acordo. Ela pode ser extrajudicial ou judicial, havendo previsão de audiência para essa finalidade no Código de Processo Civil.

Por fim, cita-se a mediação, método autocompositivo, cujo objetivo primeiro é a transformação de conflito. Por esse método, um terceiro imparcial, figura como facilitador do diálogo, promovendo uma comunicação adequada entre os mediandos, que serão responsáveis pela tomada de decisões. Essa ferramenta é extremamente útil e benéfica para os conflitos familiares, em especial aqueles que envolvem a guarda dos filhos. Por isso, a mediação será abordada separadamente.

De acordo com a definição da Lei nº 13.140/15, "considera-se mediação a atividade técnica exercida por terceiro imparcial sem poder decisório, que, escolhido ou aceito pelas partes, as auxilia e estimula a identificar ou desenvolver soluções consensuais para a controvérsia".

A diferença entre conciliação e mediação é que esta atua no "nascedouro do conflito, portanto, não visa ao acordo, mas, sim, à compreensão da forma de comunicação reinante entre os conflitantes".[9]

Fernanda Tartuce lembra que a mediação não é um substitutivo da via judicial, mas sim um instrumento complementar que opera para qualificar as decisões jurisdicionais e torná-las verdadeiramente eficazes. O objetivo é a coexistência de todos os métodos acessíveis que se complementam.[10]

4.1.1 Mediação de conflitos familiares

Atualmente, não é mais possível analisar o Direito de Família de forma isolada pois se trata de um segmento que está intimamente ligado aos sentimentos, emoções e envolvimento afetivo. Em geral, no âmbito familiar, o Direito é chamado a se manifestar numa situação de conflito e de ruptura das relações conjugais, em que os envolvidos enfrentam o stress da transformação da família.

Por isso, outras especialidades, tais como a psicanálise, a assistência social e até mesmo uma abordagem positiva dos advogados, podem trazer

---

[9] BARBOSA, Águida Arruda. Guarda compartilhada e mediação familiar, op. cit., p. 29.

[10] TARTUCE, Fernanda. *Mediação nos conflitos civis*. Rio de Janeiro: Forense. São Paulo: Método, 2008, p. 197, 285.

significativa diferença na vida dessas pessoas. Não há como negar que a subjetividade é intrínseca ao Direito de Família.

Lenita Duarte, psicanalista especializada em famílias, realizou uma pesquisa, fruto de seu mestrado, sobre a relação que existe entre o exercício da parentalidade durante os processos de litígio familiar e os sintomas apresentados pelas crianças, ou seja, como essas disputas judiciais dos pais e familiares repercutem em suas subjetividades. Nesse sentido, observa que o Direito e a Psicanálise vêm enfrentando desafios comuns no que se refere a determinadas questões da família na contemporaneidade.

A psicóloga afirma que não é raro em seu consultório se deparar com situações de litígio que prejudicam o contato do filho com o (a) genitor (a) não guardião, a partir de atitudes e decisões vindas, tanto por parte do responsável pela guarda como pelo não guardião. Por parte do guardião, esse impedimento pode ocorrer porque ele:

> se sente apoiado em sentenças judiciais para fazer valer seus caprichos e desejos, desconsiderando, muitas vezes, a subjetividade dos filhos e a dos não guardiões. Também procuro observar situações em que o genitor não guardião se afasta dos filhos por razões diversas, de ordem particular, como represália ao ex-cônjuge, desinteresse, sobrecarga de trabalho, viagens e constituição de uma nova família, nos casos em que o (a) novo (a) parceiro (a), pode rejeitar ou até mesmo impedir a vista/convivência entre o não guardião e seus filhos.[11]

A autora conclui que, nos litígios de família, os filhos vivenciam os conflitos familiares, muitas vezes, como espectadores, protagonistas e vítimas de diversas situações,

> e acabam se transformando em mais um "bem" – aqui entendido como "objeto" – dentre os bens pelos quais se briga e pelos quais se compete e se goza para se conseguir a sua posse, a sua "guarda", não importando as consequências para eles nem os meios usados para alcançar tais objetivos.[12]

A mediação *é uma forma não judicial de transformação de conflitos, utilizada há muitos anos em diversos países do mundo. Essa prática é exercida por uma terceira pessoa imparcial, que auxilia as partes a criarem uma comunicação adequada, por meio da escuta ativa,* possibilitando a direta responsabilização dos envolvidos pelas decisões.

---

[11] DUARTE, Lenita Pacheco Lemos. *A guarda dos filhos na família em litígio*, op. cit., p. xx- xxi.

[12] Ibidem, p. 233-234.

Águida Arruda Barbosa, uma das mediadoras pioneiras no Brasil, afirma que a mediação tem uma linguagem própria, "que não comporta julgamento e exclusão". Trata-se de uma dinâmica fundada na intersubjetividade, que visa "promover a escuta mútua dos protagonistas, o que pode resultar no reconhecimento de seus respectivos sofrimentos, criando espaço para uma nova dinâmica".[13]

Por meio de outra linguagem, que não a adversarial, o mediador incentiva uma mudança de mentalidade, para se deixar de procurar culpados e buscar interesses comuns. A mesma autora ainda esclarece a diferenciação entre a linguagem binária, própria do Judiciário, e a ternária, da mediação.

O pensamento binário envolve a lógica cartesiana, do certo ou errado; sim ou não; culpado ou inocente. Trata-se do princípio da alternativa, expressa pelo terceiro excluído. Já a lógica ternária humaniza o homem, pois admite a criatividade e abre a possibilidade para muitas alternativas, de acordo com os recursos dos protagonistas. Nas palavras de Barbosa, a linguagem ternária inclui o terceiro e se fundamenta no reconhecimento do outro, que se encontrava encoberto pela ausência de diálogo.[14]

Nessa modalidade, o objetivo é restabelecer a comunicação entre as partes, procurando, na medida do possível, que eles sejam aliados na resolução dos conflitos. Assim, por meio da colaboração mútua e compreensão das necessidades do outro, as partes podem focar no interesse em comum.

Para Lília Maia de Morais Sales, "a base da mediação é a comunicação. É o diálogo solidário que possibilita a construção de soluções pelos indivíduos envolvidos no conflito, oferecendo-lhes o sentimento de inclusão".[15]

A mediação busca uma alteração de referência e uma nova percepção do conflito, permitindo uma escuta qualificada das razões e argumentos do outro participante. Jean François Six explica que "a mediação deve provocar em cada mediando um choque que o faz pensar que, provavelmente, ele não detém toda a verdade, porque o outro tem uma parte dela".[16]

Desse modo, facilita a superação de uma visão dicotômica, comum do Judiciário, em que existam culpados *x* inocentes, vítimas *x* algozes, para uma nova percepção da divergência. Quando os mediandos tomam consciência de que o conflito é inerente à vida, percebem que as crises em que se encontram

---

13 BARBOSA, Águida Arruda. *Guarda compartilhada e mediação familiar*, op. cit., p. 29.

14 Idem. *Mediação familiar*: instrumento transdisciplinar em prol da transformação dos conflitos decorrentes das relações jurídicas controversas, op. cit., p. 87-88.

15 SALES, Lilia Maia de Morais. *Justiça e mediação de conflitos*. Belo Horizonte: Del Rey, 2004, p. 14.

16 SIX, Jean-François. *Le temps des médiateurs*. Normandie: Seul, 1990, p. 161-162.

são normais e que enfrentá-las por meio do diálogo e colaboração é uma oportunidade para o crescimento pessoal, pois traz maior responsabilização pelas próprias decisões.

Haim Grunspun enfatiza que na mediação o resultado não tem vencedores ou vencidos, havendo um balanço entre as necessidades das partes, mesmo quando há concessões no acordo.[17] Mas vale ressaltar que a mediação não visa, necessariamente, o acordo, mas sim a transformação do conflito por meio das ferramentas pessoais de cada mediando.

Tal procedimento é feito pelo mediador, pessoa qualificada e independente, com conhecimento interdisciplinar, que participa do processo, facilitando um diálogo adequado entre as partes. O mediador não sugere nem toma qualquer decisão, apenas funciona como um auxiliador da comunicação. A mediação deve ser sempre voluntária e confidencial.

Francisco Cahali lembra que a capacitação é indispensável à correta utilização da mediação: "A mediação não deve ser feita sem a capacitação do facilitador. Por mais que uma pessoa tenha habilidade e talento como negociador ou gestor de conflitos, a mediação exige estudo específico, técnicas, experiência, e constante aprendizado para aprimoramento do conhecimento".[18]

Águida Barbosa esclarece que a interdisciplinaridade não é a atuação de diferentes profissionais, como o trabalho conjunto, por exemplo, de advogado com psicólogo, mas se trata de ampliação do conhecimento de uma ciência pela colaboração de outros saberes.[19]

Entre os princípios da mediação destacam-se: a) a liberdade das partes em todas as etapas do processo, ou seja, os mediandos são livres para dar ou não continuidade à mediação; b) imparcialidade de mediador, o qual irá conduzir a sessão, mas sem sugerir, opinar ou julgar, cabendo somente às partes serem protagonistas desse processo; c) confidencialidade, de modo que o que for discutido não poderá ser divulgado sem o consentimento das partes; d) informalidade, embora o mediador faça uso de técnicas que auxiliem a comunicação, não há um procedimento rígido a ser seguido, proporcionando maior tranquilidade e abertura para os mediandos.

A mediação, conforme afirmação de Águida Barbosa, é a instrumentalidade da cultura de paz, que já vem conquistando espaço na comunidade jurídica. Em suas palavras, "a cultura de paz não se reduz à

---

[17] GRUNSPUN, Haim. *Mediação Familiar*. O mediador e a separação de casais com filhos. São Paulo: LTr, 2000, p. 16.

[18] CAHALI, Francisco José. *Curso de Arbitragem*. Mediação, conciliação, resolução CNJ 125/2010, op. cit., p. 97.

[19] BARBOSA, Águida Arruda. Guarda compartilhada e mediação familiar, op. cit., p. 30.

pacificação dos conflitos, negando-os, mas busca reconhecê-los como inerentes ao humano". Trata-se de uma principiologia condutora de um comportamento humano.[20]

No Brasil, apesar de estar ganhando espaço, a mediação ainda está longe de ter a expressividade que merece, diferentemente de outros países como Inglaterra, França, Canadá, Argentina, Estados Unidos, e tantos outros, onde ela já é bastante difundida e regulamentada.

Nos dias atuais é ainda elevado o índice de desconhecimento da população sobre essa ferramenta de tratamento apropriado de controvérsias. Há também uma equivocada noção de que mediação e conciliação são sinônimos. Mesmo no ambiente jurídico, por vezes, nota-se que profissionais do Direito, tais como advogados e juízes, utilizam as expressões como equivalentes. Esse panorama acaba prejudicando ainda mais o conhecimento adequado dessa forma de solução de conflitos mais humanista e afinada com as necessidades sociais.

Diante desse desconhecimento, muitos cidadãos ingressam diretamente no Judiciário para resolver suas demandas. Ocorre que o processo judicial não lida com as questões emocionais do conflito, mas visa apenas decidir a demanda, num paradigma de "ganhar ou perder", o que acaba até acirrando a disputa.

Outro ponto a se notar é que, nesses casos, as partes colocam nas mãos de terceiros seus conflitos, que são "resolvidos" por meio de decisões impostas pelo Juiz. Quando o litígio envolve questões do Direito de Família, a situação é ainda mais delicada, pois abarca uma grande carga emocional que normalmente vem adicionada de rancor, mágoa e tristeza pelo fim do relacionamento.

Cabe aqui citar alguns trechos das ponderações da psicóloga Lenita Duarte sobre o tema:

> Nas Varas de Família, desfilam ficções e diferentes versões de uma mesma verdade, influenciadas pela subjetividade de cada participante envolvido nos processos de litígio.
>
> Ressalta-se que na leitura e interpretação do texto da lei, na condução dos processos litigiosos e na análise das provas de cada caso em particular, existe um sujeito, representado pela subjetividade do jurista, que formulará sentenças baseadas em suas próprias reflexões e interpretações,

[20] BARBOSA, Águida Arruda. Mediação Familiar: uma cultura de Paz. In: *Revista da Faculdade de Direito de São Bernardo do Campo*. Ano 08, n. 10, 2004, p. 28-29.

> na leitura de normas jurídicas e, em vários casos, com base em laudos periciais. Suas sentenças, inevitavelmente, são influenciadas por suas próprias convicções e singularidades.
>
> [...]
>
> As partes litigantes de um processo expõem questões de cunho particular desnudando suas intimidades [...]
>
> Dessa forma, atos e acordos permitidos na experiência íntima do casal conjugal são ofertados ao olhar dos operadores do Direito, causando mal-estar, pois esses, muitas vezes, se encontram fora da estrutura prevista pela ordem moral e social. São questões, por exemplo, de competição, ciúme, traição, abandono, vingança, violência incesto e diversas formas de insatisfação sexual [...].[21]

Por envolver a questão do afeto e das relações existenciais, os profissionais do Direito devem estar muito mais atentos ao conduzir a atuação profissional e lidar com o conflito. Isso porque, geralmente, ao procurarem o Judiciário, as partes estão extremamente fragilizadas e se comunicando por uma linguagem inadequada. Nas palavras de Águida Barbosa:

> Eis, portanto, a importância do conhecimento interdisciplinar, indispensável para capacitar o operador do direito de família à percepção de que os pais, em conflito – e não, obrigatoriamente, em litígio – não estão capacitados, momentaneamente, à verbalização e à compreensão do que é o "melhor interesse da criança". Aquelas pessoas em estado de sofrimento não conseguem discriminar, sequer, o casal conjugal – em dissolução – do casal parental – em reconstrução.[22]

Além disso, há uma grande ansiedade proveniente da incerteza, principalmente pela decisão estar nas mãos de um terceiro, no caso, o juiz. Vale ressaltar ainda que, por vezes, num processo de divórcio, os filhos são utilizados como forma de punir, castigar ou de se vingar do ex-cônjuge, o que caracteriza a alienação parental.

4.1.2 Importância da mediação no Direito de Família

As relações familiares necessariamente abrangem sentimentos. Dessa forma, o Direito de Família exige constante e especial cuidado dos mecanismos jurídicos voltados à prestação jurisdicional. Como bem enfatiza João

---

21 DUARTE, Lenita Pacheco Lemos. *A guarda dos filhos na família em litígio*, op. cit., p. 233.

22 BARBOSA, Águida Arruda. *Guarda compartilhada e mediação familiar*, op. cit., p. 34.

Baptista Villela: "o amor está para o Direito de Família, assim como a vontade está para o Direito das Obrigações".[23]

No momento da ruptura da relação conjugal, todos os integrantes daquele núcleo familiar são afetados. Maria Regina de Azambuja afirma que o sistema familiar e cada um de seus membros atravessará um período de desorganização, imediatamente após o rompimento conjugal, seguido de uma recuperação, reorganização e eventualmente a definição de um novo padrão de equilíbrio.[24]

Diante desse cenário, verifica-se a necessidade de uma abordagem que transforme o conflito e essa comunicação imprópria, visando manter o princípio da parentalidade responsável. O alto nível de litigiosidade prejudica toda a entidade familiar, mas, principalmente, os filhos.

A habilidade da criança de regular suas emoções e comportamentos se desenvolve primeiramente no seio familiar.[25] Os filhos têm necessidades próprias para seu desenvolvimento emocional e intelectual, que demandam certa estabilidade do par parental.[26] Crianças que presenciam intensas e frequentes disputas são mais sensitivas pós-separação. No estágio inicial do rompimento da relação conjugal os filhos podem apresentar tristeza, ansiedade, raiva, ressentimento, confusão, culpa e conflitos de lealdade.[27]

No entanto, o rompimento da relação não necessariamente precisa ser destrutivo. Não é o processo de divórcio em si que causa prejuízos à criança, mas sim o nível de conflito entre os genitores. O divórcio pode ser positivo ou prejudicial, dependendo se adiciona ou reduz o stress das crianças.[28]

A psicanalista e doutora em Direito Civil, Giselle Groeninga enfatiza que o princípio do melhor interesse da criança e do adolescente congrega o exercício das funções paterna e materna e, assim, os interesses do pai e da mãe. O término da relação amorosa implica um trabalho mental de distinção entre casal conjugal e parental. "E os impasses relativos ao

---

23 VILLELA, João Baptista. Repensando o Direito de Família. In: Anais do I Congresso Brasileiro de Direito de Família – IBDFAM, p. 15-30.

24 AZAMBUJA, Maria Regina Fay de; LARRATÉA, Roberta Vieira; FILIPOUSKI, Gabriela Ribeiro. *Guarda compartilhada*: a justiça pode ajudar os filho a ter pai e mãe, op. cit., p. 21.

25 McINTOSH, Jennifer. Enduring conflict in parental separation: pathways of impact on child development. *Journal of Family Studies*, v. 9, n. 1, April 2003, p. 62-80, p. 66.

26 GROENINGA, Giselle. *Alienação parental*: revisão necessária, op. cit., p. 111.

27 McINTOSH, Jennifer. Enduring conflict in parental separation: pathways of impact on child development, op. cit., p. 64, 67.

28 Ibidem, p. 65.

exercício do poder familiar pós-separação dizem respeito à dificuldade em distinguir as funções, que se encontravam sobrepostas quando era conjunta a convivência".[29]

Pesquisas demonstram que o primeiro ano após a separação é crucial para a manutenção da convivência paterno-filial a longo termo.[30] Nesse sentido, diante de um momento de natural desgaste que é o término de um relacionamento, qual seria o melhor caminho para se chegar a um arranjo de guarda que beneficie tanto os menores, cujo interesse deve ser priorizado, quanto os pais, que desejam ter a presença dos filhos em suas vidas?

Normalmente os genitores, durante a união, embora possam ter divergências, conseguem lidar com essas diferenças de posicionamento por meio do diálogo, chegando a um meio termo, sempre com vistas à proteção de seus filhos. É comum, no entanto, que a partir do rompimento da relação, esses adultos não consigam decidir sobre tais questões de maneira razoável, ficando estagnados no processo educacional de seus filhos.

No Judiciário, mesmo que haja cautela e cuidado dos profissionais na prestação jurisdicional, as partes podem sentir que seus anseios não foram ouvidos, causando insatisfações reprimidas e, por consequência, novas lides.

Além disso, a linguagem do advogado na defesa de seu cliente pode causar um grande mal-estar e até o acirramento da disputa. E no momento da decisão judicial referente à guarda dos filhos, por mais que o juiz se esforce para criar um plano de rotina, não conseguirá captar todas as peculiaridades daquela família.

Diferentemente do processo judicial em que são os advogados que falam pelas partes e o magistrado é quem decide, na mediação são os pais os protagonistas das decisões, sem qualquer interferência, afastando, assim, possíveis mal-entendidos. Por isso, quando os próprios genitores conseguem estabelecer um plano de guarda, essa decisão tende a durar mais e ser mais flexível com as adaptações necessárias ao longo do tempo.

Assim, certo é que os pais são as pessoas mais habilitadas para indicar a solução que atenda o melhor interesse dos filhos, pois conhecem suas necessidades a fundo. Contudo, diante da ruptura da relação, o diálogo pode desaparecer, dando lugar à mágoa, ao ressentimento e à raiva. Por isso, muitas vezes as partes necessitam de uma intervenção que facilite o resgate da comunicação que se perdeu com a separação.

---

29 GROENINGA, Giselle. Alienação parental: revisão necessária, op. cit., p. 11.

30 McINTOSH, Jennifer. Enduring conflict in parental separation: pathways of impact on child development, op. cit., p. 75.

Nesse sentido, a mediação pode ser uma ferramenta eficaz, já que não é invasiva e respeita os sentimentos e visões dos envolvidos. Águida Arruda Barbosa afirma que "a Mediação Familiar é o instrumento para a compreensão dos litígios de família, inserindo-se, definitivamente, no novo código, como expressão da principiologia norteadora das relações jurídicas privadas, com ênfase no Direito de Família".[31]

À medida que as partes conseguem redimensionar o conflito, percebem que é necessário superar, ou ao menos separar, suas desavenças das decisões parentais. Afinal, é preciso distinguir parentalidade da conjugalidade. Na mediação, busca-se um novo olhar, um que não prejudique os filhos, mas que, pelo contrário, coloque seus interesses em primeiro lugar.

Essa mudança de foco facilita a cooperação entre os genitores e, como consequência, a formalização de arranjos mais flexíveis, que favoreçam todos os membros da família, mas, principalmente, os menores. No momento em que as partes se dão conta de que tais decisões beneficiam a todos, elas se sentirão mais empenhadas em mantê-las.

Pais cooperativos tendem a desenvolver arranjos mais flexíveis e pais em conflito, arranjos mais rígidos, envolvendo litígio e associados a níveis menores de ajuste da criança.[32] O ideal é se buscar um plano de convivência que proporcione aos filhos o convívio com ambos os genitores, mas que não sobrecarregue a rotina das crianças. Nesse sentido, o ponto crucial é saber em que circunstâncias a guarda compartilhada é benéfica para as crianças.

4.1.3 Mediação e guarda compartilhada

Quando há diálogo e cooperação entre os pais, a guarda compartilhada pode ser um caminho apropriado. Entre os benefícios da guarda compartilhada destacam-se a participação mais ativa dos pais na criação dos filhos, possibilidade de um estreitamento maior da relação paterno-filial e a responsabilização conjunta no exercício do poder familiar, o que beneficia o desenvolvimento educacional, afetivo e psicológico dos filhos.

Isso porque, conforme sustenta Ênio Zuliani, a guarda compartilhada exige os seguintes compromissos:

> doação do tempo para cuidados básicos e complementares e perfeita aceitação do gerenciamento dúplice, o que recomenda delegar poderes, aceitar sugestões e, principalmente, quando necessário, ratificar medidas

---

[31] BARBOSA, Águida Arruda. Questão de Princípio. In: Boletim IBDFAM.Julho/Agosto 2004, p. 09.

[32] TRINDER, Liz. Shared residence: a review of recent research evidence, op. cit., p. 495.

> indicadas pelo ex-cônjuge ou sugerir outras melhores e que possam ser endossadas sem desenvolvimento de crises.[33]

Águida Barbosa afirma que, além de evitar uma hierarquia entre os genitores, a guarda compartilhada assegura uma convivência mais igualitária dos pais com os filhos, diminuindo a angústia e o sofrimento dos menores e do genitor destituído da guarda, em virtude da separação.[34]

A Ministra Fátima Nancy Andrighi afirma que a guarda compartilhada é o ideal a ser buscado no exercício do Poder Familiar entre os pais separados, mesmo que demandem deles reestruturações, concessões e adequações diversas, para que seus filhos possam usufruir, durante sua formação, do ideal psicológico de duplo referencial.

> Esse esforço é muito importante para o sucesso da guarda compartilhada, pois necessitam, os ex-cônjuges, tratarem desde as linhas mestras da educação e cuidado dos filhos comuns até pequenos problemas do cotidiano da prole.
>
> Contudo, a separação ou o divórcio usualmente coincidem com o ápice do distanciamento do antigo casal e com a maior evidenciação das diferenças existentes, fatores que, por óbvio, conspiram para apagar qualquer rastro de consensualidade entre o casal.[35]

Nesses casos, o objetivo da mediação é a facilitação da comunicação para a construção de alianças entre os pais, para que a guarda compartilhada seja exercida de forma flexível, possibilitando rearranjos rotineiros, de acordo com as mudanças de circunstâncias. Assim, os filhos têm mais liberdade e seus desejos são ouvidos, e não ignorados, como ocorre nos arranjos rígidos.

Cabe ressaltar, no entanto, que a mediação não é a salvação para todos os males. Em alguns arranjos familiares, ela não funciona. Para que a mediação seja efetiva, é necessário um exercício constante de escuta qualificada do outro genitor em uma verdadeira parceria entre os pais.

Quando um deles ou ambos procuram sempre contrariar ou diminuir a decisão tomada pelo outro, não há meio de solução de conflito que possa

---

33 ZULIANI, Ênio Santarelli. Guarda compartilhada e visitas: a nova perspectiva de impor sanções por violações ao direito de ter o filho em sua companhia ou de visitá-lo, como estabelecido. Revista Magister: direito civil e processual civil, v. 06, nº 35, p. 9-18, mar./abr. de 2010. Diponível em: <http://www.nacionaldedireito.com.br/doutrina/77/guarda-de-filhos-e-a-nova-perspectiva-de-impor-san-es-por-viola-es-ao-direito-de-ter-o-filho-em-sua-companhia-ou-de-visit-lo-como-estabelecido>. Acesso em: 4 out. 2014.

34 BARBOSA, Águida Arruda. *Mediação Familiar Interdisciplinar*. São Paulo: Atlas, 2015, p. 168.

35 STJ REsp nº 1.251.000 –MG (2011/0084897-5). Rel. Ministra Nancy Andrighi, 3ª Turma, p. 9.

resolver a situação, e os filhos são os mais prejudicados, pois muitas vezes se deparam com conflitos de lealdade.

Em vista disso, a mediação é um meio disponível para os pais, que os ajuda na corresponsabilidade parental, mas que exige um total comprometimento de ambos, com o objetivo de tornar a separação menos dolorosa e, por consequência, menos traumática para a criança.

A mediação lida com o conflito não para analisá-lo – função da psicologia, por exemplo – mas para reconhecê-lo e dar-lhe um novo significado, possibilitando aos mediandos nortear o futuro para um novo sentido.[36]

Quando se utiliza a mediação para a facilitação do diálogo e da cooperação, os pais, por mais diferenças que tenham em outros aspectos da ruptura da relação, buscam se unir com o grande objetivo comum: o bem-estar dos filhos. Nesse sentido, no momento da escolha do arranjo de guarda, a prioridade é o interesse dos menores.

Por isso, conforme mencionado no Capítulo II, ao decidirem compartilhar a guarda, os pais devem ter em mente que o recomendável é o estabelecimento de uma residência fixa, para evitar que a criança viva em constante mudança. A divisão de residência pode ser benéfica para os pais, mas, em termos práticos, é prejudicial para a criança. Nesse sentido, as conclusões das pesquisas de McIntosh são no caminho de que a divisão igual ou quase igual de tempo pode, em determinadas circunstâncias, ser um arranjo que funciona melhor para pais do que para os filhos.[37]

Importante enfatizar que o modelo de guarda compartilhada não está relacionado ao tempo que cada genitor terá com a criança, embora claramente seja necessário tempo suficiente para que o pai não residente possa se envolver em todos os aspectos da vida da criança. O foco não é na duração, mas na qualidade da relação paterno-filial. A mediação facilita esse entendimento, pois busca privilegiar os interesses dos filhos e não a disputa dos pais.

Para Trinder, maior contato não leva a um melhor relacionamento, mas um melhor relacionamento acarreta maior contato. A pesquisadora acrescenta: "Intuitivamente, as pessoas podem pensar que quanto mais tempo a

---

[36] BARBOSA, Águida Arruda. *Mediação familiar*: instrumento transdisciplinar em prol da transformação dos conflitos decorrentes das relações jurídicas controversas, op. cit., p. 56.

[37] McINTOSH, J; *et al. Post-separation parenting arrangements and developmental outcomes for infants and children,* op. cit. E TRINDER, Liz. Shared residence: a review of recent research evidence, op. cit., p. 486.

criança passa com cada genitor, melhor. Mas, de fato, há pouca, se alguma, evidência de que a quantidade ou frequência de contato é melhor ou pior para a criança". É claro que um tempo considerável deve ser necessário para proporcionar qualidade nos contatos. O que é essencial é o que os pais fazem durante esse tempo com a criança.[38]

Se os genitores estão unidos em benefício dos filhos, não haverá as figuras de "ganhador-perdedor", ou pensamentos como: "– não é justo, ele fica mais tempo com o nosso filho do que eu". Ora, a criança não é um mero objeto, muito pelo contrário, além de ser um sujeito de direitos, ainda tem absoluta prioridade se comparada com os adultos. Dessa maneira, os arranjos devem ser moldados em prol dos menores e não dos pais. Quando os genitores entendem essa equação, não há espaço para picuinhas como essa e disputas pelo "tempo" com a criança. Ademais, o direito à convivência é mais dos filhos do que dos pais.

Outro ponto importante diz respeito à opinião das crianças. De acordo com as pesquisas citadas no item 4.2.1.2, os menores foram mais felizes quando tiveram sua opinião levada em conta nos arranjos e mais infelizes quando esses arranjos são impostos e elas não podem alterar. Contudo, na prática, relativamente poucas crianças acabam influenciando esses planos de convivência.[39]

Portanto, certo é que as crianças querem que seus pontos de vista sejam levados em conta; apesar de não quererem ter de escolher entre os genitores; nem se sentirem responsáveis pelos arranjos de contato; mas elas desejam estar envolvidas nas mudanças que afetem suas vidas e ter a chance de contribuir no processo de decisão.[40] Diante dessa constatação, questiona-se como fazer valer essas reivindicações de uma maneira sensível, sem colocar a criança numa situação difícil?

De todo modo, a mediação é um método mais adequado do que o Judiciário para que os pais tomem consciência da importância de considerar as angústias e sentimentos dos filhos. Como lembra Águida Barbosa, "não se trata de tarefa fácil, mas quando se instala a dinâmica da mediação, que une, num só momento, *pensamento, sentimento e vontade*, ocorre uma vivência criativa, antes impensável. Eis a verdadeira afetividade".[41]

---

38 TRINDER, Liz. Shared residence: a review of recent research evidence, op. cit., p. 488.

39 Ibidem, p. 487.

40 DAY SCLATER, S. Families. London: Hodder & Stoughton, 2000, p. 80, *apud* HERRING, Jonathan. Family Law. Longman Law series. 6th edition, Harlow, United Kingdom, 2013, p. 133.

41 BARBOSA, Águida Arruda. *Mediação Familiar Interdisciplinar*, op. cit., p. 167.

4.1.4 Considerações e ferramentas a serem utilizadas na mediação para auxiliar o arranjo de convivência entre pais e filhos

As principais conclusões da pesquisa "Making contact. How parents and children negotiate and experience contact after divorce", coordenada por Liz Trinder, traz relevantes conclusões que serão citadas a seguir.[42]

O término da relação e seus consequentes desafios podem gerar uma variedade de emoções aos pais, incluindo sentimentos de perda, traição, rejeição, raiva, culpa, fracasso e medo. O modo como as emoções são tratadas está fortemente associada com a quantidade de contato. No entanto, está mais especialmente vinculada à qualidade e comprometimento do relacionamento entre pais e filhos. Aliado às características pessoais de cada genitor, é preciso verificar a dinâmica do relacionamento com o outro progenitor.

A habilidade dos pais de se comunicarem é essencial para um contato de qualidade, principalmente porque diferentes crianças desejavam diferentes quantidades e arranjos de contato, conforme amostragem da pesquisa realizada por Liz Trinder, Mary Beek e Jo Connolly. Do ponto de vista dos menores, o ideal é uma comunicação aberta e honesta sobre o arranjo de convivência. No entanto, as crianças enfatizaram que não desejam saber detalhes do conflito. Elas demonstraram interesse de poder falar abertamente o que fizeram com o outro genitor durante o contato:

> Se eu tenho uma discussão com alguém, minha mãe sempre diz: 'Você não consegue ver o ponto de vista dele?' enquanto que meu pai diria: 'Oh, eu não acredito que ele não concordou com você'. Então conversar com meu pai sobre coisas, especialmente sobre minha mãe, é bem difícil. Quer dizer, você nunca gosta de ouvir coisas horríveis sobre seus pais, então eu simplesmente não falo com ele sobre minha mãe.

As crianças também acham difícil encontrar um ponto de equilíbrio entre demonstrar seus próprios desejos e a necessidade de proteger os sentimentos dos pais. Dessa forma, diante da dificuldade de comunicação, por vezes os menores não têm o modo de convivência que gostariam. Eles têm receio de que sugerir mudanças possa causar no genitor um sentimento de rejeição ou de não serem levados a sério.

O relacionamento entre os genitores é o fator mais determinante para que o contato funcione; em seguida, outros aspectos também influenciam a

---

[42] TRINDER, Liz; BEEK, Mary; CONNOLLY, Jo. *Making contact.* How parents and children negotiate and experience contact after divorce. York: Joseph Rowntree Foundation., 200, p. 38, 40-42, passim.

qualidade da convivência, tal como o relacionamento com os novos parceiros dos pais e também com os irmãos.

Quando os pais têm dificuldade de se comunicar, há complicações em estabelecer e aderir ao plano de convivência e organizar mudanças de horários. Os encontros dos pais para entrega dos filhos podem também ser difíceis e às vezes violentos. Essas situações são muito complicadas para os filhos lidarem. Algumas crianças se mostravam resignadas com a desavença e outras desesperadas para mudar. Certos adolescentes respondiam ao conflito reduzindo o período de convivência, ficando o máximo de tempo com amigos em detrimento dos pais ou até se alinhando a um dos genitores, em geral o progenitor residente.[43]

A presença de um novo companheiro do genitor também tem um impacto no compromisso do filho com o contato e na qualidade do relacionamento com o pai não residente. Poucas crianças se sentiam próximas dos novos parceiros dos pais, mas elas tinham dificuldades maiores com o novo companheiro do genitor não residente. Jovens, em geral, preferem o contato sem a presença do novo parceiro.

Quando a separação foi mais distante e quando o novo companheiro não esteve implicado com o motivo da separação, tanto as crianças quanto os adolescentes tinham uma relação mais próxima com eles. É possível que a criança considerasse o novo parceiro como alguém que estava invadindo os limites da "primeira família": "Eu acho que o difícil é ser forçado a aceitar outra pessoa na família" (adolescente entre 16-18 anos).

Liz Trinder afirma também que diversas pesquisas demonstram que o contato tem mais chance de ser mantido e ser mais frequente quando o pai não residente mora perto. Mas o desafio maior ocorre quando o genitor residente se muda de local, especialmente de cidade ou país. No entanto, quando há comprometimento de ambos os genitores, é possível superar esses obstáculos.

Um exemplo citado na pesquisa sobre contato demonstra bem essa situação, em que o pai não residente liga a cada dois ou três dias para os filhos e ambos se veem de dois em dois meses, havendo revezamento das viagens entre os genitores. Além disso, quando o pai está na cidade, a mãe residente se muda para a casa do parceiro para que o pai possa ter contato com o filho.[44]

---

43 TRINDER, Liz; BEEK, Mary; CONNOLLY, Jo. *Making contact*, op. cit., p. 28.

44 Ibidem, p. 32-34, passim.

A mesma pesquisa aponta uma "receita" auxiliadora para uma boa convivência:

> - ambos os pais estarem comprometidos com o contato;
>
> - que o pai não residente esteja ciente de seu *status* e o pai residente tenha um papel proativo, facilitando o contato e incluindo o outro genitor nas decisões;
>
> - que ambos os pais apoiem a criança a ter um bom relacionamento com o outro genitor, e não denigram o outro progenitor;
>
> - que eles adotem uma posição realista do outro genitor, aceitando suas fraquezas e pontos fortes.
>
> - que reconheçam que divergências são inevitáveis, mas procurem achar um meio de lidar com o conflito sem intensificação.
>
> - que eles consultem as crianças sobre os planos de convivência;
>
> - que eles achem tempo de estar sozinhos com seus filhos, sem que novos parceiros estejam sempre presentes.

É preciso, ainda, ter expectativas realistas sobre o arranjo de contato e que sejam respeitadas as circunstâncias de cada família; que haja flexibilidade e comprometimento. Fazer a convivência funcionar é um processo difícil para todos os membros envolvidos. Entretanto, um contato que não funciona traz um fardo tanto para as crianças como para os adultos e pouco, se algum, benefício.[45]

Nesse sentido, na mediação procura-se trabalhar os seguintes elementos facilitadores do contato:[46]

> - desagregação das suas necessidades com a dos filhos;
>
> - reconhecimento das necessidades do outro genitor e do relacionamento entre ele e os filhos;
>
> - entender a perspectiva do outro;
>
> - sensibilidade com o sentimento do outro;
>
> - concordância dos encargos e restrições do outro genitor;
>
> - comprometimento na facilitação do contato;
>
> - aceitação das diferenças no estilo de parentalidade;
>
> - abordagem não acusatória do conflito;
>
> - habilidade de conversar sobre as questões, renegociar arranjos e limites.

---

[45] TRINDER, Liz; BEEK, Mary; CONNOLLY, Jo. *Making contact*, op. cit., p. 48, passim.

[46] Ibidem, p. 38-39.

Em resumo, não se trata de uma tarefa fácil. É preciso estar aberto para o diálogo, reconhecer e respeitar a vontade do outro genitor e de seus filhos. Nesse sentido, a mediação pode ser um dos caminhos que contribuirá nessa trajetória.

4.1.5 Mediação como instrumento para evitar a alienação parental

4.1.5.1 Alienação parental

A psicanalista Giselle Groeninga enfatiza que do ponto de vista psíquico, idealmente a criança necessita conviver com o pai e com a mãe para vivenciar seus afetos, oscilando em maior ou menor proximidade com um e com outro, de acordo com a sua fase de desenvolvimento psíquico, para fortalecer seus modelos de relacionamento.[47]

No entanto, em caso de rompimento da relação conjugal, o litígio pode se tornar tão grave que o diálogo se rompe e o ex-casal não é mais capaz de tomar decisões ponderadas em benefício dos menores. O acirramento da disputa aumenta por diversas razões e pode ocorrer uma escala crescente de agressões de ambas as partes.

Nesse cenário de "jogo de poder", muitas vezes os filhos são usados como verdadeiras "trocas de moeda" para atingir o ex-parceiro. Como resultado, os descendentes são os que mais sofrem as consequências deste conflito.

O rancor entre os pais, agora ex-parceiros, pelo fim da relação pode ser tão elevado que ocorra a alienação parental, havendo interferência e até sabotagem de um genitor na relação do outro com os filhos, prejudicando ainda mais a convivência, em geral, do não guardião com as crianças.

Nesse ponto, é importante fazer um comentário sobre a expressão "síndrome da alienação parental" – SAP.[48] Há muitas divergências quanto ao uso da palavra síndrome,[49] pois o termo é médico, associando-se a vários sintomas ou até mesmo a uma doença, o que não é o caso. Ademais, a legislação[50]

---

47 GROENINGA, Giselle. Alienação parental: revisão necessária, op. cit., p. 112.

48 SOUSA, Analicia Martins de. *Síndrome da Alienação Parental*. São Paulo: Cortez, 2010.

49 A psicóloga Glicia Brazil explica que síndrome seria um conjunto de sintomas que a caracterizam. Mas, na alienação parental, nem toda criança tem a síndrome, pois pode ter somente um sintoma. BRAZIL, Glicia Barbosa de Mattos. Palestra "A criança vítima da alienação parental", proferida no III Congresso Nacional e I Congresso Internacional de Alienação Parental. *Um novo tempo* – A informação transformando vidas, realizada de 3 a 5 de abril de 2014 no Rio de Janeiro.

50 Lei nº 12.318/10.

não fala em síndrome, mas em ato de alienação. Desse modo, melhor utilizar apenas a expressão "alienação parental".

Apesar de ser um fenômeno que sempre existiu, somente nas últimas décadas tem sido estudado mais profundamente. Trata-se de um tema recorrente e grave nas Varas de Família, bastante prejudicial à integridade psíquica da criança ou do adolescente, pois traz insegurança para o menor e dúvidas sobre a realidade dos fatos e os verdadeiros sentimentos de seu genitor.

Esse tema tem ganhado cada vez mais destaque, a exemplo do III Congresso Nacional e do I Congresso Internacional de Alienação Parental, realizado no Rio de Janeiro em abril de 2014.[51] Nele, profissionais de diversas áreas se reuniram para discutir as dificuldades de apurar as denúncias; quando e como ouvir a criança e o olhar do Judiciário frente à alienação. Uma das conclusões foi a de que tanto as falsas denúncias como a efetiva existência da alienação parental são gravemente prejudiciais para a criança. Ademais, é imprescindível a análise do caso de maneira precoce e por uma equipe multidisciplinar qualificada e num ambiente adequado para diminuir o constrangimento e o stress dos menores.

A convivência harmônica com ambos os pais é fundamental para o desenvolvimento sadio da criança e do adolescente. No entanto, infelizmente, é muito comum observar genitores sendo impedidos de manter relações mais estreitas com seus filhos, muitas vezes sendo dificultado o contato, seja via telefone, por e-mail ou por contato pessoal. Essa conduta traz um enorme prejuízo para o menor, pois provoca uma série de questionamentos. A criança não tem certeza se a percepção que tem de cada pai é verdadeira.[52] Ademais, causa sentimentos de rejeição ou até mesmo temor em relação ao genitor.

A alienação parental ocorre quando há uma campanha para desqualificação do outro genitor, dificultando a convivência e o exercício da autoridade parental. Trata-se de um jogo de manipulações em que o menor acaba repudiando o ascendente, em razão das falsas acusações e do abuso emocional implantado. Vale ressaltar que, normalmente, o que desencadeia essa ação é o sentimento de abandono, o desejo de vingança ou a dificuldade do adulto de lidar com o rompimento da relação, o que de maneira alguma justifica essa atitude egoísta.

Essa prática pode ser facilmente verificada, ou também se manifestar de forma muito sutil. Por vezes, essa manipulação pode acontecer até mesmo

---

[51] III Congresso Nacional e I Congresso Internacional de Alienação Parental. *Um novo tempo – A informação transformando vidas*, realizada de 3 a 5 de abril de 2-14 no Rio de Janeiro.

[52] McINTOSH, Jennifer. *Enduring conflict in parental separation*, op. cit., p. 67.

de forma inconsciente pelo adulto, sem a intenção de prejudicar a criança, mas ocasionando um bloqueio na conexão emocional entre a prole com o pai ou a mãe. Outras vezes, porém, surgem falsas acusações de alienação parental, quando, na verdade, foi o próprio genitor que se afastou. De qualquer forma, isso tudo só provoca um enorme sofrimento no menor que, normalmente, sai bastante traumatizado das disputas judiciais.

Quando a guarda única é imposta judicialmente, há ainda maior dificuldade para o genitor alienado tentar reverter a situação, já que não participa ativamente do cotidiano dos filhos, restando somente o direito de "visitas" a cada 15 dias, o que o impossibilita de estreitar o relacionamento. Por isso, muitos defendem que a guarda compartilhada traz o benefício de impedir, ou pelo menos dificultar, o estabelecimento de alianças entre a criança e um dos pais, uma vez que a mesma não conviveria exclusivamente com um deles. Ela circularia livremente entre suas duas residências, fortalecendo, assim, os vínculos parentais por meio da ampla convivência.[53]

No entanto, apesar de já haver um movimento pela guarda compartilhada, a grande maioria das ações que versam sobre guarda ainda é decidida em favor da mãe (86,3%, conforme censo do IBGE em 2013). E, com essa guarda unilateral, não raro, o guardião único acaba por afastar o outro por completo da vida do filho, rompendo-se, assim, os laços afetivos entre eles.

Diante desse grave quadro que se tem tornado comum, algumas associações de pais e mães separados[54] mobilizaram-se para reivindicar uma tutela mais efetiva dos seus direitos. Assim, em razão do fortalecimento deste movimento de pais, aliado a um estudo mais aprofundado dos profissionais da área da saúde, somado a atenção da doutrina, a jurisprudência passou a se manifestar diante de casos concretos.[55] [56] Consequentemente, em 2010, foi promulgada a Lei nº 12.318/10, dispondo sobre a alienação parental.

---

53 SOUSA, Analicia Martins. *Síndrome da alienação parental*. op. cit. p. 45.

54 Entre as associações cita-se a APASE: Associação de pais e mães separados. Disponível em: <http://www.apase.org.br/>. Acesso em: 27.04.2016.

55 TJRJ - 0109099-24.2005.8.19.0001 – APELACAO. DES. JOSE GERALDO ANTONIO - Julgamento: 02/03/2011 - SETIMA CAMARA CIVEL. GUARDA E RESPONSABILIDADE DE FILHO - PAIS SEPARADOS - INTERESSE DO MENOR - ACUSAÇÕES DE ABUSO SEXUAL E MAUS TRATOS NÃO PROVADAS - ALIENAÇÃO PARENTAL - GUARDA COMPARTILHADA QUE NÃO SE RECOMENDA.Quando as pretensões dos pais separados não convergem sobre a guarda do filho, deve prevalecer o interesse do menor.A situação de beligerância entre os genitores não justifica a guarda compartilhada e a situação de instabilidade a que o menor é exposto com o litígio pode evoluir para o desenvolvimento de uma Síndrome de Alienação Parental. Desprovimento do recurso.

56 TJRJ - 0014558-26.2010.8.19.0000 - AGRAVO DE INSTRUMENTO. DES. CAMILO RIBEIRO RULIERE - Julgamento: 26/10/2010 - PRIMEIRA CAMARA CIVEL Ação de Modificação de

A lei define a alienação parental como:

> a interferência na formação psicológica da criança ou do adolescente promovida ou induzida por um dos genitores, pelos avós ou pelos que tenham a criança ou adolescente sob sua autoridade, guarda ou vigilância para que repudie genitor ou cause prejuízo ao estabelecimento ou à manutenção de vínculos com este.

A norma ainda exemplifica casos de alienação parental no parágrafo único do artigo 2º:

> I – realizar campanha de desqualificação da conduta do genitor no exercício da paternidade ou maternidade;
>
> II – dificultar o exercício da autoridade parental;
>
> III – dificultar contato de criança ou adolescente com o genitor;
>
> IV – dificultar o exercício do direito regulamentado de convivência familiar;
>
> V – omitir deliberadamente do genitor informações pessoais relevantes sobre a criança ou adolescente, inclusive escolares, médicas e alterações de endereço;
>
> VI – apresentar falsa denúncia contra o genitor, contra familiares deste ou contra avós, para obstar ou dificultar a convivência deles com a criança ou adolescente;
>
> VII – mudar o domicílio para local distante, sem justificativa, visando a dificultar a convivência da criança ou adolescente com o outro genitor, com familiares deste ou com os avós.

A lei é expressa ao mencionar que a prática da alienação parental fere o direito fundamental do menor de convivência familiar saudável com o genitor e seus familiares, constituindo abuso moral contra a criança. Desse modo, uma vez constatadas tais atitudes, o juiz poderá determinar o

---

Guarda - Decisão que deferiu a visitação assistida da genitora em local próprio nas dependências do Fórum, quinzenalmente. Esforços empreendidos no sentido de conscientizar os litigantes da importância para os filhos e genitores da convivência harmoniosa de casais separados. Constatação, por este Relator, de sentimentos indesejáveis como posse, domínio, intransigência, entre muitos outros, inviabilizando e comprometendo o sucesso da guarda compartilhada. Existência de ordenamento jurídico que existe e merece ser prestigiado - Lei nº 12.318/2010, que dispõe sobre a *Alienação Parental*. Análise minuciosa da prova documental e dos Pareceres Sociais - Documentos recentes anexados pela agravante que não corroboram as alegações do agravado no sentido de que o convívio da menor com a genitora ofereça risco de transtornos psicológicos a mesma, mas, muito pelo contrário, recomendam o direito da filha em desfrutar de um período maior em companhia de sua mãe. Ausência de convencimento no sentido da necessidade da visitação assistida - Modificação da decisão - Provimento parcial do recurso.

acompanhamento psicológico das partes para elaboração de perícia, além de estabelecer medidas que vão desde a advertência, até a aplicação de multa, ou mesmo a perda da guarda da criança, sem prejuízo de eventual responsabilidade civil ou criminal.[57]

Conforme se nota, nesse cenário de disputa entre os genitores que pode acarretar até mesmo alienação parental, é de se questionar se as decisões judiciais no âmbito do Direito de Família e, mais especificamente, sobre a guarda dos filhos, serão capazes de romper essa dinâmica de conflito, na qual os interesses dos menores acabam se encontrando num plano secundário. Por isso, faz-se necessário buscar meios que favoreçam o diálogo, facilitem a transformação do conflito e foquem nas necessidades dos filhos, atenuando, assim, as consequências traumáticas para os envolvidos.

Nesse sentido, a mediação de conflitos familiares pode ser uma ferramenta adequada para tornar a comunicação entre os pais mais efetiva, evitando tanto a escalada do conflito que pode acarretar a alienação parental, como, por outro lado, as falsas denúncias, sendo que ambas são extremamente prejudiciais aos filhos.

4.1.6 Mediação cross-border. Transferência interna e internacional

Outro tema relacionado à guarda dos filhos que merece ser mencionado nessa época de globalização é a transferência de domicílio de um dos pais, ou de ambos, após a ruptura do relacionamento.

Tendo em vista a integração cada vez maior da economia e a crescente facilidade de locomoção entre estados e países, é cada vez mais comum se notar mudanças estaduais e internacionais de residência por famílias inteiras, com vistas a obter novas oportunidades de trabalho, por exemplo.

Se a família está unida, apesar das adversidades decorrentes da adaptação ao novo território, a situação é relativamente simples de ser contornada. No entanto, na hipótese de essa mudança ocorrer após a ruptura do relacionamento dos genitores e de somente um deles pretender se deslocar interna

---

57 Agravo de Instrumento. *Ação de alteração de guarda de menor*. Decisão que restabeleceu as visitas paternas com base em laudo psicológico favorável ao pai. Prevalência dos interesses do menor. Ação de alteração de guarda de menor em que as visitas restaram reestabelecidas, considerando os termos do laudo psicológico, por perita nomeada pelo juízo, que realizou estudo nas partes envolvidas. *Diagnóstico psicológico constatando indícios de alienação parental no menor, em face da conduta materna*. Contatos paterno-filiais que devem ser estimulados no intuito de preservar a higidez física e mental da criança. Princípio da prevalência do melhor interesse do menor, que deve sobrepujar o dos pais. Negaram provimento ao agravo de instrumento. (TJRS; AI 70028169118; 7ª C. Cív.; Rel. Des. André Luiz Planella Villarinho; DOERS 24.03.2009, p. 27) (grifo nosso)

ou internacionalmente e levar consigo o filho do casal, o cenário muda por completo. Trata-se de uma conjuntura bastante complexa, que envolve direitos de várias pessoas, inclusive do menor.

Quando ocorre mudança de estado dentro de um mesmo país, apesar de dificultar o contato entre pais e filhos, principalmente num país com as dimensões do Brasil, a situação não é tão extrema como uma transferência internacional. Isso porque a mudança de país engloba diferença de legislação e direitos; necessidade de visto para entrada no território; aumento dos custos para o contato com a criança; dificuldade de manutenção do relacionamento paterno-filial em termos de acompanhamento da rotina dos filhos etc.

De todo o modo, estejam os pais com boa convivência ou não, a alteração da residência causa um relativo stress nas crianças, que devem se adaptar à nova realidade. Essa tensão é ainda maior quando envolve a ruptura do relacionamento dos genitores, pois, não bastasse a perda de convivência diária com um deles, o filho ainda tem de lidar com a mudança de sua rotina e com o distanciamento de seus colegas e familiares.

Por isso, diante desse possível conflito que pode se tornar bastante acirrado, e com o intuito de evitar que essa disputa acabe no Judiciário, a busca pela mediação pode ser um caminho menos sofrido tanto para os pais como também, mas principalmente, para os menores envolvidos. Isso porque, além de terem de enfrentar essa nova realidade, precisam lidar com o litígio dos pais, que, por vezes, não levam em conta os interesses do filho.

Casos comuns de transferência de residência após a separação englobam a vontade de voltar para a cidade natal, perto de seus familiares; aquisição de emprego em local distante; residência ou novo trabalho do atual parceiro; mudança de estilo de vida. No entanto, seja qual for a situação, o interesse do menor deve sempre prevalecer, até mesmo em relação aos interesses do genitor que pretende reconstruir sua vida.

A "mediação familiar cross-border" ocorre quando uma das partes pretende se mudar para outro país. É mais comum quando o conflito envolve modificação de residência dos filhos. A situação é bastante complexa, pois a mudança significa um distanciamento maior não somente do outro genitor, mas também de seus parentes, eventuais meio-irmãos, além do círculo de amizade e rotina escolar.

Esse conflito pode envolver casos considerados como sequestro internacional de crianças,[58] quando a mudança de residência ocorreu sem a devida autorização do outro detentor do poder familiar. O genitor deixado para trás

---

58 Convenção Internacional de Haia relativa à proteção das crianças e cooperação em matéria de adoção internacional, promulgada em 1993 e ratificada pelo Brasil em 1999.

teme perder o contato com a criança pois, além da distância, o menor pode esquecer a língua natal ou até mesmo pode nunca ter tido a oportunidade de tê-la aprendido, o que dificulta sobremaneira o vínculo paterno-filial.

Lisa Parkinson explica que é possível a mediação binacional, ou seja, quando há partes e mediadores de países diferentes ou quando a mediação ocorre num país, mas abrange partes ou mediadores de dois países. Há uma série de dificuldades, pois pode haver diferenças de leis sobre mediação, como o limite da confidencialidade, por exemplo ou o receio de que a mediação possa causar atraso e o alto custo, tendo em vista a necessidade de intérpretes etc. Ademais, o genitor que mudou de residência teme não ter seu caso analisado de forma justa.[59]

Por esses motivos, apesar de ser um caso de alta complexidade, a mediação internacional precisa estar disponível e de forma acessível para que a divergência não se torne ainda maior. Apesar das dificuldades elencadas, a vantagem é que se trata de uma tentativa de resolução de conflito muito mais ágil do que o procedimento judicial, que pode durar meses ou até anos e envolver grandes somas monetárias com pagamentos de advogados. Mas, principalmente, em razão de o litígio existente no procedimento judicial, por vezes, não proteger o melhor interesse da criança; pelo contrário, ele pode causar traumas e consequências irreversíveis em sua vida.

Um exemplo mundialmente conhecido foi o caso do menino americano Sean, cuja mãe, brasileira, viajou em 2004 para o Brasil com o filho, não mais retornando para sua residência habitual. O pai iniciou uma batalha judicial, que se intensificou ainda mais com a morte da genitora e a manutenção da criança no Brasil com os avós maternos. Sean foi impedido de ter contato com seu pai durante anos e o processo judicial envolveu até mesmo a então a Secretária de Estado dos Estados Unidos, causando um mal-estar diplomático entre os dois países. Finalmente, após longos cinco anos, em 29 de dezembro de 2009, o menino foi enviado para os Estados Unidos para viver com seu pai, que, a partir de então, o impediu de ter contato com sua família brasileira.

Pai e filho buscaram retomar a relação e, passados quase cinco anos, os avós ainda não conseguiram o direito de contato com o neto. Esse quadro demonstra claramente que essa disputa entre familiares não levou em consideração o interesse do menor, cujos sentimentos e vontades foi desconsiderado.[60] Ademais, os gastos do genitor David Goldman com deslocamento, hospedagem e pagamento de advogados americanos e brasileiros soma mais de U$200 mil.

---

59 PARKINSON, Lisa. *Family Mediation*. op. cit, p. 361-362.

60 Caso Sean. Disponível em: <http://oglobo.globo.com/rio/caso-sean-apesar-de-decisao-judicial-avo-diz-que-nao-ha-previsao-para-reencontrar-neto-7647070>. Acesso em: 9 jul. 2013.

Diante desse relato, verifica-se que a via judicial pode trazer não somente gastos monetários exorbitantes, prejudicando a vida financeira e o bem-estar da família, como também desgastes emocionais em todos os envolvidos. Por isso, a mediação transnacional pode ser uma saída mais ágil, menos dolorosa e mais produtiva, que contemple o interesse do menor.

Nesses casos, alguns modelos de mediação podem ser utilizados, embora cada um tenha suas deficiências e vantagens. É possível que haja um mediador bastante experiente e realize a mediação direta e pessoalmente com as partes.

Lisa Parkinson cita outras formas de mediação internacional, como a comediação interdisciplinar, com equilíbrio de gênero e nacionalidade entre os mediadores. Eles podem mediar com a presença de ambos os genitores na sessão ou por meio de video-conferência se eles se encontrarem em países diferentes. Outra opção sugerida pela autora é a mediação em que os pais não se encontram pessoalmente, nem por video-conferência. Nesse caso, o mediador encontra separadamente cada genitor, os quais podem estar em ambientes diferentes ou até mesmo em cidades ou países distintos. Quem se desloca e faz a intermediação é o mediador.[61]

Claro está que essa forma de mediação não é ideal, no entanto, diante das circunstâncias que poderiam tornar proibitiva a mediação, em razão da distância geográfica e dos altos custos, é positiva a tentativa de se chegar a uma resolução de conflito que evite as vias judiciais. O adequado é que a mediação tivesse ocorrido antes da mudança de residência da criança, e o procedimento envolvesse a mediação presencial com ambos os genitores, para que a decisão fosse tomada de forma consciente e ponderada.

Mas, quando isso não é possível, a mediação binacional deve envolver um time de comediadores bilíngues, de preferência, de diferentes gêneros (homem e mulher) e áreas de conhecimento, por exemplo, da psicologia e do Direito, com experiência no Direito de Família internacional. Além disso, é importante que os advogados dos envolvidos estejam acessíveis para aconselhamento bem como para viabilizar que eventuais acordos sejam ratificados e se tornem executáveis em ambos os países.[62]

4.1.7 Mediação na Inglaterra

Tendo em vista que a mediação é um ponto central para facilitar a guarda dos filhos, pois auxilia no diálogo entre os pais, é bastante útil e interessante citar a dinâmica da mediação em outro país, no caso, a Inglaterra. Como esse território já tem a consciência da importância da mediação nas relações

---

61 PARKINSON, Lisa. *Family Mediation*. op. cit., p. 365.

62 Ibidem, p. 366.

familiares, é produtivo mencionar os principais aspectos de sua utilização. Assim, o Brasil pode analisar os pontos que não deram tão certo e importar, com as necessárias adaptações, as características positivas da mediação inglesa, levando em conta as peculiaridades brasileiras.

O Conselho de Mediação Familiar da Inglaterra e País de Gales define mediação como "um processo no qual os envolvidos na desagregação familiar, sendo ou não um casal ou outros membros da família, nomeiam um terceiro imparcial para auxiliá-los a se comunicar melhor e alcançar suas próprias decisões em relação a algumas ou a todas as questões relacionadas à separação, divórcio, crianças, finanças ou propriedade por meio de negociação".[63]

Diferentemente dos Estados Unidos que utiliza a expressão "mediação do divórcio", na Europa, se adota o termo "mediação familiar", por ser mais amplo, por englobar mediação em casos de união estável e também por não passar a ideia de que é um incentivo ao divórcio. A ênfase na família é importante pelas seguintes razões: o vocábulo "família" inclui crianças e, além disso, há outros tipos de disputa envolvendo os membros familiares, tais como adoção, sucessão, que não se relacionam ao divórcio.

A mediação familiar se iniciou no Reino Unido como uma iniciativa decorrente de uma recomendação do "Finer Report on One-Parent Families", de 1974, para um novo sistema nas Cortes de Família, na qual a conciliação – na época definida de forma similar à mediação – seria preferível para acordar sobre os termos da separação e divórcio. O primeiro serviço de mediação familiar ocorreu em Bristol, na Inglaterra, em 1978, como um projeto de um pequeno grupo de assistentes sociais e de advogados de família.

Serviços independentes de mediação familiar, a maioria deles sem fins lucrativos, espalharam-se pela Grã-Bretanha durante as décadas de 1980 e 1990. Inicialmente, os mediadores familiares eram em sua maioria assistentes sociais qualificados e conselheiros matrimoniais e muitos tinham apoio dos juízes locais e de advogados de família. Vinte anos de campanha pela reforma das leis do Direito de Família e pelo financiamento público do serviço de mediação no âmbito familiar acarretaram a "Family Law Act 1996".[64]

Até 1996, a mediação familiar encontrava-se fora do sistema de Direito de Família inglês, considerado por muitos à margem, sendo um serviço, em geral, para a classe média, com renda mensal razoável. Em 1997, estabeleceu-se

---

[63] INGLATERRA, Family Mediation Council. Code of Practice 2010, §1.2.

[64] PARKINSON, Lisa. *Family Mediation*, op. cit., p. 5-6, passim.

a mediação com financiamento público, mas o instituto continuou sendo uma corrente paralela aos procedimentos privados de Direito de Família.[65]

Nos últimos anos a mediação vem ganhando cada vez mais força na Inglaterra, podendo-se afirmar que atualmente esse instituto já possui bases sólidas no ordenamento. A mediação é um tema recorrente nos debates sobre o Judiciário inglês. Embora ainda haja opiniões negativas e até certa resistência por parte de alguns setores, esse instituto está bastante enraizado na Inglaterra.

O próprio Governo incentiva a mediação e outras formas de solução de conflito e, nas propostas de reforma do Sistema de Direito de Família, afirma que os pais que estão se divorciando devem resolver seus conflitos fora da Corte, sempre que possível, e visando o interesse das crianças. Nesse sentido, a mediação seria uma ferramenta bastante eficaz para essa mudança de cultura.

Para Lisa Parkinson, mediadora inglesa com mais de 30 anos de experiência, a mediação está se fortalecendo não somente para ajudar os membros da família a resolver suas disputas fora do Judiciário, mas também num novo sistema de Direito de Família. Nesse sistema, a justiça participativa possibilita que as pessoas mantenham a autonomia para alcançar acordos juridicamente esclarecidos, que podem ser executáveis quando necessário, por meio de ordens da Corte.

Nicholas Wilson, Lord do Tribunal de Apelações da Inglaterra e Presidente da Associação de mediadores de Família afirma que: "[...] O Sistema será novo em vários aspectos. E, sim, a mediação não vai mais se encontrar fora, nem correndo em paralelo com o sistema. Ela estará, de fato, no sistema".[66]

Todo ano, mais de 500.000 crianças e adultos se envolvem no Poder Judiciário inglês por questões familiares. Esse ingresso no ordenamento jurídico ocorre num momento de intenso stress e conflito. As questões a serem enfrentadas são bastante relevantes, pois envolvem a "falência da família", dos relacionamentos e, por vezes, do "parenting" (criação dos filhos). Por isso, devem ser lidados do melhor modo possível, de maneira a não potencializar o conflito. Isso porque as repercussões podem se prolongar por muito tempo até mesmo depois da sentença judicial, e seus efeitos não se restringem às partes, mas à sociedade de uma maneira geral.[67]

Para se tornar um mediador privado na Inglaterra é preciso fazer um curso de formação com treinamento e estágio supervisionado por uma entidade

---

[65] Ibidem, p. ix.

[66] Ibidem, p. viii.

[67] INGLATERRA. *Family Justice Review*. Interim report. Executive summary and recommendations. March 2011, p. 4.

reconhecida pelo Governo. Em seguida, é necessário que um "mediador supervisor" dessa entidade forneça uma avaliação escrita, assegurando que o candidato está apto a conduzir as sessões (inicialmente sob a supervisão desse profissional, até que adquira suficiente experiência).

Posteriormente, esses mesmos mediadores podem realizar mediação pública, ou seja, pagas pelo Estado, uma vez que estejam registrados, aprovados e credenciados no Conselho Nacional de Mediação Familiar, vinculado ao Ministério da Justiça e pela Comissão de Serviços Jurídicos. Para isso, eles precisam demonstrar que preencheram os requisitos de qualificação das normas de competência profissional.[68]

Essa comprovação se dá pela avaliação de competência profissional, a qual o candidato deve fornecer um portfólio que contenha três principais casos completos de mediação, demonstrando suas habilidades como mediador e os resultados obtidos.[69] O seu supervisor deve providenciar uma declaração ratificando que o mediador completou o curso de formação e obteve, no mínimo, 10 horas de experiência de mediação, inclusive tomando a liderança nos casos submetidos.[70]

Tanto as mediações privadas como as públicas ocorrem onde o mediador regularmente realiza as sessões. A diferença é que quando as partes estão qualificadas a receber financiamento para a mediação, devem procurar um mediador apto para tanto, e este, ao final do processo, será pago pelo Estado. Caso contrário, são os mediandos que devem arcar com as despesas. Mas o procedimento é o mesmo em ambos os casos, podendo ocorrer na fase pré-processual ou com a ação judicial em curso.

Entre 2004 e 2005 o governo britânico gastou 14.2 milhões de libras em mediação familiar. Em auditoria realizada a pedido do Governo, constatou-se que "a mediação é geralmente mais barata, rápida e menos adversarial que os procedimentos judiciais e pesquisas mostram que proporciona melhores resultados, especialmente em relação às crianças [...] Na média, um caso que envolve mediação dura 110 dias e custa 752 libras, comparado com 435 dias e 1.682 libras em casos em que a mediação não foi utilizada". Além disso, 42% daqueles que não foram encaminhados à mediação afirmaram que teriam aceitado participar se tivessem conhecimento. Se esses 42%

68 Para maiores detalhes, vide item 4.1.7.2.

69 As partes devem dar o consentimento para que seu caso seja utilizado no portfólio, e o mediador deve assegurar o sigilo.

70 INGLATERRA, Family Mediator's Assessment of Professional Competence Scheme. Disponível em: <http://www.familymediationcouncil.org.uk/wp-content/uploads/2014/02/fmc_apc_guidelines_for_submission_jan_20141.pdf>. Acesso em: 5 jan. 2015.

utilizassem a mediação em vez da Corte, isso representaria uma economia de 10 milhões de libras ao contribuinte.[71]

Por isso, nessa ampla reforma no sistema jurídico de família inglês, além da questão de legislar para promover a "shared care", o Governo também pretende focar ainda mais na criação de meios para que os pais que estão se separando consigam alcançar seus próprios acordos sobre a criação e convivência com os filhos, sem a necessidade de intervenção dos Tribunais. Para isso, quer fornecer suporte para que eles atinjam acordos cooperativos e com enfoque no bem-estar das crianças, estimulando o positivo envolvimento de ambos os genitores na vida dos filhos. Em resumo, o Governo quer promover claras alternativas para as ações legais, de modo que haja menor incidência de genitores buscando o Tribunal como julgador final.[72]

Uma das medidas é proporcionar suporte *online*, para que os pais possam entender as necessidades das crianças, bem como opções para resolverem suas diferenças por meio de atendimentos apropriados, como a mediação de conflitos. Nesse sentido, há um estímulo para que as partes compareçam à reunião de informação e avaliação de mediação familiar, conhecido pela sigla MIAM.[73]

Esse incentivo ao comparecimento do MIAM já existe, mas o Governo quer tomar medidas mais contundentes para que a população busque meios não judiciais para resolver conflitos familiares. Para isso, quer que os advogados mencionem e sugiram a possibilidade da mediação. No entanto, uma pesquisa realizada em 2007 demonstra que em um terço dos casos, os advogados não discutiram a possibilidade de mediação nas hipóteses de divórcio.[74]

Ademais, outro passo é tornar a sessão informativa da mediação um pré-requisito para o ingresso no Judiciário, até mesmo nos casos de direito privado, afetando todo o sistema de Direito de Família. Até 2014, essa exigência só era obrigatória para os cidadãos que pleiteavam financiamento público para ingresso no Judiciário.

---

71 Idem. Legal aid and mediation for people involved in family breakdown. National Audit Office. London, 2007. (House of Commons). Summary. Março de 2007. Disponível em: <http://www.nao.org.uk/report/legal-aid-and-mediation-for-people-involved-in-family-breakdown/>. Acesso em: 10 jul. 2013. Trata-se de uma auditoria independente que verifica os gastos públicos do Parlamento.

72 INGLATERRA. Cooperative parenting following family separation: proposed legislation on the involvement of parents in a child's life. Consultation. Department for Education. Launch date: 13/6/2012, itens 1.2; 2.1.

73 Ibidem, item 2.3.

74 Idem. Legal aid and mediation for people involved in family breakdown, op. cit..

4.1.7.1 Mediação durante procedimento judicial

O "Family Law Act 1996", que entrou em vigor em 2000, em sua parte III trouxe importantes consequências para a função da mediação familiar. A seção 13, referente à resolução de disputa, estabelece direções a respeito da mediação no decorrer do processo judicial. Esta seção dispõe que:

> (1) Após a Corte ter recebido a 'petição inicial', pode direcionar as partes requerendo que cada uma compareça a uma reunião de acordo com o propósito de:
>
> a) permitir uma explicação sobre as facilidades disponíveis às partes para mediação, com relação às disputas entre elas; e
>
> b) proporcionar uma oportunidade para cada parte consentir em tirar proveito dessas facilidades.
>
> [...].

Já a seção 29 do "Family Law Act 1996" prescreve que os solicitantes de financiamento público, para ingressar na Corte nos casos de Direito de Família privados, devem, primeiramente, comparecer à reunião de informação e avaliação de mediação familiar. O objetivo é determinar se a mediação é cabível e se as partes não sofrem qualquer tipo de pressão ou abuso.

No "Family Procedures Rules", que entrou em vigor em abril de 2011, a regra 3.2 menciona: "A Corte deve considerar, em cada fase do processo, se a resolução alternativa de conflitos é apropriada". Em continuidade, a regra 3.3 dispõe:

> Se a Corte considerar que a solução alternativa de disputa é apropriada, a Corte pode direcionar que o processo, ou a audiência do processo, seja suspenso por determinado período, uma vez que considere apropriado
>
> a) permitir as partes a obter informações e conselhos sobre a resolução alternativa de litígios;
>
> b) se as partes concordarem, permitir que a resolução alternativa de conflitos ocorra.[75]

Em abril de 2013 entrou em vigor a "Legal Aid, Sentencing and Punishment of Offenders Act 2012", ocasionando uma radical mudança na assistência jurídica na Inglaterra, reduzindo-se drasticamente os critérios para seu enquadramento, de modo que somente em casos excepcionais os cidadãos

---

75 "Family Procedures Rules". Disponível em: <http://www.justice.gov.uk/courts/procedure-rules/family/parts/part_03>. Acesso em: 13 jun. 2013.

estarão aptos a receber ajuda financeira para ingressar no Judiciário.[76] Dessa forma, o foco voltou-se ainda mais para a mediação de conflitos na área de família, que continuará recebendo recursos públicos.

4.1.7.2 MIAM "Mediation Information and Assessment Meeting"

Acredita-se que muitos pais ingressam diretamente no Judiciário antes de terem sido dadas oportunidades de se considerar outras formas de resolução de conflito como a mediação. O Governo defende que, sempre que possível, as partes devem resolver suas desavenças familiares no âmbito particular, sem interferência externa. Nesse sentido, também sustenta que além de ser a melhor saída tanto para os pais como para as crianças envolvidas, diminui o tempo e os custos da Corte.[77]

A sigla MIAM corresponde a "Mediation Information and Assessment Meeting", cujo objetivo é uma reunião para possibilitar informação sobre: a) mediação b) modos como essas disputas podem ser resolvidas além da Corte; c) adequação da mediação ou outro meio de resolução de conflito relacionado ao caso específico. O MIAM se aplica somente aos litígios relacionados ao Direito de Família.

Até meados de 2014, na prática, apesar da existência do "Pre-application Protocol" das normas procedimentais do Direito de Família,[78] somente os requerentes que solicitavam ajuda financeira do Governo para ingressar no Judiciário sobre questões familiares é que estavam obrigados a comparecer ao MIAM antes de iniciar o procedimento judicial. Quando as partes ingressavam com ação judicial sem solicitar o "legal aid" era comum que o juízo não se atentasse para esse pré-requisito.

No entanto, com a aprovação da "Children and Families Act 2014" o comparecimento ao MIAM tornou-se obrigatório antes dos procedimentos judiciais de família, tendo agora força legal.[79] Assim, toda pessoa que pretender ingressar com tais ações, sejam públicas ou privadas, deve primeiro participar do "MIAM" para descobrir se quer considerar mediação ou outras formas de resolução de disputas não judiciais. Sem o preenchimento do

---

76 Esse tema já foi comentado no item 3.9 sobre "legal aid".

77 "Family Procedure Rules". Practice Direction 3A. Pre-application protocol for mediation information and assessment.

78 As normas procedimentais de Família são normas que regem a prática e os procedimentos no Direito de Família nos Tribunais. O protocolo estabelece medidas que o Tribunal normalmente espera de um requerente antes do pedido ser feito ao Tribunal no Direito de Família.

79 ROYCE-GREENSILL, Amy. MIAMS – essential update. Disponível em: <http://www.familylaw.co.uk/news_and_comment/miams-essential-update?#.U_5cuyxASM8>. Acesso em: 7 ago.2014.

formulário por um mediador reconhecido informando o comparecimento, o Judiciário não dará andamento à ação.

Ademais, em qualquer fase do processo judicial, os juízes devem considerar se a resolução de disputas fora da Corte é apropriada, especialmente quando há menores envolvidos, caso em que podem suspender o processo, se necessário, e encaminhar as partes ao MIAM.[80]

No MIAM abre-se uma oportunidade para esclarecimento sobre os modos apropriados de solução de conflitos disponíveis, sendo a mediação uma das opções. Nessa ocasião há o aclararamento das dúvidas, proporcionando às partes informações sobre os benefícios de se chegar a um acordo de forma mais racional, fora do Judiciário.

O MIAM não significa compulsoriedade da mediação, mesmo porque a mediação é voluntária. Sendo assim, esse encontro deve ser distinguido do processo de mediação, pois visa apenas informar às pessoas o que envolve esse instituto, com o intuito de auxiliá-las a decidirem se a mediação é ou não apropriada para elas. O indivíduo é livre para seguir ou não no processo de mediação, ou seja, o que é obrigatório é apenas o comparecimento à

---

80 "Children and Families Act 2014". Part 2, Section 10:
10. Family mediation information and assessment meetings
This sectionnoteType=Explanatory Notes has no associated
(1)Before making a relevant family application, a person must attend a family mediation information and assessment meeting.
(2)Family Procedure Rules—
(a)may provide for subsection (1) not to apply in circumstances specified in the Rules,
(b)may make provision about convening a family mediation information and assessment meeting, or about the conduct of such a meeting,
(c)may make provision for the court not to issue, or otherwise deal with, an application if, in contravention of subsection (1), the applicant has not attended a family mediation information and assessment meeting, and
(d)may provide for a determination as to whether an applicant has contravened subsection (1) to be made after considering only evidence of a description specified in the Rules.
(3)In this section—
"the court" means the High Court or the family court;
"family mediation information and assessment meeting", in relation to a relevant family application, means a meeting held for the purpose of enabling information to be provided about—
a)mediation of disputes of the kinds to which relevant family applications relate,
(b)ways in which disputes of those kinds may be resolved otherwise than by the court, and
(c)the suitability of mediation, or of any such other way of resolving disputes, for trying to resolve any dispute to which the particular application relates;
"family proceedings" has the same meaning as in section 75 of the Courts Act 2003;
"relevant family application" means an application that—
(a)is made to the court in, or to initiate, family proceedings, and
(b)is of a description specified in Family Procedure Rules.
(4)This section is without prejudice to sections 75 and 76 of the Courts Act 2003 (power to make Family Procedure Rules).

reunião inicial de esclarecimento – o MIAM –, que é um pré-requisito para aplicação à Corte.

Assim, ao ingressar no Judiciário, o requerente deverá entregar um formulário, contendo um dos seguintes itens:

> a) a comprovação, por meio de um mediador de família autorizado, de que a parte compareceu ao MIAM;
>
> b) a alegação do requerente de que se aplica uma das exceções ao caso (a ser analisado pela Corte);
>
> c) a confirmação de um mediador autorizado de que se aplica uma das exceções do mediador.[81]

As exceções ao comparecimento ao MIAM ocorrem quando:

> - existe alegação de abuso doméstico;
>
> - há necessidade de proteção do menor;
>
> - há urgência na ordem requerida;
>
> - houve o comparecimento prévio ao MIAM ou outra forma de resolução de disputa não adversarial nos últimos quatro meses antecedentes;
>
> - o mediador já considerou anteriormente que a mediação não era adequada para o caso;
>
> - a outra parte está em local incerto;
>
> - mediador confirma que uma ou ambas as partes não têm interesse na mediação. [82]

Nessas circunstâncias, não é preciso comparecer ao MIAM, bastando justificar as razões no protocolo a ser assinado somente pelo requerente ou seu representante legal.

No MIAM, os condutores dessa reunião inicial, juntamente com o requerente, deverão considerar se o conflito é capaz de ser resolvido com a mediação, ou se há circunstâncias que desaconselhem o procedimento, como nos casos em que haja risco de dano para a criança ou para um dos genitores, ou há urgência de ingresso na Corte.

O mediador autorizado deve:

> a) fornecer informações sobre os princípios, o processo e os diferentes modelos de mediação, além de informações sobre outros métodos de resolução de conflito;

---

[81] "The Family Procedure (Amendment Nº 3) Rules 2014, 3.7".

[82] "The Family Procedure (Amendment Nº 3) Rules 2014, 3.8".

b) analisar a adequação da mediação como meio de resolução de controvérsia;

c) avaliar se há risco de dano para uma das partes ou eventual criança.[83]

As partes podem comparecer juntas ou separadamente ao MIAM, sendo esta a oportunidade para o mediador informar os princípios da mediação, como voluntariedade, imparcialidade, confidencialidade e explicar como será o procedimento e seus objetivos. Este é o momento apropriado para os participantes tirarem suas dúvidas. Caso ambos concordem em dar continuidade, a mediação propriamente dita se iniciará na sessão subsequente, após assinatura do termo "Agreement to Mediate".

Há possibilidade de assistência financeira pública para essa reunião inicial e, caso se dê andamento ao procedimento, para mediações posteriores.[84] O grande benefício é que, além de haver incentivo ao instituto, mesmo que as partes não dêem continuidade, elas passam a conhecê-lo.

De acordo com a seção 29 do "Family Law Act 1996", para receber apoio financeiro para ingressar no Judiciário, no âmbito do Direito de Família, é necessário apresentar um formulário preenchido e assinado por um mediador reconhecido. Nesse documento, o mediador deve constatar que a mediação não é conveniente para as partes, seja porque uma delas não deseja participar; porque seu paradeiro é incerto ou se o mediador, após a reunião inicial, considerar que as circunstâncias não são apropriadas para a mediação, como por exemplo, em caso de urgência, abuso ou violência doméstica.

A partir de abril de 2013, o financiamento público (legal aid) para o ingresso no Judiciário relativo às questões familiares só ocorre em casos de violência doméstica.[85] Os mediadores acreditam que o fim desse financiamento público não vai atingir a mediação nem MIAMs. Ou seja, a pessoa que se enquadrar nos requisitos exigidos, receberá ajuda financeira para comparecer ao MIAM e às subsequentes sessões de mediação. Caso contrário, terá de desembolsar o valor de 87 libras mais taxa governamental, pelo MIAM.[86]

Entre 2006 e 2007, "The Legal Services Commission" gastou 13 milhões de libras em 13.889 mediações.[87] O Governo está disposto a incentivar

---

83 "The Family Procedure (Amendment Nº. 3) Rules 2014, 3.9".

84 No site do Governo, há possibilidade de fazer uma pré-checagem se o indivíduo pode estar apto a receber "legal aid". Para isso, é preciso responder um questionário sobre seus salários, poupanças e bens. Disponível em: <https://www.gov.uk/check-legal-aid>. Acesso em: 28 abr. 2016.

85 Assunto discutido no item 3.9 sobre "legal aid".

86 INGLATERRA. Pre-legislative scrutiny of the Children and Families Bill. House of Commons. Justice Committee. Fourth Report of Session 2012–13. 14 december, 2012.

87 HERRING, Jonathan. *Family Law*. Longman Law series. 4th edition, Essex, England, 2009, p. 135.

e arcar com os custos de mediação, no entanto, tendo em vista as medidas de austeridade implementadas, os requisitos de elegibilidade para recebimento do "legal aid" estão cada vez mais restritos e difíceis de serem alcançados.

Para ser ter uma ideia, atualmente é preciso completar um formulário de sete páginas com informações sobre a renda mensal, propriedades, outros rendimentos e aplicações financeiras de ambas as partes que desejam receber financiamento público para as sessões de mediação. Esse questionário "Financial Assessemnt for Family Mediation" é enviado para a "Legal Aid Agency" para análise e eventual aprovação.

O resultado almejado do processo de mediação é o de que, ao final, haja um "Parenting Agreement", servindo de ferramenta para ajudar os pais estabelecerem os arranjos para a criação dos filhos.[88]

Caso as partes já tenham participado do MIAM e posteriores sessões de mediação, alcançando um acordo, questiona-se se teriam que novamente participar do MIAM para reingressar no Judiciário. Os acordos sobre a guarda, no geral, duram dois anos, quando, por mudanças de circunstâncias, outros arranjos devem ser negociados. Por isso, a recomendação dada pelo "Family Justice Review" é a de que haja um prazo de seis meses como forma de exceção, ou seja, se durante o último semestre as partes já participaram do MIAM, não necessitariam comparecer novamente, podendo ingressar diretamente no Judiciário, se assim desejarem.

Uma preocupação é a de que a necessidade de comparecimento a essa primeira reunião de informação à mediação possa acabar causando atrasos ao início do processo judicial, tanto pela demora de comparecimento do requerido, como também no caso de as partes não desejarem dar continuidade à mediação. Por isso, é preciso encontrar um meio termo em que se busque a mediação, mas que não haja prejuízos ao acesso à Justiça.

4.1.7.3 O processo de mediação

É bastante comum na Inglaterra que os protagonistas da relação afetiva que estão em conflito busquem diretamente a mediação antes de outra forma de solução de controvérsia, incluindo o Judiciário. Tendo em vista o incentivo do Governo e a solidificação das associações de mediação, a sociedade possui certo conhecimento da existência da mediação. Assim, mesmo que

---

88 INGLATERRA. Cooperative parenting following family separation: proposed legislation on the involvement of parents in a child's life. Consultation. Department for Education. Launch date: 13/6/2012, item 2.3.

elas não saibam exatamente o que é o instituto, sabem que é uma forma razoável de auxiliá-los nesse momento de transição. Outros meios comuns de acesso a esse método são por indicação dos advogados e serviços sociais.

Com a era da Internet, fica muito mais fácil buscar dados sobre o tema e endereços de profissionais que fazem esse tipo de trabalho. É possível encontrar informações em *websites*, publicidade em revistas, entrevistas em rádios etc. Assim, após um primeiro contato, o mediador questiona se a outra parte tem conhecimento e interesse pela mediação e agenda um horário para que compareçam para a uma reunião inicial de avaliação. Esse encontro pode ser feito individualmente ou de forma conjunta, dependendo do estilo do mediador. Mesmo que o encontro seja em conjunto, deve haver uma oportunidade de conversa individual, com vistas a uma triagem sobre violência doméstica e para certificação acerca da liberdade da parte.

É nessa reunião que o profissional vai explicar o procedimento, verificar a conveniência e adequação da mediação para aquele caso específico. Caso os participantes manifestem interesse, o termo de concordância para a mediação - "Agreement to Mediate" deve ser assinado por todos os envolvidos. Nesse termo de aceitação constarão os princípios da mediação; uma breve explanação do processo; as exceções que se aplicam à confidencialidade; o preço das sessões, bem como dos "Planos de convivência", do "*Memoradum* do acordo" e do "Resumo das finanças", que são opcionais.

Principalmente na Inglaterra, um país conhecido pelo multiculturalismo, em que crianças nasceram em 185 dos 192 países do globo, a ocorrência de relacionamentos e casamentos entre pessoas de etnias diferentes é cada vez mais comum. Esse panorama inclui casais de minorias étnicas e heranças tradicionais muito diferentes. Em determinadas sociedades, por exemplo, há preponderância das decisões masculinas, em outras, o divórcio não é aceito culturalmente. Por isso, o mediador precisa estar atento a essa diversidade de normas culturais que podem influenciar sobremaneira a habilidade do casal de negociar na mediação.[89] Assim, o profissional precisa respeitar essas diferenças culturais e saber lidar com esse tipo de situação.

Ademais, esse multiculturalismo presente no Reino Unido, somado à facilidade de locomoção entre os países europeus acarreta o crescente litígio transnacional envolvendo disputa pelos filhos. Apesar da dificuldade do tema, a mediação pode fornecer subsídios para que a decisão seja tomada de forma mais ponderada, visando à proteção do interesse das crianças.

---

[89] PARKINSON, Lisa. *Family Mediation*. op. cit., p. 69.

Independente dos assuntos a serem abordados na mediação, se já possuem advogados, os mediandos devem notificá-los sobre o encontro com o mediador. No início do procedimento, é preciso deixar claro que as partes devem fornecer as informações de maneira correta sobre os pontos a serem mediados, bem como informá-los que o mediador não irá checá-las. Por isso, cada participante tem a responsabilidade de buscar aconselhamento jurídico independente para verificar a adequação da informação antes de formalizar um acordo. O mediador deve esclarecer dos riscos de não o fazer.

Durante o processo de mediação, conforme dispõe o Código de Prática de 2010 do Family Mediation Council (FMC), no item 6.3, o mediador deve aventar a possibilidade de reconciliação entre os participantes, mas precisa elucidar as diferenças com outros serviços como terapia familiar.

É preciso dar oportunidade para que os participantes questionem sobre as informações fornecidas pela outra parte e também possam buscar mais subsídios e documentações necessárias para seu esclarecimento. O objetivo é promover o completo entendimento de tais dados, para que eventual acordo seja realizado de maneira equilibrada, ponderada, livre e mediante total compreensão.

No decorrer das sessões, o mediador deve continuar verificando se todos os envolvidos continuam participando de maneira voluntária e se há equilíbrio de poder. O profissional deve garantir que os acordos, se alcançados, decorram de decisão informada e desprovida de qualquer forma de pressão. Ademais, é preciso que as partes saibam das consequências de suas decisões tanto no âmbito pessoal, com também para seus filhos e demais membros da família.

4.1.7.4 O princípio da confidencialidade

Na Inglaterra, os mediadores têm o dever profissional de confidencialidade, ou seja, não podem revelar informações obtidas durante as sessões de mediação, sem o consentimento de todas as partes envolvidas. Isso inclui conversas com os advogados; conselheiros legais das partes e até mesmo o Tribunal.

Esse "legal privilege" ou prerrogativa legal deriva do "case-law" do Direito Inglês, ou seja, a partir de outras decisões judiciais estabeleceu-se essa regra, que também impõe três limitações: a) essa prerrogativa pertence às partes e não ao mediador, portanto, caso decidam dispensá-la, basta o consentimento delas; b) essa prerrogativa não inclui afirmações que não são suficientemente relevantes para a questão que está sendo negociada;

c) os termos estabelecidos nessa negociação não são por si mesmo confidenciais. Por isso, o "*Memorandum* of Understanding" ou "*Memorandum* de entendimento" refere-se a propostas sujeitas a aconselhamento jurídico, evitando o uso da palavra "acordo".[90]

Os Tribunais apoiam a existência dessa prerrogativa de confidencialidade, baseado num princípio de interesse público. Inicialmente essa prerrogativa decorreu de casos de negociação visando à reconciliação. Nesse sentido, o Estado verificou interesse público na perspectiva de explorar a possibilidade de reconciliação, sem que as partes sofressem uma desvantagem em caso de subsequente ingresso no Judiciário. Posteriormente, essa prerrogativa se estendeu para a mediação e outros assuntos.[91]

No entanto essa regra não é absoluta, há algumas exceções em que o mediador tem a obrigação legal de revelação de certas informações às autoridades competentes. Por isso, o mediador tem o dever de informar na primeira reunião as exceções ao princípio de confidencialidade, bem como incluí-las no "Termo de Consentimento para Mediação" a ser assinado por todas as partes.

A primeira exceção ocorre quando o mediador observa que há risco para a criança ou mesmo um adulto. Nesse caso, ele deve discutir essa questão com os participantes, no intuito de ratificar suas percepções iniciais e verificar o real significado das alegações. Em seguida, o profissional deve informar os passos a serem seguidos e noticiar a agência de proteção, pois o melhor interesse da criança deve predominar.

Outra exceção refere-se às informações financeiras, em que deve prevalecer o interesse da Justiça. Assim, em qualquer tipo de mediação, as revelações financeiras são sempre consideradas de forma aberta, ou seja, não confidenciais e o "Open financial summary", ou "Resumo aberto das finanças" deve ser elaborado em documento separado.

O mediador deve deixar claro que se for solicitado para revelar as informações financeiras à determinada autoridade governamental, deve fazê-lo sem comunicar as partes e terminar a mediação sem aviso prévio, conforme determina "Proceeds of Crime Act 2002".

Ao final, os participantes podem solicitar que o mediador elabore um resumo com os detalhes do que foi acordado entre os mediandos. Essa síntese não pode ser considerada vinculativa até que todos os envolvidos tenham a

---

90 PARKINSON, Lisa. *Family Mediation*. op. cit., p. 18.

91 Idem.

chance de receber aconselhamento jurídico. Após esse aconselhamento, as partes podem decidir se desejam tornar esse acordo obrigatório.[92]

4.1.7.5 Mediação e violência doméstica

Para que a mediação ocorra de forma efetiva, é preciso que haja voluntariedade das partes e equilíbrio de poder. Nesse sentido, não é possível que haja mediação quando há qualquer forma de abuso ou violência entre os participantes. Esse abuso pode ser físico ou emocional, tais como ameaças, intimidações, seja no parceiro ou nos filhos.

A lei inglesa reconhece que o fato de a criança ouvir ou testemunhar violência doméstica é um grave problema de proteção à criança. O significado de dano à criança foi alterado na Lei "Adoption and Children Act 2002" para incluir "prejuízo sofrido ao presenciar ou ouvir maus-tratos de outro".[93]

Nos casos em que há violência doméstica, as partes estão dispensadas de considerar a mediação e de comparecer ao MIAM para se obter assistência jurídica. Desse modo, elas podem ingressar diretamente no Judiciário e solicitar apoio financeiro para sua representação.

No entanto, por vezes, o tema do abuso ou violência somente aparece durante a sessão inicial – o MIAM – ou nas sessões posteriores de mediação. Caso isso ocorra, cabe ao mediador avaliar a situação e, se entender necessário, encerrar imediatamente a sessão, tendo o dever de informar sua suspeita às autoridades competentes.

Há uma corrente majoritária que sustenta que sempre que houver violência, a mediação não deve ser utilizada. Por outro lado, a corrente minoritária alega que, em alguns casos, se não em todos, a mediação é adequada e efetiva, se feita por meio de técnicas apropriadas. Argumenta-se que a mediação de conflitos empodera as vítimas ao assisti-las a confrontar seu parceiro e também possibilita que indivíduos que usem da violência aprendam outros caminhos para reivindicar seus interesses.[94]

Lisa Parkinson sustenta que a experiência da mediação e alguns estudos indicam que a mediação pode ser apropriada mesmo quando já houve incidentes prévios de violência ou abuso ocorrido há muito tempo e não haja receio de regresso, ou aconteceu um episódio isolado e atípico, possivelmente envolvendo os dois parceiros de alguma forma.[95]

---

92 PARKINSON, Lisa. *Family Mediation*. op. cit., p. 19.

93 PARKINSON, Lisa. *Family Mediation*. op. cit., p. 78.

94 GREATBATCH, David; DINGWALL, Robert. *The marginalization of domestic violence in divorce mediation*. International Journal of Law, Policy and the family, 13, 1999, p. 174-190, p. 175.

95 PARKINSON, Lisa. *Family Mediation*. op. cit., p. 82.

Os mediadores devem, em todo momento, considerar as questões de bem-estar e segurança dos envolvidos. Esses profissionais que atendem o setor público são treinados para avaliar esses riscos. O problema é que, no âmbito privado, embora a maioria dos mediadores esteja ligado a alguma associação de mediação, não há essa obrigatoriedade, o que dificulta a verificação de uma qualificação mínima para esses mediadores, colocando em risco a efetividade do atendimento. A recomendação é a de que os mediadores privados devam ter os mesmos requisitos que os mediadores pagos pelo Governo através da "legal aid".

Alguns estudos sustentam que é comum que o tema da violência doméstica não seja lidado de forma apropriada, havendo sua marginalização. David Greatbatch e Robert Dingwall mostram como as alegações de violência doméstica são conduzidas na mediação, a partir de 121 gravações de áudio de sessões de mediação familiar na Inglaterra.

O estudo focou nos casos em que foi relatado que um membro da família agrediu fisicamente o outro, normalmente a mulher ou o filho, ou ameaçou fazê-lo. O que se notou é que os mediadores, em geral, não questionavam a veracidade dos fatos e que muitas vezes procuravam mudar de tópico, sustentando que as partes deveriam focar na finalidade da mediação. Uma possível explicação para isso é a de que os mediadores estariam relutantes de discutir violência doméstica porque a mediação familiar não seria o instituto apropriado. Outro argumento é o de que as características das partes e o caso em si, levaram o mediador a concluir que não seria um assunto grave para ter de ser discutido.[96]

No entanto, os pesquisadores sustentam que a marginalização da violência não começa com a intervenção dos mediadores. Ela se iniciaria com as alegações das "vítimas", que são reproduzidas de tal forma que, ou minimizam sua severidade e o impacto da violência, ou aumentam a possibilidade de que elas não seriam acusações muito "sérias". Assim, por vezes, não seria a indiferença dos mediadores ao tema, mas o modo como a parte menciona o ocorrido, que justificaria o comportamento dos mediadores ou até conduziria a essa marginalização.

Os autores também afirmam que pode haver outras interpretações para esse tipo de comportamento. Um exemplo é que essa divulgação vaga ou indireta sobre a violência seja um modo de testar a receptividade do mediador para verificar se seria viável revelar de maneira integral o que realmente aconteceu.

---

[96] GREATBATCH, David; DINGWALL, Robert. *The marginalization of domestic violence in divorce mediation*, op. cit., p. 177-187, passim.

Por isso, as vítimas precisam estar preparadas para a mediação, tomando consciência da importância de fazer as alegações logo no início e de maneira assertiva, se elas desejam que esse tema seja tratado de forma séria. Isso pode ser facilitado nos modelos em que a reunião inicial de mediação ocorre de maneira individual com o mediador, em oposição ao modelo no qual todos os encontros devam ocorrer de maneira conjunta desde o princípio.

Diante das dificuldades de lidar com a questão da violência doméstica, tanto em razão da relutância das vítimas, da tentativa de descrédito das alegações ou até das falsas acusações, é imprescindível desenvolver políticas e procedimentos adequados para lidar com o fato, não só na mediação, mas até mesmo no âmbito jurídico, com o intuito de proteção dos envolvidos.

4.1.7.6 Participação do advogado na mediação inglesa

Normalmente, as sessões de mediação são conduzidas sem a presença de advogados. No entanto, nada impede sua participação, caso haja anuência das partes e o mediador considere conveniente, conforme estabelece o item 6.16 do Código de Prática do Conselho de Mediação Familiar da Inglaterra. Se houver consentimento, também é possível a presença de outros membros da família; novos parceiros; intérpretes e consultores financeiros independentes quando o caso envolver questões de alta complexidade.

Assim como no Brasil, na Inglaterra também há certo mito de que os advogados são agressivos e "causadores de problemas". Aqueles que defendem uma abordagem feita pelo advogado em detrimento da mediação, ou mesmo concomitante a ela, sustentam que as negociações entre esses profissionais asseguram uma melhor igualdade de poderes. Ademais, o advogado é parcial e defende o interesse do cliente, que poderia ser prejudicado na mediação por falta de conhecimento técnico.

Numa pesquisa realizada em 2003 por clientes que tiveram acesso tanto a advogados quanto a mediadores, 60% atestaram que seus advogados foram úteis, enquanto que, para mediadores, apenas 35%.[97] Por outro lado, uma queixa recorrente é que os advogados não levam em conta os aspectos emocionais e o stress gerado com o divórcio.[98]

Na realidade, o trabalho desses dois profissionais é complementar. Atualmente, os mediadores recomendam que as partes consultem um advogado

---

[97] DAVIS, G.; CLISBY, S.; CUMMING, Z. et al. Monitoring Publicly funded family mediation. London: Legal Services Comission, 2003, p. 11. E HERRING, Jonathan. *Family Law*, op. cit., p, 152.

[98] HERRING, Jonathan. *Family Law*, op. cit., p. 152.

para aconselhamento jurídico antes de iniciar a mediação, com o intuito de se informarem sobre seus direitos, já que o mediador não poderá esclarecer sobre esse assunto. Ademais, caso os mediandos cheguem a algum acordo, antes de torná-lo vinculativo, devem ter a anuência de seus representantes legais, principalmente quando envolva questões financeiras.

4.1.7.7 "In-court-mediation"

Há alguns projetos-piloto em andamento na Inglaterra que incluem a mediação dentro nos Tribunais, visando auxiliar os juízes e o CAFCASS, mas que, de certa forma, acabam se afastando um pouco dos princípios da mediação.

Nesse sentido, quando já existe um procedimento judicial, o juiz distrital, verificando a conveniência, pode encaminhar as partes a comparecerem a uma sessão de mediação com um assistente social do Tribunal, podendo envolver crianças acima de nove anos e os advogados das partes. Esse juiz estará disponível para dar ordens de consentimento, se necessário. Se as partes não chegarem a um consenso, outro "welfare officer" pode ser requisitado para fazer um relatório. Então, apesar de a mediação em si não envolver o juiz, o processo de mediação judicial é supervisionado por ele. A desvantagem é que as partes podem se sentir pressionadas para chegar a um acordo.[99] De certa forma, elas se sentem persuadidas pelo juiz ou assistente social, o que acaba por ser uma solução imposta pela Corte, afastando amplamente os princípios da mediação.

Christine Bragg e Mary Banham-Hall são mediadoras há oito anos no "Milton Keynes County Court", um fórum da Inglaterra e relatam que embora inicialmente houvesse uma preocupação e resistência com a mediação no Judiciário, esses oito anos em que realizam mediações nos Tribunais mostraram que o envolvimento da mediação no Judiciário resultou em processos mais rápidos; economia para as partes, a Corte e os fundos de assistência. Mas o mais importante para as mediadoras é que a mediação no Judiciário produz resultados para os quais os participantes tomam responsabilidade, de modo que tendem a durar mais, se comparado com as decisões da Corte. A taxa de sucesso é de 75% a 80%.[100]

Os benefícios da mediação durante o processo judicial, segundo as profissionais, são: às vezes a parte não quis comparecer anteriormente na sessão de mediação, mas nesse momento terá que fazê-lo e a experiência comprova

---

[99] HERRING, Jonathan. *Family Law*, op. cit., p. 149.

[100] BRAGG, Christine; BANHAM-HALL, Mary. In court mediation. Palestra proferida na Conferência: Family Mediators Association. 'Fit for purpose', em 25.9.2012.

que muitas vezes funciona. O acordo na mediação pode ser imediatamente consagrado como ordem judicial. A afirmação feita pelo juiz para as partes de que são os pais os mais aptos sobre os cuidados com os filhos é bastante conveniente para mostrar que são eles que devem tomar a responsabilidade pelas crianças, a não ser que haja risco envolvido.[101]

4.1.7.8 Mediação após o procedimento judicial

Na Inglaterra, a mediação, sempre que possível, é incentivada. Quanto mais cedo ser der o início do procedimento, maiores serão as chances de que o diálogo entre as partes não esteja desgastado. Por isso, há requerimento para comparecimento ao MIAM antes do início dos procedimentos judiciais. Mesmo que as partes decidam ingressar no Judiciário, a Corte deve considerar em cada estágio se é possível a resolução "alternativa" de conflito, conforme dispõe o item 3.2 do "Family Procedure Rules 2010". Por isso, até mesmo na Corte de Apelações, a mediação pode ser considerada.

Nesse sentido, esse encorajamento persiste mesmo após o término do procedimento judicial. Assim, no que tange aos arranjos de convivência, por exemplo, em que as circunstâncias mudam de acordo com o desenvolvimento dos filhos, a mediação pode ter um papel bastante relevante mesmo após uma determinação judicial.

Além disso, por meio de políticas públicas, o Governo está buscando cada vez mais disponibilizar serviços para a população como aconselhamento de pais, esclarecimento de dúvidas por meio de telefones, websites ou de forma pessoal. Pode-se citar o site www.sortingoutseparation.org.uk, que contém informações bastante variadas, confiáveis e completas, que podem trazer muitos esclarecimentos para os pais. Outrossim, conforme mencionado anteriormente, há um programa chamado "Programa de Informação aos Pais Separados" que visa elucidar as dúvidas e ajudar a lidar melhor com os conflitos da separação.[102]

4.1.7.9 Aspectos gerais da mediação

O curso de formação de mediação familiar em geral dura 52 horas, divididas em oito dias de aulas teóricas, com apresentação de três trabalhos

---

101 Ibidem.

102 Sites com informações sobre o programa "Separated Parents Information Programme": Disponível em: <http://www.separatedparentsinformationprogramme.com/> Acesso em: 15 mai. 2014. e <http://www.cafcass.gov.uk/media/2864/PIP%20May%202012%20FINAL.pdf>. Acesso em 5 jul. 2013.

escritos. A partir daí é possível iniciar as aulas práticas de observação e realizar comediações supervisionadas. No geral, é preciso uma média de, no mínimo, dez horas de comediação para estar apto a realizar mediações de maneira individual.

Os mediadores normalmente estão associados a um instituto de mediação reconhecido e autorizado pelo Conselho de Mediação Familiar ("Family Mediation Council"), que promove atualizações anuais, conferências e encontros visando à reciclagem dos profissionais. Nesse sentido, os mediadores têm um supervisor mais experiente que acompanha o andamento e evolução do mediador, dando suporte quando necessário. Para estarem vinculados às associações como "Family Mediators Association" e "ADRg", por exemplo, o profissional precisa participar de cursos anuais de reciclagem e aperfeiçoamento.

Para que o mediador tenha licença para trabalhar com casos que envolvem financiamento público ("legal aid"), além do curso de formação, eles precisam adquirir conhecimento e prática, tendo, no mínimo, dois, de experiência. Ademais, além da comprovação da experiência anterior em mediação e comediação privadas, devem formar um portfólio detalhado das mediações realizadas, explicitando as técnicas utilizadas em, no mínimo, três mediações completas, e modos de lidar com os conflitos envolvidos.

Outro pré-requisito é responder a um questionário sobre um estudo de caso e fazer um plano de desenvolvimento, com o esboço de sua formação, o planejamento de treinamento futuro, incluindo as necessidades de aprimoramento. Por fim, esse material deve passar pelo crivo do supervisor, para que o mediador esteja apto a fazer uma defesa para ser aprovado na "Avaliação de competência em mediação familiar".

Para a submissão, é preciso pagar uma taxa de 350 libras. O processo de análise pode levar até seis semanas. Há três possibilidades de resposta: reconhecimento completo, reconhecimento provisório e ainda não comprovado. Nos últimos dois casos, será fornecida a lista dos documentos a serem demonstrados.

Superadas essas etapas, o mediador é reconhecido pelo "Conselho Nacional de Mediação Familiar" e estará apto a exercer sozinho os tipos de mediação com financiamento público aos quais submeteu a candidatura. Há três diferentes categorias, às quais se pode aplicar: a) propriedade e finanças; b) casos que envolvam somente crianças; e c) todas as áreas de família, sem restrição.

Conforme mencionado anteriormente, tanto as mediações privadas como as públicas ocorrem onde o mediador regularmente realiza as sessões. A diferença é que nas hipóteses em que as partes estão qualificadas a receber financiamento para a mediação, devem procurar um mediador apto para tanto, que, ao final do processo, será pago pelo Estado. Caso contrário, são os mediandos que devem arcar com as despesas. Mas o procedimento é o mesmo em ambos os casos, podendo ocorrer na fase pré-processual ou com a ação judicial em curso.

Os custos da mediação variam de acordo com a experiência do profissional, localização da mediação ou do renome do instituto. Na média, podem variar entre 80 a 200 libras a sessão.

Os dados coletados na mediação e os resumos feitos em cada sessão deverão ser armazenados. Isso pode facilitar as partes a obter aconselhamento legal, considerar opções e se prepararem para as próximas sessões. É positivo, ao final de cada sessão, fornecer uma nota escrita com um "task list", ou relatório provisório com o resumo do que foi discutido.

Embora o objetivo da mediação seja a comunicação direta, alguns mediadores se utilizam de *Caucus* ou "Shutle Mediation", ou seja, sessões de mediação individuais, com o objetivo de explorar as opções mais calmamente. Na área de mediação familiar, no entanto, ela é raramente aplicada, sendo mais comum em áreas comerciais e civis.[103] O *Caucus* pode ser positivo na primeira sessão informativa, quando a parte pode se sentir mais à vontade para demonstrar seus reais desejos de dar continuidade ou não à mediação, pois não sofrerá qualquer tipo de pressão do ex-parceiro. No entanto, alguns mediadores se opõem a esse tipo de ferramenta, pois consideram que interfere na transparência do procedimento.

A taxa de sucesso total ou parcial nos casos de mediação com financiamento público é de 70%[104]

4.1.7.10 Memorando de entendimento

"O termo de aceitação para mediar" que as partes assinam antes de iniciar as sessões de mediação explica que é possível a elaboração do "Memorando de entendimento" ("*Memorandum* of Understanding") ao final da mediação, ou durante o processo, se necessário. Esse documento, também chamado de "Resumo das Propostas", é confidencial e resume as proposições para um acordo. Esse memorando de entendimento deve conter um resumo claro dos arranjos e propostas concretas de acordo, bem como os aspectos que não foram considerados, possivelmente por falta de tempo. Nas questões em que não houver concordância, deve-se constar a posição de cada participante de forma imparcial. Outras informações relevantes devem ser explicadas de forma concisa, isenta e positiva.

---

103 PARKINSON, Lisa. *Family Mediation*. op. cit., p. 104.

104 Ibidem, p. 336.

Quando os mediandos não têm confiança de que os termos acordados serão respeitados, eles podem tornar esse memorando juridicamente vinculativo, sendo passível de ser reportável à Corte em caso de descumprimento. Para isso, esse termo deve ser ratificado pelos advogados das partes, sem necessidade de ingresso no Judiciário. Outra forma de torná-lo executável é que ele seja usado para servir de base para uma ordem judicial de consentimento, fornecendo uma solução final e completa para os procedimentos de divórcio. Para isso, os envolvidos devem abrir mão, por escrito, da cláusula de confidencialidade.

Dependendo dos assuntos abordados, ao final da mediação é também elaborado separadamente a "Declaração de Informações Financeiras Abertas" ("Open Statement of Financial Information"). Esse documento, diferentemente do "Memorando de entendimento", não é confidencial, podendo ser utilizado em procedimentos judiciais futuros. Nele as partes devem confirmar que divulgaram integralmente as informações sobre suas finanças, pois, caso contrário, acordos futuros baseados nesses dados incompletos poderão perder o valor.[105]

Cabe ressaltar que as palavras "acordo" ou "concordam" devem ser evitadas, pois essas propostas estabelecidas durante a mediação ainda estão sujeitas ao aconselhamento jurídico de cada parte. O mesmo deve ocorrer com vocabulário jurídico como "residência" e "contato". O objetivo é evitar mal-entendidos e o aumento de conflito, caso seja necessária uma emenda ou futura negociação após o aconselhamento do advogado.[106]

A análise dos principais pontos da mediação familiar na Inglaterra é positiva, para demonstrar os aspectos que funcionam bem e os que merecem reparo na Inglaterra. Assim, o Brasil pode ter mais parâmetros para fortalecer a mediação de conflitos na nossa legislação.

4.2 DEMAIS INSTRUMENTOS FACILITADORES PARA O EXERCÍCIO DA GUARDA

Feita a análise sobre a importância da mediação como facilitadora da guarda dos filhos, necessário verificar outros meios auxiliadores de seu exercício no interesse de proteção dos menores.

Certo é que a simples promulgação da lei sobre guarda compartilhada, ainda mais se feita de maneira isolada não irá promover uma mudança de mentalidade tanto da sociedade, como do Governo e dos profissionais do Direito.

---

105 PARKINSON, Lisa. *Family Mediation*. op. cit., p. 302- 305, passim.

106 Ibidem, p. 309.

Ora, conforme já analisado, a lei de guarda compartilhada (Lei nº 11.698/2008), teoricamente nem seria necessária, caso o poder familiar fosse aplicado de maneira correta.[107] No entanto, tendo em vista que na prática a autoridade parental perdeu espaço em detrimento da guarda, optou-se por criar tal lei, de caráter mais pedagógico do que prático, para reforçar a importância da participação de ambos os pais na vida dos filhos. Todavia, como a norma não correspondeu ao esperado, já que apenas 5% das guardas em 2014 foram compartilhadas, o legislador mais uma vez preferiu promulgar outra lei, agora determinando a guarda compartilhada como regra, mesmo em caso de litígio (Lei nº 13.058/2014).

Antes de se apresentar variados projetos de leis com mudanças de paradigmas, é preciso analisar a fundo as motivações, os benefícios e as consequência dessa futura norma. Entretanto, o que se observa é que, não raro, o legislador, sem um estudo e análise aprofundados, cria projetos de lei de acordo com suas próprias convicções, sem verificar possíveis consequências e impactos dessa nova legislação. Ademais, é comum importar institutos de outros países, sem se levar em conta as peculiaridades de cada sistema jurídico.

É o que ocorreu com a guarda compartilhada, que existe em alguns ordenamentos estrangeiros, nos quais, quando ocorre o divórcio, a responsabilidade parental é confiada, em regra, ao genitor guardião.[108] Como no Brasil o poder familiar não se altera nessas hipóteses, não havia necessidade de se criar novas leis, bastava-se dar efetividade à autoridade parental.

Esse cenário demonstra que o Estado utiliza saídas pontuais, sem a devida iniciativa de provocar uma mudança sistêmica na sociedade. Nesse sentido, não é porque essas leis foram criadas que haverá automaticamente uma participação mais ativa de ambos os genitores na vida de seus filhos. É preciso que o Estado aja por diversas vias, tanto no sentido de conscientização dos pais, por meio de programas do Governo, como no treinamento e na formação de juízes, promotores e assistentes sociais do Judiciário.

Ademais, pesquisas e estudos sobre o tema são de suma importância, para se entender como, na prática, essas intenções legislativas podem ser aplicadas.

4.2.1 *Implementação de pesquisas e estudos relativos à guarda dos filhos na prática*

No Brasil, não se dá a devida importância às pesquisas nem há incentivo aos estudos sobre temas de efetiva relevância. Assim, perde-se a chance de

---

[107] Vide item 2.1

[108] Sob esse aspecto, Ana Carolina Brochado cita a legislação portuguesa e italiana. TEIXEIRA, Ana Carolina Brochado. *Família, guarda e autoridade parental,* op. cit, p. 117-125.

adaptar uma legislação mais coerente com a realidade do país. Isso porque, apesar de o intuito de eventual lei ser positivo, por vezes a realidade fática do país pode obstruir a aplicação almejada da norma.

Por isso, diante da escassez de pesquisas no Brasil sobre a guarda dos filhos, resta-nos analisar alguns estudos realizados na Inglaterra e Austrália que, feitas as devidas ressalvas, já que são ordenamentos distintos, podem trazer aspectos a serem refletidos.

Nesse sentido, duas pesquisas merecem destaque nessa obra que versa sobre os instrumentos facilitadores da guarda: menores em "shared care" e escuta das crianças.

4.2.1.1 Estudos estrangeiros sobre crianças em "shared residence"

Apesar da guarda compartilhada já existir expressamente no ordenamento brasileiro desde 2008, é preciso ter cuidado, pois muitos operadores do Direito e até juízes ainda confundem a guarda compartilhada com a divisão de residência, vide decisão do STJ[109]. E isso pode provocar consequências negativas se levadas à prática. Portanto, é fundamental uma análise interdisciplinar para se estabelecer parâmetros a serem seguidos no momento da escolha da guarda dos filhos.

No Brasil, notam-se guardas compartilhadas ou alternadas sendo impostas judicialmente, com o objetivo de proporcionar igualdade aos genitores. Todavia, o foco não deve ser os pais, mas sim o melhor interesse da criança. Por isso, seria bastante válido um estudo de relativa abrangência sobre o que pensam aqueles que sofrerão as consequências da implantação da medida: os filhos – com o intuito de dar uma atenção maior aos seus desejos, angústias e anseios.

Diante da ausência de estudos no país, positiva é a análise de pesquisas realizadas com esses menores na Inglaterra e na Austrália. Aqui serão mantidas as expressões em inglês, para que não haja prejuízos na tradução e fique claro que essa obra defende a diferença entre guarda compartilhada e guarda alternada.

Como a pesquisadora inglesa Liz Trinder afirma, muito pouco entendimento se tem sobre a experiência das crianças inglesas sobre "shared care". Na verdade, quando os pais fazem relatos sobre o bem-estar dos menores nesse tipo de arranjo, normalmente refletem suas próprias experiências e

---

109 STJ, REsp nº 1.251.000 –MG (2011/0084897-5). Rel. Ministra Nancy Andrighi, 3ª Turma.

não a de seus filhos.[110] Ainda não há conhecimento suficiente para saber como esses arranjos funcionam para as crianças e adolescentes, até mesmo em países que adotam a "shared residence" há anos.

Há raros estudos quantitativos acerca da opinião das crianças sobre os tipos de arranjo de convivência. Em um deles, desenvolvido com adolescentes cujos pais passaram pelo divórcio, observou-se que eles prefeririam ter tido "shared care". No entanto, quando as próprias crianças vivenciaram a "shared care", a situação é muito mais complexa.[111]

Carol Smart, com o objetivo de conhecer um pouco melhor a experiência das crianças que passaram por esse tipo de arranjo, realizou um estudo de longo prazo com 60 menores ingleses, dos quais 30 estavam vivenciando ou vivenciaram a "shared residence". Dessas 30 crianças entrevistadas inicialmente, 21 continuavam em "equal shares" após três anos. Dos nove restantes, quatro haviam saído de casa e em cinco, a guarda se reverteu para a mãe. O propósito da pesquisa era verificar como as crianças lidam com as mudanças e reivindicações existentes em cada casa, e se os seus sentimentos se alteraram com o passar do tempo. Percebeu-se que a "shared residence" para adolescentes pode ser bastante problemática.[112]

A pesquisadora identificou três fatores que influenciam o contentamento ou não da criança com "equal shares":

a) se os arranjos de residência eram baseados nos interesses e desejos dos pais ou dos filhos. Quando se priorizava as necessidades das crianças, elas se sentiam consultadas e confiantes para sugerir mudanças ao longo do tempo. Esse elemento era vital quando seus interesses e necessidades mudavam, principalmente na adolescência, pois sentiam ter certo controle sobre a situação e reforçava a ideia de que esse arranjo buscava seu bem-estar e felicidade. Em geral, as crianças não se sentiam manipuladas e não havia conflito entre os pais.

b) se os arranjos eram flexíveis de acordo com a mudança das circunstâncias. O elemento flexibilidade se torna mais importante à medida que a criança cresce e desenvolve amizades, busca mais independência e oportunidades de desenvolver suas atividades fora de casa.

c) se a criança se sentia igualmente em casa na residência de ambos os pais. Nesses casos, os menores sentiam a "casa aberta" para sua presença,

---

110 TRINDER, Liz. Shared residence: a review of recent research evidence, op. cit., p. 477.

111 Ibidem, p. 485-486.

112 SMART, Carol. *Equal shares*: rights for fathers or recognition for children?, op. cit., p. 486, 487, 489, passim.

mesmo com eventuais padrastos e madrastas. Essa combinação de fatores, por vezes, pode superar as desvantagens como a constante arrumação de malas, alteração de residências e a distância dos amigos. Além disso, se houvesse uma distância pequena entre as casas, possibilitaria a locomoção a pé e traria mais independência. Outro fator também é o bom relacionamento entre os pais, pois se evita conflitos de lealdade e senso de culpa, tornando o processo mais fácil emocionalmente.

As "unsuccessful sharing" (arranjos de convivência malsucedidos) tendem a não dar certo quando se prioriza as necessidades dos pais ou os arranjos são fixados pelo Tribunal e de forma bastante rígida. Em muitos casos as crianças vivem padrões de 50-50% por muitos anos, o que pode atrapalhar sua independência e autonomia, em razão do excesso de controle.[113] Esses arranjos parecem justos para os pais, mas não necessariamente para os filhos.

O poder da terminologia de equidade ou justiça é tal que as crianças não conseguem expressar o porquê de o arranjo não estar funcionando. Um exemplo é a opinião de uma adolescente que vivencia a "shared residence": *"Meu pai é bastante ciumento então ele fica chateado se ele não tem tempo igual ou maior que minha mãe..."*. Nessa frase nota-se que a sensação da criança é que a preocupação maior do genitor é muito mais por ciúme porque a mãe fica mais tempo com a filha, do que a intenção de fortalecer os laços paterno-filiais durante o tempo que teriam juntos.

Outro fator de insucesso é a inflexibilidade, principalmente quando se inicia a adolescência, já que o menor precisa de mais privacidade e, pela sua idade e maturidade, poderia ter um poder maior de escolha. Nesse sentido, cita-se colocação de um adolescente que vivencia um acordo rígido: *"Metade-metade está ok, mas eu acho que agora que tenho 16 anos eu deveria poder ter mais a dizer... se eu quero ir e ficar com meu pai na sexta então eu acho que eu deveria poder"*.[114] No entanto, alguns genitores sentem como uma rejeição essa vontade ou flexibilidade e acabam manipulando emocionalmente a criança, oprimindo-as.

Em um estudo australiano verificou-se que o filho que vivenciava "shared residence" no início da adolescência estava menos satisfeito do que crianças em qualquer outro tipo de arranjo, demonstrando a vontade de alterá-lo.[115]

---

113 SMART, Carol. *Equal shares*: rights for fathers or recognition for children?, op. cit., p. 490.

114 Ibidem, p. 491-492, passim.

115 McINTOSH, J; *et al. Post-separation parenting arrangements and developmental outcomes for infants and children.* Collected Reports. Three reports prepared for the Australian Government

Quando os menores não se sentem em casa, buscam a primeira possibilidade para alterar essa rotina de mudança constante, como uma espécie de fuga. Observe a colocação do adolescente que saiu de casa para cursar a Universidade longe de casa:

> Foi a melhor coisa. Eu finalmente tinha tudo num só quarto... Eu estava estabelecido pela primeira vez em 10 anos... Eu costumava ficar em apuros na escola quando pediam: "Pode trazer o livro de texto amanhã?" e eu obviamente não podia. Eles tinham que me avisar com uma semana de antemão que eu deveria trazer determinado livro, porque você não pode carregar tudo.[116]

Por vezes, os pais fazem questão de estar com os filhos 50% do tempo, mas não criam um ambiente onde eles possam se sentir em casa.

A experiência da "shared residence" pode ser extremamente penosa para algumas crianças, mas mesmo quando muitas desejam poder mudar os arranjos, somente poucas sentem que podem fazê-lo. De fato, a minoria se sente à vontade para sugerir uma mudança, pois isso envolveria um confronto. Cabe citar o sentimento de um menor que vive um arranjo rígido: "[...] *Eu me sentiria culpada e eu não gostaria de ferir os sentimentos de ninguém* [...]".[117]

De alguma maneira isso seria uma espécie de "divórcio" com o genitor, o que envolve trauma e sentimento de culpa. A alternativa é manter os arranjos, mesmo que os deixem infelizes.[118] Às vezes a criança deseja ter mais tempo com seus colegas que com os pais e todos os seus amigos moram perto da casa da mãe, por exemplo. Por isso a flexibilidade, compreensão e escuta dos filhos é importante.

No mesmo sentido, uma das conclusões do estudo de Carol Smart, é que as crianças querem que seus pais as escutem, as consulte e as reconheça como seres humanos autônomos, identificando as mudanças e necessidades.

Existe uma crescente tendência de os Tribunais partirem do princípio de que o contato com ambos os pais é essencial para o bem-estar dos menores e de que muito contato é melhor que pouco. Mas isso pode levar a um contexto em que essa regra acaba sendo aplicada independentemente da situação individual da criança ou do adolescente.

Attorney-General's Department, 2010. E TRINDER, Liz. Shared residence: a review of recent research evidence. *Child and Family Law Quarterly*. v. 22, n. 4, 2010, p. 475-498, p. 486.

116 SMART, Carol. *Equal shares*: rights for fathers or recognition for children?, op. cit, p. 494.

117 TRINDER, Liz Shared residence: a review of recent research evidence, op. cit., p. 487.

118 SMART, Carol, op. cit., p. 495, 497.

Ao focar no que é melhor para o menor de modo geral, a presunção normativa pode acabar cerceando a criança de maneira individual.[119] O mais importante é o reconhecimento das prioridades do menor, em vez da aplicação de uma simples fórmula, que desconsidera as necessidades da criança, de sua faixa etária e anseios individuais.

Há ainda preocupações sobre pernoite e "shared care" para crianças menores de quatro anos. Um estudo recente com amostras nacionais demonstra possibilidade de problemas de desenvolvimento para bebês e crianças de dois a três anos com pernoites semanais, mas não com crianças mais velhas. Há uma teoria que diz que a ausência repetida do guardião principal de crianças muito novas é estressante porque ela não tem habilidade cognitiva para compreender essa ausência.[120]

A "shared residence" pode funcionar muito bem para umas ou ser um fardo para outras crianças, mesmo entre irmãos da mesma família. As vantagens desse tipo de guarda, na perspectiva dos filhos, incluem a manutenção do relacionamento com ambos os pais e ser "justo" com cada um deles. As desvantagens são as constantes mudanças, não ter um único local para chamar de casa, deixar as coisas para trás e o conflito entre os pais.[121]

Por isso, nada melhor do que analisar o caso individualmente, levando em conta as especificidades de cada família e, principalmente, de cada criança. A utilização de presunções pode ir de encontro ao melhor interesse daquele menor.

4.2.1.2 Escuta da criança nos procedimentos judiciais e na mediação na Inglaterra

Além da escuta dos menores por meio de estudos e investigações empíricas, outro aspecto que tem merecido cada vez mais atenção na Inglaterra é a oitiva dos filhos nas ações judiciais concernentes ao Direito de Família. Esse ponto convém ser trazido à presente obra, pois é bastante pertinente e atual também no ordenamento brasileiro. Ademais, os pontos negativos e benéficos da experiência inglesa podem servir de reflexão para o aprimoramento dessa escuta no Brasil.

O artigo nº 12 da Convenção Internacional sobre os Direitos da Criança de 1989 das Nações Unidas dispõe que os Estados devem assegurar à criança que é capaz de formular seus próprios pontos de vista o direito de expressar

---

119 SMART, Carol, op. cit., p. 498-499, passim.

120 TRINDER, Liz. Shared residence: a review of recent research evidence, op. cit., p. 495.

121 HAUGEN, G. Children's perspectives on everyday experiences of shared residence. 2010.24 Children and Society 112.

suas opiniões livremente e tais opiniões devem ser consideradas, de acordo com sua idade e maturidade. Assim, deve ser dada oportunidade de as crianças expressaram suas opiniões nos processos judiciais ou administrativos, seja de maneira direta ou por meio de um representante ou órgão apropriado.

Na Inglaterra, há três maneiras de o menor estar diretamente envolvido nos procedimentos judiciais de Família, ou seja, sem ser através de relatórios psicossociais: a) por representação própria, através de advogado; b) pelo "child's next friend", normalmente um de seus pais, que o representa; c) por meio dos "*guardian ad litem*". Em todos os casos a Corte deve autorizar essa escuta, após análise de maturidade e entendimento do menor. É necessário levar em consideração os aspectos emocionais da criança ou adolescente estar envolvido no procedimento judicial e se isso afetará seu bem-estar.[122]

Em Re S (A Minor) (Independent Representation),[123] um garoto de 11 anos, diante de uma prolongada e penosa disputa de seus pais, solicitou a substituição de seu guardião *ad litem* por representação independente. A Corte de Apelações afirmou que era necessário respeitar os desejos da criança, mas ao mesmo tempo protegê-la. Portanto, entendeu-se que, pelo fato de estar envolvido muito de perto com essa amarga disputa entre os pais poderia ocasionar danos maiores ao menor, por isso, seria melhor para ele estar protegido pela representação de um guardião *ad litem*.[124]

Em outra sentença inglesa, um menino de 12 anos buscava uma ordem de residência em favor de seu pai em ação de divórcio. Apesar de ele ser considerado maduro, entendeu-se que ele não iria trazer nenhum argumento além dos que seu pai iria demonstrar.[125] Nesse caso, não se levou em conta a importância da criança se sentir ouvida e respeitada.

Por outro lado, em outra decisão foi autorizado que um menino pudesse alertar diretamente o juiz sobre os perigos que ele acreditava que sua meia-irmã teria se tivesse contato com o pai.[126] No entanto, apesar dos casos acima citados, é raro que o menor possa ingressar com ação diretamente e, até mesmo seja ouvido nas audiências.

No Reino Unido, de doze milhões de crianças, cerca de três milhões passarão pela experiência da separação de seus pais durante sua infância. Todos os dias 650 crianças assistem seus pais se divorciarem. Por ano, entre 25.000 e 30.000 menores vivenciam o divórcio dos pais pela segunda vez.

---

[122] HERRING, Jonathan. *Family Law*, op. cit., p. 475-476.

[123] 1993] 2 FLR 437.

[124] HERRING, Jonathan, op. cit., p. 477.

[125] Re H (Residence Order: Child's Application for Leave) 2000] 1 FLR780.

[126] Re A (Contact: Separate Representation).

Em 2005, havia 151.654 ações de divórcio e 85.835 petições na Corte concernentes a arranjos de contato e residência dos filhos.[127]

A separação dos pais torna as crianças mais vulneráveis e essa vulnerabilidade é potencializada se os pais estão em disputa sob a guarda. Quando os genitores decidem consensualmente, parte-se do princípio de que os pais tomarão decisões ponderadas e sempre no melhor interesse da criança. No entanto, a pesquisa "Your shout too!", realizada na Inglaterra, foca diretamente nas visões e percepções dos próprios jovens (acima de 11 anos), no que tange às decisões tomadas pelos Tribunais e pelos pais.

A Corte da Inglaterra tem encorajado a escuta da opinião da criança. Todavia, alguns juízes estão preocupados, pois não possuem a *expertise* e prática necessárias para entrevistar o menor e também explicar a decisão judicial aos pais sem trair a confiança do filho. A agência responsável pela escuta da criança (CAFCASS) está sobrecarregada de trabalho e, por isso, normalmente o menor é visto/ouvido somente de maneira breve. Cerca de 60% das crianças foram entrevistadas pelo assistente social do CAFCASS por meia hora ou menos. Entretanto, ser entrevistada por um juiz, além de causar pressão ao filho, pode trazer o risco de que ele seja induzido por um dos pais.[128]

De acordo com pesquisa coordenada por Judith Timms, dois de cada dez adolescentes que compareceram à Corte preferiram não o ter feito; daqueles que não compareceram, 60% preferiam não ter que participar. No entanto, 40% dos que não foram ouvidos no Judiciário, gostariam de ter tido a oportunidade de ter conversado com o juiz.

Em geral os jovens estavam mais satisfeitos com os arranjos de residência do que com os arranjos de contato, sendo que 14% deles gostariam de ver seu pai não residente mais frequentemente. O mesmo se aplica aos seus avôs (30%) e aos irmãos (23%), sendo que esses últimos são uma importante fonte de apoio no momento da separação. 38% dos consultados tiveram que mudar de escola e 23% foi obrigado a trocar de colégio e de casa após a separação dos pais.

Os pesquisadores notaram uma considerável maturidade nos adolescentes, que demonstraram preocupação e busca de proteção dos sentimentos de seus pais, algumas vezes ao custo dos seus próprios desejos. Percebeu-se um senso de resignação e pragmatismo, no sentido de ter que viver a vida que foi imposta a eles.

---

[127] TIMMS, Judith; BAILEY, Sue; THOBURN, June. *Your shout too*! op. cit., Summary, p. 03.

[128] PARKINSON, Lisa. *Family Mediation*, op. cit., p. 198

Os menores consultados queriam ser ouvidos e identificar como suas vozes influenciaram os resultados. Há um consenso dos especialistas da área de família de que é positivo ouvir a opinião dos filhos, no entanto, ainda é controverso como ocorreria essa escuta e o peso que se deve dar a essas manifestações no momento da decisão. 45% dos menores entrevistados sentiram que não expressaram sua visão ou esta não afetou o resultado. A opinião de garoto de 11 anos resume essa frustração: "Eles conversaram comigo, no entanto, parece que isso não fez nenhuma diferença". [129]

Apesar do "Children Act 1989 (section 10)" determinar a possibilidade de o menor buscar autorização para fazer suas próprias reivindicações no sentido de variação sobre o contato e residência, nenhum dos jovens entrevistados demonstrou conhecimento ou consciência de como eles poderiam tentar alterar o arranjo de guarda determinado pela Corte ou decidido pelos seus pais.[130]

No que tange à mediação de conflitos familiares, muito se questiona se a criança deve estar envolvida diretamente no processo. Por um lado, os filhos querem que seus pontos de vista sejam levados em conta, mas por outro, não se pode esquecer a tensão que cerca a separação e a dificuldade de se detectar abusos.

Para Lisa Parkinson, atualmente há um reconhecimento maior sobre a necessidade de se escutar a visão e sentimentos das crianças e possibilitar meios de comunicação com esses menores, assim como com os adultos, ajudando os pais a alcançarem acordos que incorporem a voz das crianças.[131]

Baronesa Hale da Inglaterra afirma que é o filho, mais do que qualquer outra pessoa, que terá que viver com o que a Corte decidir. Aqueles que escutam a criança entendem que elas frequentemente têm um ponto de vista que é bem diferente do que a pessoa que toma conta dela.[132]

Essa questão da escuta das crianças é um tema que está em alta no Inglaterra, mas ainda longe de se tornar pacífico. De uma maneira geral há o entendimento de que a opinião dos menores deve ser levada em consideração, no entanto, não há um método pacificado, ou seja, se deve ser feito de maneira direta ou indireta ou alguma outra forma de como isso poderia ocorrer.

Atualmente, na Inglaterra, está ganhando força uma corrente que defende que se escute a criança na mediação, método conhecido como "Child-Inclusive Mediation". Por essa técnica, os menores se encontram com um mediador treinado ou outro profissional – de maneira individual, com seus

---

[129] TIMMS, Judith; BAILEY, Sue; THOBURN, June. *Your shout too*! op. cit., Summary, p. 8-9.

[130] TIMMS, Judith; BAILEY, Sue; THOBURN, June. *Your shout too*! op. cit., Summary, p. 7-9, passim.

[131] In: PARKINSON, Lisa. *Family Mediation,* op. cit, x.

[132] Re D (A Child) (Abduction: Rights of Custody) 2006] UKHL 51, para 57.

irmãos ou até mesmo com seus pais – e têm a oportunidade de falar e de serem ouvidos, no que tange às decisões que os afetem.[133]

Certo é que ouvir a criança longe do ambiente do Judiciário é sempre mais benéfico. No entanto, é de se questionar se o ambiente da mediação é adequado para tal, já que geralmente o mediador não possui formação em áreas como psicologia ou assistência social. Ademais, no geral, o encontro é pontual, ou seja, não há tempo razoável para que a criança possa se sentir segura com o profissional. Por isso, é preciso analisar com muita cautela esse tipo de procedimento, pois, apesar da boa intenção, pode ser que tal método não seja o melhor para o menor.

Na consulta pública realizada na Inglaterra em 2011, verificou-se a preocupação na falta de proteção da criança no MIAM[134] e na mediação, pois a maioria dos mediadores tem pouca ou nenhuma experiência em proteção de crianças e não são funcionários do Judiciário.[135]

Judith Timms, pesquisadora do "Centre for the Child the Family and the Law" da Universidade de Liverpool afirma que as pesquisas e a experiência prática demonstram que os arranjos de contato e residência são mais bem-sucedidos quando as crianças estão envolvidas nas decisões. Respeitar o direito dos menores não somente de terem uma voz, mas de serem agentes ativos na determinação sobre suas próprias vidas é um componente essencial para mantê-los seguros e garantir o melhor resultado possível para cada indivíduo. A amplificação de suas vozes, seja de forma direta ou indireta, permite que os tornem participantes ativos das suas próprias vidas. Por meio do processo de ser informado, consultado e representado, seus pontos de vista, desejos e sentimentos podem tornar-se um catalisador para mudança, reflexão e revisão.

Para Judith Timms, essa escuta também proporciona um rompimento com a visão adversarial entre os pais e facilita o acordo entre eles. Para a pesquisadora, é nesse contexto que a mediação pode ocupar um papel essencial no desenvolvimento de práticas e políticas centradas na criança, numa área cada vez mais complexa e em rápida evolução que é o Direito de Família.[136]

É notório que a Corte é um ambiente intimidatório para a criança e o diálogo com o juiz, que não possui treinamento apropriado, pode não

133 PARKINSON, Lisa. *Family Mediation*, op. cit., p. 199.

134 "Mediation Information Assessment Meeting". Trata-se da primeira sessão informativa sobre a mediação na Inglaterra.

135 INGLATERRA. Pre-legislative scrutiny of the Children and Families Bill. House of Commons. Justice Committee. Fourth Report of Session 2012-13. 14 december, 2012.

136 TIMMS, Judith. Children's view of Court proceedings. How children can have their say. Palestra proferida na Conferência "Trusting the Family, em 13/7/2012, em Londres, UK.

demonstrar o real desejo do menor. Por isso, a escuta de maneira indireta, por meio de profissionais formados para tal, é a melhor solução, pois não impõe o peso de se sentirem responsáveis pela decisão, o que poderia acarretar culpa.

Dar voz aos sentimentos da criança é muito positivo. A dificuldade é saber o meio mais adequado para fazê-lo, pois há muitas particularidades a serem consideradas, como o sentimento de rejeição em relação ao pai que decidiu sair de casa; a pressão emocional que um genitor pode causar; a alienação parental; as diferenças socioeconômicas que podem influenciar a escolha da criança etc.

É preciso verificar até que ponto ela não foi persuadida pelo adulto. Por vezes o menor não consegue perceber, diante do contato esporádico que não reflete uma rotina, qual é o benefício em longo prazo. É comum se criar uma visão idealizada do que seria viver com determinado genitor, por exemplo. Assim, faz-se necessário analisar as vantagens em longo prazo e não somente o stress da criança em curto período, mesmo porque ela pode ter sofrido alienação parental, exigindo um acompanhamento mais prolongado para restabelecer o vínculo rompido.

O Brasil também valoriza a escuta da criança, embora não com o mesmo peso que ocorre na Inglaterra. Cabe citar decisão do Supremo Tribunal Federal de 1992:

> [...] Em idade viabilizadora de razoável compreensão dos conturbados caminhos da vida, assiste-lhes o direito de serem ouvidos e de terem as opiniões consideradas quanto à permanência nesta ou naquela localidade, neste ou naquele meio familiar [...].[137]

No entanto, diante de todos esses fatores citados, só um profissional capacitado consegue descobrir o real desejo da criança ou do adolescente. Assim, não é um encontro pontual com o menor que substituirá essa investigação mais aprofundada. Além disso, é fundamental achar uma solução que procure se aproximar da rotina do filho anterior ao divórcio, para não causar um impacto ainda maior. Em resumo, o profissional deve fazer uma análise minuciosa, preocupando-se com as especificidades do caso concreto, buscando captar eventuais sentimentos não revelados, visando os melhores interesses do menor.

---

[137] STF, HC 69.303/MG, Rel. Min. Néri da Silveira, Rel. p/o Ac. Min. Marco Aurélio, Pleno, J. 30.06.1992, DJ 20.11.1992, p. 21.612. In: LEIRIA, Maria Lúcia Luz. *Guarda Compartilhada.* A difícil passagem da teoria à prática, op. cit., p. 13.

4.2.2 Executivo: Instalação de Programas de apoio aos pais separados

Diante das adversidades enfrentadas pelo Judiciário para determinar um arranjo familiar que seja favorável aos pais e assegure o melhor interesse da criança, resta claro que outras medidas devem ser tomadas antes que o conflito chegue à esfera forense.

Um relevante estudo sobre responsabilidade parental realizado na Inglaterra, em 2002, demonstra a importância de se buscar outras soluções que não as judiciais para que o contato entre pais e filhos seja efetivamente benéfico.[138] As conclusões dessa pesquisa confirmam que as intervenções existentes têm capacidade limitada para alterar "not working" into "working contact",[139] ou prevenir uma contínua espiral descendente nos relacionamentos. As evidências demonstram que em casos de conflitos, as Cortes não são os lugares apropriados para resolvê-los.

Quando a disputa é intensa, o prolongado engajamento do Tribunal não somente falha em fornecer uma solução, como também exacerba o conflito e o stress tanto para os filhos como para os pais. Por isso, é necessário achar saídas criativas para lidar com a controvérsia, a exemplo de serviços de apoio às famílias.[140]

A pesquisa sugere que os recursos devem ser alocados para trabalhos que foquem no suporte aos pais para acharem soluções concernentes às dificuldades de relacionamento em vez de simplesmente impor uma decisão. Diante dessas conclusões, em 2008 o Governo inglês criou o SPIP – "Separated Parents Information Programme".[141]

4.2.2.1 "SPIP" – Programa de informação aos pais separados na Inglaterra

O "Separated Parents Information Programme" foi estabelecido em 2008, por meio do Departamento de Educação da Inglaterra, buscando promover e manter o contato entre pais e filhos. Por meio de uma determinação judicial, em geral juntamente com uma ordem de contato, os pais devem participar do curso de quatro horas, em conjunto com outras pessoas na mesma situação. Os genitores comparecem separadamente.

---

138 TRINDER, Liz; BEEK, Mary; CONNOLLY, Jo. *Making contact*, op.cit..

139 Tradução livre: Contato entre pais e filhos que seja benéfico e o que não funcione, trazendo prejuízos para o menor.

140 TRINDER, Liz; BEEK, Mary; CONNOLLY, Jo, op.cit.., p. 46.

141 Vide 4.2.2.1.

O principal objetivo do programa é demonstrar como as ações dos pais podem impactar as crianças; por isso, o curso visa encorajá-los a focar nas necessidades dos filhos. Pesquisas demonstram que a maneira como os genitores contam para os menores sobre o rompimento da relação, e o modo como os adultos envolvem os filhos durante e após a separação podem afetar a adaptação do menor. Crianças que mantêm contato com ambos os pais após o divórcio têm menos problemas de adaptação, do que aquelas que perdem contato com um deles.

O curso procura demonstrar, entre outros aspectos, os principais receios e medos dos filhos. É comum que a criança se sinta culpada pelo rompimento e que tenha receio de ser abandonada pelo genitor que saiu de casa. Os profissionais irão incentivar os pais a dialogarem e criarem um ambiente em que os filhos se sintam confortáveis em se expressar e falar sobre seus sentimentos. Ademais, demonstrarão a necessidade de não envolver as crianças nos conflitos paternos.[142]

Inicialmente os pais tinham que desembolsar 200 libras para participar, mas posteriormente essa taxa foi abolida, havendo significativo aumento de comparecimentos, com mais de 1.000 presenças por mês.

Visando verificar se o curso estava atingindo seus objetivos, o Departamento de Educação encomendou uma pesquisa para avaliar a eficácia do programa. As conclusões foram de que, apesar de haver uma desconfiança inicial por parte dos pais, a resposta foi bastante positiva e mais de 75% deles recomendariam o curso para outros genitores. Os profissionais da área de família, como advogados e juízes, também estavam muito satisfeitos.

Houve um aumento no contato entre pais e filhos, e aqueles reportaram que o curso os ajudou a compreender melhor a necessidade das crianças. Nesse sentido, eles estariam mais abertos a renegociar consensualmente a convivência no futuro, de acordo com a maturidade dos filhos.

Apesar disso, o programa não impactou na cooperação entre os pais, nem no modo de lidar com o conflito, incluindo a tomada de decisões. No geral, a pesquisa confirmou os benefícios do programa, apesar da necessidade de melhorias, bem como demonstrou a utilidade de tornar o curso disponível num estágio anterior do conflito. Ademais, os pais sugeriram que seria produtiva uma sessão posterior que os ajudasse na comunicação com o ex-parceiro.[143]

---

142 Vide anexo 01.

143 TRINDER, Liz; *et al.* The Separated Parent Information Programme: Current Effectiveness and Future Potential., *Family Law*, vol. 41, no. sep. 2011, p. 998-1002.

Na Nova Zelândia o comparecimento ao programa é obrigatório, sendo um pré-requisito para ingressar no Judiciário. De acordo com Lisa Parkinson, para os 10% dos pais que estão se divorciando e levam seus conflitos sobre contato e residência à Corte, a combinação desse programa de informação aos pais separados (SPIP) com a reunião de informação e avaliação da mediação (MIAM) poderia ajudá-los a chegar a acordos e evitar o litígio.[144]

No Brasil, existem algumas iniciativas nesse sentido, ainda isoladas, que merecem ser citadas. No entanto, se iniciaram a partir de atitudes de magistrados e não em razão de um planejamento estatal por parte do Executivo, que possa produzir resultados em grande escala.[145]

Por isso, como sugestão ao Poder Executivo, seria benéfica a criação de centros de apoio aos pais separados e seus filhos. Nesses centros haveria programas que auxiliariam a população no momento tão difícil que é o rompimento da relação. Esses centros contariam com profissionais de diferentes áreas, tais como psicologia, assistência social, advocacia, que disponibilizariam suporte e aconselhamento.

Para uma abrangência maior, a orientação desses profissionais poderia se dar por meio de encontros pessoais no próprio centro de referência; ou por meio de contato telefônico e até mesmo suporte *online*, em que qualquer cidadão teria ferramentas à sua disposição para tirar suas dúvidas, receber orientação etc.

Nesse sentido, o Brasil poderia se inspirar em iniciativas inglesas, como o site de apoio aos pais www.sortingoutseparation.co.uk. Esse site traz variados aspectos aos quais os ex-companheiros terão de enfrentar, com uma linguagem simples e clara.

São abordados tópicos tais como: o que funciona melhor para as crianças ao lidar com a separação; quais os arranjos de convivência; o que fazer se o genitor não consegue contato com o filho ou se, ao contrário, o outro progenitor se recusa a ver o menor; quais as ordens judiciais disponíveis; informações aos pais que nunca tiveram um maior envolvimento; dados sobre a manutenção dos filhos; arranjos sobre as datas comemorativas; dicas para formalizar um acordo etc.

Quando o casal se separa, além de ter de lidar com as dificuldades emocionais decorrentes do término da relação, é preciso buscar uma nova residência, o que acarreta um aumento de gastos e uma readaptação financeira. Muitas vezes as pessoas acabam endividadas, ocasionando ainda maior stress familiar. Pensando nisso, referido site inglês disponibiliza um programa confidencial que proporciona aconselhamento financeiro de uma maneira geral e,

---

[144] PARKINSON, Lisa. *Family Mediation*. op. cit., p. 167

[145] Essas iniciativas fazem parte do Judiciário e serão citadas no item 4.2.3.

a partir das informações fornecidas, cria cenários de divisão de bens, além de fazer uma previsão dos cálculos dos custos para pagamentos de pensão dos filhos. Com isso, os pais divorciandos podem se programar de antemão, facilitando a elaboração de um acordo mais realista e que, por consequência, proporcione o cumprimento da obrigação.

Nessa página virtual é possível a elaboração de um "parenting plan", ou seja, um plano sobre o arranjo de convivência, que auxilia os pais a organizarem o dia a dia dos filhos de acordo com a necessidade familiar.

Há também fóruns de discussão entre genitores que estão passando pelas mesmas dificuldades, o que facilita a compreensão dos problemas e a busca por um caminho mais positivo para lidar com eles. Os pais não se sentem sozinhos; pelo contrário, podem dividir suas angústias e se espelhar em experiências positivas de outros genitores.

Assim, uma página virtual como a citada, a ser criada pelo Estado, de fácil acesso, auxiliando os pais separados, com informações, vídeos educativos, artigos de especialistas, entrevistas com uma linguagem acessível para os leigos só trará benefícios para a população. São inúmeros os pontos positivos do site, que uma vez criado, trará vantagens em longo prazo para a sociedade, com um custo muito baixo.

Paralelamente, o Poder Executivo poderia disponibilizar um guia com informações sobre a importância da convivência dos genitores na vida dos filhos e de não envolver os menores nos conflitos paternos; além de dados legais sobre os respectivos direitos e deveres dos pais após a separação. São temas básicos que auxiliarão os pais a refletir sobre as decisões mais adequadas em benefício da prole.

Além do site e da criação de centros de apoio aos pais e filhos, poder-se-ia criar cursos informativos e programas similares ao "SPIP"[146] inglês para esclarecimento e foco no melhor interesse dos filhos. A título de política pública, o Estado poderia criar campanhas nacionais de conscientização sobre as vantagens da participação ativa dos pais na criação dos filhos e de se evitar a alienação parental.

Uma iniciativa proveitosa a ser adotada pelo Governo seria a cartilha sobre alienação parental, elaborada pela Escola Superior de Advocacia do Rio Grande do Sul, em parceria com a Associação Brasileira Criança Feliz. Essa cartilha contém informações essenciais sobre o que é alienação parental; o que diz a lei, situações concretas, para que haja uma identificação dos

[146] "Separated Parents Information Programme". Tradução: Programa de informação aos pais separados.

pais; as consequências para os envolvidos; mitos e verdades; 20 pedidos dos filhos aos pais.[147]

Ademais, faz-se necessário incentivar outros caminhos visando mudanças eficientes para amenizar o possível desgaste emocional dos envolvidos e principalmente dos filhos na separação. Nesse sentido, na busca de uma comunicação construtiva, é preciso informar os cidadãos sobre a mediação familiar e disponibilizar uma lista desses profissionais para que os genitores tenham fácil acesso e esse método de resolução de conflito.

Maria Regina de Azambuja faz a seguinte ponderação:

> Considerando, conhecendo e respeitando as dificuldades enfrentadas por crianças e adolescentes no momento da separação dos pais, os programas de apoio devem buscar facilitar a passagem pela crise, aprimorando a capacidade de enfrentamento e o acesso a fontes de apoio, absorvendo o estresse e o confronto interpessoal, bem como promovendo a criação de condições de elaboração e auxiliando os envolvidos a lidar com as alterações na rotina de vida.[148]

Ângela Soldá e Paulo César Martins enfatizam a importância da conscientização da população:

> É necessária uma mudança cultural da sociedade brasileira, principalmente no sentido de conscientizar os pais da necessidade de participar ativamente do dia-a-dia de seus filhos. Sabe-se que há muitos pais que, embora tenham o direito de visitação preservado, não o exercem. Deve-se procurar mudar a mentalidade de que basta um auxílio financeiro para suprir a carência afetiva na vida do filho, valorizando o carinho, a atenção e a participação ativa que são fundamentais.[149]

Objetivando uma transformação sistêmica, positiva é a criação de centros de mediação em escolas, bairros, para que a população possa buscar soluções fora do Poder Judiciário e antes da escalada do conflito. É extremamente recomendável que informações sobre divórcio e contato estejam disponíveis para crianças nas escolas, bem como serviços de aconselhamento para os menores.

---

[147] Cartilha sobre alienação parental, elaborada pela Escola Superior de Advocacia do Rio Grande do Sul, em parceria com a Associação Brasileira Criança Feliz.

[148] AZAMBUJA, Maria Regina Fay de; LARRATÉA, Roberta Vieira; FILIPOUSKI, Gabriela Ribeiro. *Guarda compartilhada*: a justiça pode ajudar os filhos a ter pai e mãe, op. cit., p. 22.

[149] SOLDÁ, Ângela Maria; MARTINS, Paulo César Ribeiro. A nova lei da guarda compartilhada e o princípio do melhor interesse da criança, op. cit., p. 11.

4.2.3 Judiciário: uma nova abordagem

O Judiciário também é parte fundamental para uma mudança estrutural que vise proteger os interesses dos filhos com o término do relacionamento conjugal. Para isso, é preciso que haja uma nova abordagem sobre o conflito. Assim, cabe ao operador do Direito analisar os litígios familiares e as suas complexidades, a partir de uma ótica que também inclua o conhecimento dos vínculos e dos sentimentos que permeiam suas questões.

Especialmente nas Varas de Família, o excesso de processos judiciais não pode servir como justificativa para uma avaliação mecânica dos autos, havendo a simples subsunção da lei ao caso concreto. É preciso considerar as particularidades e buscar os conflitos latentes e potenciais.

Por outro lado, mostra-se necessário achar um ponto de equilíbrio entre a apreciação mais aprofundada da demanda e a demora no sentenciamento, pois a morosidade também causa sérios prejuízos. Num processo de guarda, por exemplo, que envolve um ser em desenvolvimento, a resposta precisa ser rápida e eficiente, pois o menor convive diariamente com aquele conflito. A existência de alienação parental somada à demora de resposta do Judiciário pode colocar uma pá de cal na relação paterno-filial. Assim, tomar como modelo o ordenamento inglês, cuja meta é que a sentença ocorra em 30 semanas, seria bastante positivo.

Seria também muito construtivo que houvesse um incentivo maior para que os magistrados inclinados para lidar com questões mais emocionais fossem alocados para as Varas de Família, já que não é qualquer profissional que tem o perfil para lidar com assuntos tão subjetivos e desgastantes. Nesse sentido, disponibilizar-se-iam treinamentos especializados para lidar com as particularidades desse tipo de litígio, de modo que tais juízes pudessem se aprimorar em técnicas e instrumentos que facilitassem uma abordagem mais humanista e voltada para o diálogo.

Waldyr Grisard ressalta a função pedagógica exercida pelo juiz, que deve informar "em audiência ao pai e à mãe acerca do significado de guarda compartilhada, sua importância, a igualdade de direitos e deveres atribuídos a cada um dos pais e as sanções a que se submetem pelo descumprimento das cláusulas estabelecidas".[150]

Não se pode esquecer a equipe multidisciplinar que auxilia os juízes na tomada de decisões. Essa equipe profissional, formada por assistentes sociais, psicólogos e outros profissionais da área da saúde, é de extrema importância, pois eles terão um contato *in loco* com os envolvidos no

---

[150] GRISARD FILHO, Waldyr. *Aspectos polêmicos da guarda compartilhada*, op. cit., p. 94.

ambiente familiar, com o objetivo de elaborarem um laudo pericial que irá orientar o juiz na sua decisão. Assim, tais peritos precisam ter um ambiente de trabalho acessível para fazer uma investigação adequada, possibilitando averiguar as especificidades e sentimentos intrínsecos dos membros da família e, em especial, dos menores.

Outra sugestão para mudar a abordagem adversarial no Direito de Família é a substituição do termo "visitas" pelo termo "convivência", como sugerido no Estatuto das Famílias (Projeto de Lei nº 470/2013). Isso porque nenhum genitor deve ser mero visitante dos filhos, mas sim ter a possibilidade de participar ativamente da vida dos menores. A mudança de nomenclatura, pode, sim, trazer efeitos positivos.

Na Inglaterra, por exemplo, a lei recém-aprovada "Children and Families Act 2014" irá alterar as nomenclaturas "residence and contact order" por "child arrangements order",[151] com o intuito de não enfatizar a figura de um genitor predominante e outro secundário na vida dos filhos. Essa substituição facilitará a realização de acordos entre os pais, pois não haverá a figura de um vencedor e um perdedor.

Somado a isso, é preciso que haja uma mudança no estabelecimento do plano de guarda dos filhos. É comum verificar que juízes utilizam um plano predefinido de guarda e "visitas", com planilhas prontas e encontros quinzenais nos finais de semana alternados, e em datas comemorativas. O que precisa ser feito é uma análise individual que proporcione uma participação mais ativa de ambos os pais na vida dos filhos.

Ora, cada núcleo familiar tem as suas particularidades. Até mesmo entre irmãos de uma mesma família pode haver diferenças de personalidade que precisam ser levadas em conta no momento da estipulação da guarda.[152] Assim, o ideal seria que os próprios pais conseguissem criar um plano de guarda que fosse flexível. Mas caso isso não fosse possível, que o magistrado analisasse com mais acuidade as necessidades de cada membro individualmente, levando em conta o desenvolvimento e gostos de cada filho.

4.2.3.1 Prêmio Innovare

Não se pode deixar de citar o Instituto Innovare, que há dez anos reconhece e premia práticas que valorizem a Justiça do Brasil. O objetivo do prêmio é identificar, contemplar e disseminar práticas inovadoras realizadas

---

151 Vide item 3.7.

152 HAUGEN, G. Children's perspectives on everyday experiences of shared residence. 2010.24. *Children and Society* 112.

por juízes, membros do Ministério Público, advogados e defensores públicos de todo país, que estejam aumentando a qualidade da prestação jurisdicional e contribuindo com a modernização da Justiça brasileira.

Os critérios para a premiação são a eficiência, celeridade na solução dos conflitos; qualidade, criatividade, praticidade, ineditismo, exportabilidade, ou seja, potencial para disseminação da prática; satisfação do usuário, alcance social, abrangência territorial. As categorias do prêmio são: Tribunal; Juiz; Ministério Público; Defensoria Pública; Advocacia.

Por vezes iniciativas simples podem trazer resultados muito satisfatórios no modo de se conduzir o Judiciário brasileiro. Assim, o prêmio busca chamar a atenção para as boas práticas e fazer com que sejam ouvidas, acolhidas, reconhecidas e disseminadas.

4.2.3.2 Práticas colaborativas

No Direito de Família, os advogados não devem exercer seu trabalho somente pela lógica adversarial, como é comum ocorrer nas questões de direito patrimonial. Isso porque, nessa seara, quanto maior a divergência, maiores são os prejuízos para os envolvidos, em especial as crianças.

Cabe ao advogado, como apreciador técnico do conflito, realizar uma abordagem e orientação adequadas, considerando os diversos aspectos da controvérsia para uma ponderada avaliação sobre as concretas possibilidades inerentes à via consensual ou litigiosa, informando as partes sobre as ferramentas disponíveis.[153]

Olívia Fürst, advogada e coordenadora do grupo sobre práticas colaborativas da OAB/RJ, afirma que é comum tratar as questões financeiras e emocionais do divórcio por um viés estritamente jurídico. Ademais, a ideia de representação pelo advogado inibe o protagonismo das partes, criando uma lógica em que não há vencedores.

Com vistas a proporcionar um ambiente mais profícuo, a advogada incentiva o uso da advocacia colaborativa, que consiste em um método não adversarial e multidisciplinar de resolução de controvérsias. Por essa prática, as partes se comprometem a não litigância entre os advogados, por meio da assinatura de um termo de confidencialidade, sem o qual uma atuação genuinamente colaborativa não se mostra viável. Se o acordo não for possível, outros advogados deverão ser procurados para a ação judicial.

---

153 TARTUCE, Fernanda. *Mediação nos conflitos civis*, op. cit., p. 128.

> A cláusula que desqualifica advogados para o litígio tem um efeito transformador para os envolvidos na negociação. Quando os advogados não representam ameaça mútua e trabalham em convergência de propósitos, passam a proporcionar um ambiente protegido de conversa, onde é possível aventar inúmeras possibilidades, sem o receio de que, posteriormente, constem dos autos de um processo judicial. Afastada a postura adversarial, não há espaço para a barganha e é possível tratar de interesses e não mais de posições, na construção de um ajuste que atenda a todos os membros da família. As chances de obtenção de acordos consistentes e duradouros são, assim, significativamente potencializadas.[154]

As práticas colaborativas pressupõem a utilização do diálogo autocompositivo, da análise multidisciplinar dos conflitos e do benefício mútuo como meta. Em 2013 essa iniciativa foi contemplada com o prêmio INNOVARE pelo Poder Judiciário, que pretende disseminá-la em nível nacional.

Portanto, por parte dos advogados, uma mudança de visão nos litígios familiares é um passo muito importante para a realização de acordos sustentáveis, seja por meio de práticas colaborativas ou através de uma advocacia cuidadosa, visando a manutenção dos laços familiares e o interesse dos menores. Com isso, a guarda dos filhos será muito mais flexível e duradoura, podendo atender a contento todos os envolvidos.

4.2.3.3 Iniciativas de magistrados

Nas Varas de Família, atualmente, nota-se uma ausência de programas específicos que auxiliem os casais nesse momento tão difícil que é a ruptura da relação. Uma simples, mas valiosa atitude é o encaminhamento à sessão informativa sobre a mediação, para que as partes tenham a possibilidade de conhecer esse método de resolução de conflito, mesmo que não desejem dar continuidade ao procedimento.

Na realidade, o que se nota são atitudes isoladas, mas louváveis, de magistrados que buscam trazer uma nova abordagem para o Judiciário. Por isso, cabe aqui citar algumas delas, para que sirvam de incentivo para os demais profissionais.

A primeira iniciativa é a da juíza Raquel Crispino, da 1ª Vara de Família de São João do Meriti, Rio de Janeiro. A magistrada afirma que o juiz de Família deve ter um olhar para o futuro e não para o passado, no sentido de punir.

---

154 FÜRST, Olívia. *Advocacia colaborativa em Direito de Família*. Disponível em: <http://praticas-colaborativas.com.br/home/advocacia-colaborativa-no-direito-de-familia.php>. Acesso em: 25 jul. 2014.

Visando trazer mudanças de perspectiva, a juíza costuma designar uma Audiência de pré-mediação coletiva, com natureza jurídica de audiência prévia, ou seja, há ata e presença de juiz, sendo, portanto, obrigatória. O embasamento jurídico é o artigo nº 129 do Estatuto da Criança e do Adolescente, referente às medidas protetivas pertinentes aos pais e responsáveis.[155] Todos os pais são intimados a comparecer nesse encontro que dura cerca de 1:30h e o objetivo é refletir sobre as relações parentais após o divórcio.

Após esse encontro, no geral 80% a 90% dos casais decidem comparecer à sessão de mediação. Mesmo aqueles que optam por ir diretamente para a audiência, acabam refletindo sobre a necessidade de uma nova visão na criação dos filhos, conforme afirma a magistrada. Normalmente, após essa orientação inicial, há a fixação de um acordo provisório, orientado pela juíza, no qual se considera a idade, os horários da criança, o trabalho dos pais, de modo que esse acordo seja mais flexível do que uma eventual decisão judicial. Nesse período, os genitores verificam o que está dando certo e o que precisa ser ajustado. A magistrada procura fazer um trabalho em conjunto para que todos se sintam satisfeitos.

Se necessário, é determinada perícia psicológica, que conforme suas palavras, "traz o mundo não concreto para a pauta, ou seja, a subjetividade".[156] Nesses casos, é designada uma audiência para a leitura do laudo, com respaldo no antigo artigo nº 125 do CPC, atual 139, V do Novo Código de Processo Civil, que incentiva a autocomposição.[157] Nesse momento ela entrega uma cópia do laudo para cada genitor, para que possam ter acesso e se conscientizem sobre o cenário familiar. A juíza ressalta que muitos pais alienadores não o fazem de forma dolosa, por isso, quando são conscientizados sobre o prejuízo dessas atitudes para os filhos, muitos genitores se policiam e mudam de comportamento.

Trata-se de um processo paulatino, que demanda um tempo para o amadurecimento da mudança, até que se consiga um acordo de convivência ampla. A juíza se utiliza de cinco ferramentas que auxiliam as partes a buscar uma paternidade responsável e uma guarda flexível:

---

[155] Art. nº 129 do ECA: "São medidas aplicáveis aos pais ou responsável:
[...]
IV – encaminhamento a cursos ou programas de orientação".

[156] Palestra proferida no II Congresso Nacional e I Congresso Internacional de alienação parental: "Um novo tempo – A informação transformando vidas", realizado entre 03 a 05 de abril de 2014, no Rio de Janeiro.

[157] Art. nº 139 do CPC: O juiz dirigirá o processo conforme as disposições deste Código, incumbindo-lhe:
[...]
V – promover, a qualquer tempo, a autocomposição, preferencialmente com auxílio de conciliadores e mediadores judiciais.

a) audiência prévia de mediação coletiva;
b) mediação de conflitos, pois há uma melhora na comunicação e mesmo que não haja acordo, a semente do diálogo foi plantada;
c) acordos provisórios, realizados após a audiência prévia;
d) perícias psicológicas com designação de audiência para a leitura do laudo;
e) medidas protetivas, de acordo com o artigo nº 129 do ECA.

Raquel Crispino cita a relevância de se realizar grupos coletivos de orientação de pais dentro do Poder Judiciário. Ela ressalta também a importância dos demais profissionais que lidam com essas famílias, pois a abordagem do advogado, bem como a condução do psicólogo, podem fazer toda a diferença no desenrolar dos fatos. O objetivo é a realização de um trabalho ético e em parceria desses profissionais.[158]

Outra iniciativa é a da juíza Maria Cristina de Brito Lima da 1ª Vara de Família da Barra da Tijuca, no Rio de Janeiro, que sustenta que para haver uma mudança de paradigma com uma maior responsabilização dos pais, essa transformação deve passar também pelo Judiciário. Isso porque a intervenção judicial nem sempre é a melhor solução nas relações continuadas. Assim, durante sua experiência como juíza da 1ª Vara de Família e Sucessões da Barra da Tijuca, Rio de Janeiro, Maria Cristina Brito notou que a fase mais drástica do processo é a contestação. [159]

Diante disso, instituiu uma "audiência prévia coletiva", realizada em um auditório, com uma palestra de 45 minutos e posteriormente abre-se para perguntas. Como a palestrante é a própria juíza que vai julgar o caso, as partes estão mais focadas em ouvi-la. Além disso, elas terão tempo para repensar o assunto antes de elaborar a contestação.

A juíza percebeu que, após esse encontro, cujo percentual de aproveitamento é de 80%, boa parte dos casos estão aptos à audiência de conciliação. Os demais são encaminhados a um grupo de orientação familiar, em que haverá quatro encontros durante quinze dias, com profissionais da área da psicologia.

As partes devem comparecer aos encontros determinados, baseados no artigo nº 129 do Estatuto da Criança e do Adolescente, que determina que:

> Artigo 129: São medidas aplicáveis aos pais ou responsável:

---

158 Palestra proferida no II Congresso Nacional e I Congresso Internacional de alienação parental: "Um novo tempo – A informação transformando vidas", op. cit..

159 Ibidem.

> [...] IV- encaminhamento a cursos ou programas de orientação.
>
> [...].

A magistrada afirma que é um passo importante para superar o luto do rompimento da relação e ter uma nova perspectiva sob o conflito.

A partir daí as partes já saem com uma data para a audiência de conciliação ou é sugerida a mediação. Caso não haja acordo entre as partes, o processo continua e é ofertada a contestação. Mesmo quando há continuidade no processo judicial, a juíza nota uma mudança na percepção das partes quanto à necessidade de focar nos interesses dos filhos.

4.2.3.4 Oficinas de parentalidade

Cabe citar também a iniciativa da magistrada Vanessa Aufiero da Rocha, da 2ª Vara de Família e Sucessões de São Vicente, em São Paulo e coordenadora do Centro Judiciário de Solução de Conflitos e Cidadania de São Vicente (CEJUSC). Percebendo a falta de orientação dos pais que chegavam em sua sala de audiências, ela passou a se questionar sobre uma saída que evitasse que os mesmos conflitos retornassem ao Judiciário. Considerando que a pacificação social era uma de suas funções, começou a pesquisar novas abordagens a serem utilizadas no Judiciário.

Baseado em programas existentes nos Estados Unidos, Nova Zelândia, Canadá e Itália criou a "Oficina de Pais e Filhos", um programa educacional interdisciplinar e preventivo, voltado às famílias em conflito. Trata-se de uma abordagem relacionada à cultura de paz e educação transformadora para uma reorganização familiar. Nessa oficina ocorre um encontro promovido por voluntários formados, entre outros, por psicólogos, advogados, juízes. O objetivo é empoderar os pais e melhorar a comunicação, de forma independente da intervenção do Judiciário.[160]

Assim, no encontro de quatro horas busca-se fornecer instrumentos para que os próprios envolvidos consigam resolver seus conflitos, substituindo uma abordagem destrutiva por uma mais apropriada para lidar com as diferenças. Os profissionais enfatizam a importância da responsabilização dos pais por suas condutas. Ademais, procura-se demonstrar os efeitos da hostilidade dos genitores na vida dos filhos; incentiva-se as boas práticas parentais e esclarece-se sobre questões jurídicas como pensão alimentícia, tipos de guarda, alienação parental e formas de resolução de controvérsias.

---

160 Palestra intitulada "Oficinas de parentalidade: uma prática inovadora", proferida no IX Congresso Brasileiro de Direito de Família entre 20 a 22 de novembro de 2013 em Araxá, Minas Gerais.

Esse encontro é também realizado separadamente com os filhos, de idades entre 06 e 17 anos, por meio da "Oficina de filhos", na qual é utilizado material lúdico, didático e pedagógico. É uma oportunidade para que os menores possam expressar seus sentimentos e expectativas, trocar experiências e traçar estratégias para lidar melhor com o conflito de seus genitores.

Nessa oficina, cada genitor vai para uma sala, onde encontra outros pais e mães na mesma situação. Após uma introdução, cada um tem espaço para se abrir e falar sobre suas angústias. As crianças de 6 a 11 anos se unem às outras crianças e os adolescentes se reúnem em outro ambiente.

É um momento em que os voluntários mostram que o divórcio é comum e que ele não extingue a família. Por outro lado, esclarecem que é um período difícil, de adaptação, pois há mudanças sociais, queda no padrão de vida, adaptações aos papéis parentais. Ademais, a ruptura da relação amorosa causa sentimentos perturbadores que devem ser trabalhados.

A oficina procura explicitar que apesar de tais dificuldades, as consequências do divórcio na vida dos filhos dependem da conduta dos pais. Se apesar das diferenças houver um relacionamento razoável entre os genitores, o impacto será mais ameno, pois eles não sentirão uma perda parental.[161]

Para os filhos, a oficina esclarece sobre seus direitos, como o de não ser interrogado pelos pais ao término das "visitas"; de não ser usado como mensageiro entre os genitores; o de não ter de presenciar discussões; o direito de não ter de tomar partido, nem se sentir culpado por continuar amando os dois genitores.

Outro aspecto da oficina é mostrar meios para que os pais possam ajudar os filhos, como dicas de convívio, escuta ativa, consideração e validação dos sentimentos do menor. Há distribuição de cartilhas[162] e apresentação de vídeos que visam melhorar a comunicação entre os membros da família. Essas abordagens ajudam a abrir caminho para a mediação de conflitos.

Na prática, ao receber a petição inicial, a família é encaminhada para a oficina e a 1ª audiência de conciliação ou mediação só ocorre depois desse encontro. Para a juíza Vanessa da Rocha, quanto mais cedo as partes vão para a oficina, maiores as chances de harmonização, já que a contestação promove uma escalada do conflito.

161 Nesse encontro há a entrega de cartilhas aos pais; outra aos filhos, bem como para os instrutores. Essa cartilha está disponível online, por meio do endereço eletrônico: <https://drive.google.com/folderview?id=0B1--3Bo7zwJNU21NQXY2alFtZjg&usp=sharing>. Acesso em: 9 abr. 2014.

162 Disponível em: <http://www.cnj.jus.br/noticias/cnj/25746-cnj-e-mj-lancam-cartilhas-para-auxiliar-familias-sobre-divorcio>. Acesso em: 9 jul 2014.

Nada obsta que as partes sejam encaminhadas à oficina em qualquer fase do processo ou até mesmo na fase pré-processual e após o acordo.[163]

A oficina de parentalidade é mais um instrumento à disposição da Justiça com poder transformador, por meio da educação. A magistrada observa que essa ferramenta é um alento para a família e também para os juízes e demais profissionais do Direito.

Atualmente essa iniciativa também ocorre no Fórum João Mendes Júnior, no centro de São Paulo, em São José dos Campos e na Praia Grande. Diante das bem-sucedidas iniciativas o CNJ (Conselho Nacional de Justiça) agora está incentivando a prática e buscando criar multiplicadores. Em dezembro de 2013 ocorreu o primeiro curso de formação de instrutores da oficina da parentalidade, em Brasília.

Esse projeto deu resultados tão positivos que em 2014 o Conselho Nacional de Justiça o adotou "como política pública, na resolução e prevenção de conflitos familiares, nos termos dos vídeos e das apresentações disponibilizados no portal da Conciliação do CNJ." (artigo 1º, inciso I da Recomendação nº 50 de 8 de maio de 2014).

4.2.3.5 Resolução nº 125 do CNJ

Ainda no âmbito do Judiciário, o Conselho Nacional de Justiça (CNJ), verificando a necessidade de consolidar uma política pública permanente de incentivo e aperfeiçoamento dos mecanismos consensuais de solução de litígios, promulgou a Resolução nº 125 em 29 de novembro de 2010. Essa Resolução sofreu a última atualização em março de 2016, para se adequar à Lei nº 13.140/2015 (Lei de Mediação) e ao novo Código de Processo Civil.

O objetivo da Resolução é oferecer outros mecanismos de soluções de controvérsias - em especial a mediação e a conciliação -, bem como prestar atendimento e orientações ao cidadão.

Francisco Cahali afirma que com a Resolução n. 125/2010, consolidou-se no Brasil, a implantação do chamado Tribunal Multiportas:

> "sistema pelo qual o Estado coloca à disposição da sociedade alternativas variadas para se buscar a solução mais adequada de controvérsias, especialmente valorizados os mecanismos de pacificação (meios consensuais), e não mais restrita a oferta ao processo clássico de decisão imposta pela sentença judicial. Cada uma das opções (mediação, conciliação, orientação, a própria ação judicial contenciosa etc.), representa

---

163 Cartilha "Oficina de Pais", p. 14. Disponível em: <https://drive.google.com/folderview?id=0B1--3Bo7zwJNU21NQXY2alFtZjg&usp=sharing>. Acesso em: 9 abr. 2014.

uma "porta", a ser utilizada de acordo com a conveniência do interessado, na perspectiva de se ter a maneira mais apropriada de administração e resolução do conflito."[164]

Entre as determinações da resolução, destacam-se a instituição de um Código de Ética dos facilitadores das soluções consensuais de controvérsias; a busca da cooperação com instituições públicas e privadas da área de ensino, para a criação de disciplinas que proporcionem o surgimento da cultura de solução pacífica dos conflitos; a elaboração de um cadastro nacional de mediadores judiciais e conciliadores; bem como de critérios de remuneração desses profissionais, conforme o artigo nº 169 do Código de Processo Civil.

Entre as atribuições do CNJ cita-se também a elaboração do Sistema de Mediação e Conciliação Digital ou à distância, para atuação pré-processual de conflitos e, até mesmo de demandas em curso, conforme artigo 6º, X da Resolução nº 125.

Ademais, a referida resolução visa ao estabelecimento de um parâmetro curricular a ser seguido pelos Tribunais, para a capacitação e aperfeiçoamento dos mediadores, conciliadores, magistrados e demais profissionais envolvidos. Os mediadores e conciliadores deverão ser qualificados pelos Tribunais ou entidades parceiras, cujas diretrizes curriculares deverão observar a carga horária mínima de 40 horas de aulas teóricas e 60 a 100 horas de estágio supervisionado. A meta é assegurar a qualidade dos serviços como garantia de acesso a uma ordem jurídica justa.

Por meio dessa resolução, os Tribunais devem criar "Núcleos Permanentes de Métodos Consensuais de Solução de Conflitos", com o fim de promover e fiscalizar a capacitação e atualização dos mediadores e conciliadores; formular um cadastro desses profissionais, regulamentar sua remuneração, além de estimular programas de mediação comunitária.

Os Tribunais serão responsáveis por criar os "Centros Judiciários de Solução de Conflitos e Cidadania" – locais de orientação da população –, e onde deverão preferencialmente ocorrer as sessões e audiências de mediação e conciliação. Esses Centros terão os setores de solução de conflitos pré-processual; de solução de conflitos processual e de cidadania. Os locais contarão com um juiz coordenador, que será responsável pela homologação dos acordos e supervisão dos serviços de mediadores e conciliadores. Nele também poderão atuar membros do Ministério Público, defensores públicos, procuradores e/ou advogados.

---

164 CAHALI, Francisco José. *Curso de Arbitragem*. Mediação, conciliação, resolução CNJ 125/2010, op. cit., p. 62.

As partes terão a possibilidade de avaliar as Câmaras e os profissionais envolvidos, e essa avaliação ficará disponível no cadastro nacional de mediadores e conciliadores.

Referidos profissionais e demais facilitadores estarão sujeitos ao Código de Ética, cujos princípios fundamentais são: confidencialidade, decisão informada, competência, imparcialidade, independência e autonomia, respeito à ordem pública e às leis vigentes e, por fim, empoderamento e validação.

A Resolução nº 125 do CNJ teve impactos positivos na sociedade brasileira, sendo um deles o de ter pavimentado o caminho que vinha sendo construído, por muitos mediadores, desde 1998, mas que não estava regulamentado. Por meio dela, abriram-se portas para que outros projetos eclodissem, tornando a mediação mais visível e reconhecida. Além disso, a mencionada resolução facilitou a utilização da mediação em todo o território nacional, pela população mais carente; criou um manual de boas práticas do mediador; propiciou publicidade sobre outros meios de se abordar o conflito, entre outros impactos.[165]

Paralelamente, para solidificar a conciliação e a mediação como uma política pública permanente de incentivo e aperfeiçoamento de mecanismos consensuais e de solução e prevenção de litígios, o Conselho Nacional de Justiça promulgou a Recomendação nº 50 em maio de 2014. Ela aconselha que os Tribunais realizem estudos e ações tendentes a dar continuidade ao Movimento Permanente pela Conciliação.

Ademais, orienta os magistrados a encaminharem casos para a mediação, em demandas nas quais haja "necessidade de preservação ou recomposição de vínculo interpessoal ou social, não apenas decorrentes de relações familiares, mas todos os afetos a direitos disponíveis." (Artigo 1, inciso II da Recomendação nº 50).

Essa recomendação, sem dúvida, é o reconhecimento da relevância da mediação e conciliação no cenário jurídico brasileiro. No entanto, este é somente mais um precioso passo para a consolidação dos meios não adversariais de solução de conflito no Brasil e para que o caminho já percorrido seja validado pelos membros do Judiciário e da sociedade em geral.[166]

Nesse sentido, o atual presidente do Supremo Tribunal Federal e do Conselho Nacional de Justiça, Ministro Ricardo Lewandowski, afirmou que

---

165 BERALDO, Anna. M. S; MANDEUBAUM, Helena. A Mediação no Brasil. Capítulo do livro de PARKINSON, Lisa: *Mediação Familiar*, versão em português. Belo Horizonte: DelRey, 2016, p.12.

166 Ibidem, p. 22.

em sua gestão haverá o incentivo aos métodos "alternativos" de solução de conflitos. O Ministro afirmou que há "quase 100 milhões de processos em tramitação para apenas 18 mil juízes, dos tribunais federais, estaduais, trabalhistas, eleitorais e militares". Em sua opinião, isso decorre de uma mentalidade vigente no universo jurídico brasileiro, segundo o qual "todos os conflitos e problemas sociais serão resolvidos mediante o ajuizamento de um processo".[167]

No entanto, bem ponderada é a colocação feita pelo editorial do jornal *Folha de São Paulo*:

> se quiser dar uma contribuição específica nessa seara, Lewandowski poderia expandir os esforços para que também o Estado brasileiro, em todas as suas figuras jurídicas, use os meios alternativos nos processos de que é parte. Afinal, não há como desafogar o Judiciário sem considerar o peso do maior litigante do país – o poder público está em 51% dos processos em tramitação nos tribunais.[168]

Portanto, é imprescindível que haja uma política pública que incentive esses métodos apropriados de lidar com os conflitos, que, em muitos casos, são mais eficientes do que o Judiciário, além de proporcionar o protagonismo das partes envolvidas e, consequentemente, trazer diversos benefícios ao Estado como um todo. Sem uma mudança profunda que inclua o Judiciário, o Executivo, o Legislativo e a sociedade em geral, as modificações serão apenas pontuais.

Nesse ponto, é preciso mais uma vez enfatizar que os meios apropriados de solução de litígio não devem ser utilizados para desafogar o Judiciário, pois isso seria um desvirtuamento de seu objetivo. A diminuição de processos pode, sim, ocorrer, mas apenas como consequência dessa transformação de mentalidade social e da eficiência dessas ferramentas.

4.2.4 Legislativo

O Poder Legislativo tem uma função fundamental, pois cria as normas que regerão o Estado Democrático de Direito. Ocorre que, no Brasil, é comum se notar que os projetos de lei se arrastam por anos e até por décadas sem que sejam analisados, devido às divergências políticas. Por isso, é preciso que haja mais foco e comprometimento dos legisladores para que atuem

---

167 Folha de São Paulo. Editorial Alternativas da Justiça. 17/8/2014. Disponível em: http://www1.folha.uol.com.br/opiniao/2014/08/1501560-editorial-alternativas-da-justica.shtml. Acesso em: 18 ago. 2014.

168 Folha de São Paulo. Editorial Alternativas da Justiça. 17/8/2014, op. cit.

com maior eficiência, selecionando os projetos de lei que realmente irão trazer uma diferença positiva para a sociedade.

No que tange às questões relativas ao Direito de Família, em especial a guarda dos filhos, fruto dessa obra, é necessário um enfoque maior na elaboração e aprovação de leis que facilitem uma mudança de mentalidade na sociedade, em relação à responsabilização dos pais.

Uma norma que propiciou benefícios sociais foi a de nº 12.318/2010, sobre a alienação parental. Embora seja um fenômeno que sempre existiu, seu reconhecimento no âmbito legislativo, inclusive com consequências para os alienadores, como a inversão da guarda, proporcionou vantagens de suma significância. Ela ofereceu visibilidade social para o tema, de modo que a população passou a conhecer melhor essa situação. No núcleo familiar, deu respaldo para que o genitor alienado possa lutar por uma convivência maior com sua prole e, principalmente, trouxe benefício aos filhos, que terão maiores chances de ter um contato mais saudável com ambos os genitores.

Outro passo significante foi a promulgação da lei sobre guarda compartilhada que, não obstante a discussão sobre a necessidade ou não de sua elaboração,[169] teve uma intenção louvável, pois popularizou o debate. Essa lei, de nº 11.698/2008, procurou enfatizar que ambos os genitores devem manter um papel ativo na vida dos filhos após a ruptura do relacionamento amoroso.

A referida norma foi relevante porque teve uma finalidade pedagógica, já que trouxe à luz a importância de dar continuidade ao papel parental, mantendo o cumprimento dos deveres e obrigações, com o intuito de proteger o melhor interesse da criança. Trata-se de um reforço à ideia de que os filhos se beneficiam da coparentalidade e de que os genitores devem participar mais ativamente da tomada de decisões sobre a criação de seus filhos.

Por outro lado, houve a promulgação da lei de nº 13.058/2014 acerca da guarda compartilhada como regra, mesmo em casos de litígio. Essa norma dispõe que, em caso de desacordo entre mãe e pai quanto à guarda do filho, se os dois estiverem aptos para exercer o poder familiar, o juiz deverá aplicar a guarda compartilhada. A única exceção será quando um dos genitores declarar ao juiz que não deseja a guarda do filho. Do modo como a letra da lei foi disposta, poderá se configurar como um retrocesso, pois não prioriza o melhor interesse da criança e a individualidade do caso concreto. Essa discussão foi analisada mais profundamente no item 2.9.1.

---

169 Vide item 2.1.

Por fim, um projeto de lei que merece ser citado é o de nº 470/2013, conhecido como "Estatuto das Famílias". O referido projeto foi elaborado pelo Instituto Brasileiro de Direito de Família, com o objetivo de criar um Direito de Família mais atento à realidade da sociedade contemporânea. Um de seus benefícios foi o de incorporar os diversos projetos de lei que tramitam no Congresso Nacional, a partir dos valores jurídicos atuais, tal como a proteção da pluralidade das diversas formas de família.

Vale lembrar que o livro de Família do Código Civil de 2002 foi concebido a partir da década de1960, ou seja, iniciou-se antes das relevantes mudanças legislativas como a Constituição Federal de 1988, por exemplo. Assim, a grande vantagem é que tal projeto de lei seria responsável por uma atualização mais abrangente, que abarcasse os paradigmas e valores atuais da sociedade. Isso evitaria o grande volume de projetos de lei específicos, alguns até mesmo contraditórios entre si, proporcionando maior segurança jurídica.

No que tange à guarda dos filhos, o Estatuto das Famílias é mais ponderado do que a recente de Lei nº 13.058/2014, ao dispor, em seu artigo nº 97 que, "não havendo acordo entre os pais, deve o juiz decidir, preferencialmente, pela guarda compartilhada, salvo se o melhor interesse do filho recomendar a guarda exclusiva, assegurando o direito à convivência do não guardião". Outro avanço seria a substituição do termo "visita" por "convivência", por ser este mais apropriado.

4.2.4.1 Leis relacionadas à mediação de conflitos

Desde 1998, começou-se a pensar numa lei de mediação no Brasil. No entanto, o tema sofria considerável resistência por alguns setores da sociedade, que não tinham conhecimento sobre as reais vantagens de uma abordagem não adversarial sobre o conflito. Um exemplo era o receio de perda de atuação profissional por parte de advogados.

A primeira proposta legislativa foi apresentada pela Deputada Federal Zulaiê Cobra Ribeiro e teve, entre outras, a participação do então Ministro do Supremo Federal, Antonio Cezar Peluso. Tratava-se do Projeto de Lei nº 4.827/98, que posteriormente recebeu o nº PLC 94/02. Nesse ínterim, outros projetos de lei surgiram e, finalmente, em 2015, foi aprovada a Lei nº 13.140/15, cuja vigência se iniciou em 2016.

Paralelamente, em 2009, formou-se uma Comissão de Juristas de renome, visando à elaboração de um novo Código de Processo Civil, sancionado em 16 de março de 2015, tornando-se a Lei nº 13.105/15, que entrou em vigor em 1 (um) ano da sua publicação oficial, de acordo com o seu artigo nº 1.045.[170]

O Código de Processo Civil procurou destacar a importância de se estimular as soluções consensuais de conflito, até mesmo no curso do processo. Francisco Cahali observa que houve "uma transformação da mentalidade do Código na mudança da estrutura do processo, e na valorização da mediação e conciliação, por diversos aspectos perceptíveis pela análise sistemática da Lei, inclusive com regime jurídico próprio aos institutos de favorecimento à autocomposição".[171]

No que tange à mediação de conflitos, o novo Código de Processo Civil focou no seu âmbito judicial. Ele estabelece que os Tribunais deverão criar centros de solução consensual de conflitos, que realizarão encontros de mediação e audiências de conciliação, além de promover a orientação e a estimulação da autocomposição.

O §3º do artigo nº 165 do Novo Código de Processo Civil dispõe o seguinte:

> Artigo 165, §3º: "O mediador, que atuará preferencialmente nos casos em que houver vínculo anterior entre as partes, auxiliará aos interessados a compreender as questões e os interesses em conflito, de modo que eles possam, pelo restabelecimento da comunicação, identificar, por si próprios, soluções consensuais que gerem benefícios mútuos."

Já o artigo nº 334 menciona:

> Art. 334: "Se a petição inicial preencher os requisitos essenciais e não for o caso de improcedência liminar do pedido, o juiz designará audiência de conciliação ou de mediação com antecedência mínima de 30 (trinta) dias, devendo ser citado o réu com pelo menos 20 (vinte) dias de antecedência.
>
> §1º O conciliador ou mediador, onde houver, atuará necessariamente na audiência de conciliação ou de mediação, observando o disposto neste Código, bem como as disposições da lei de organização judiciária.
>
> §2º Poderá haver mais de uma sessão destinada à conciliação e à mediação, não podendo exceder a 2 (dois) meses da data de realização da primeira sessão, desde que necessárias à composição das partes.

---

170 O novo CPC trata dos mediadores e dos conciliadores judiciais nos artigos nº 165 a 175 e são equiparados a auxiliares da justiça (artigo nº 149).

171 CAHALI, Francisco José. *Curso de Arbitragem*. Mediação, conciliação, resolução CNJ 125/2010, op. cit., p. 70.

§3º A intimação do autor para a audiência será feita na pessoa de seu advogado.

§4º A audiência não será realizada:

I - se ambas as partes manifestarem, expressamente, desinteresse na composição consensual;

II - quando não se admitir a autocomposição.

§5º O autor deverá indicar, na petição inicial, seu desinteresse na autocomposição, e o réu deverá fazê-lo, por petição, apresentada com 10 (dez) dias de antecedência, contados da data da audiência.

§6º Havendo litisconsórcio, o desinteresse na realização da audiência deve ser manifestado por todos os litisconsortes.

§7º A audiência de conciliação ou de mediação pode realizar-se por meio eletrônico, nos termos da lei.

§8º O não comparecimento injustificado do autor ou do réu à audiência de conciliação é considerado ato atentatório à dignidade da justiça e será sancionado com multa de até dois por cento da vantagem econômica pretendida ou do valor da causa, revertida em favor da União ou do Estado.

§9º As partes devem estar acompanhadas por seus advogados ou defensores públicos.

§10º A parte poderá constituir representante, por meio de procuração específica, com poderes para negociar e transigir.

§11º A autocomposição obtida será reduzida a termo e homologada por sentença.

§12º A pauta das audiências de conciliação ou de mediação será organizada de modo a respeitar o intervalo mínimo de 20 (vinte) minutos entre o início de uma e o início da seguinte."

A inserção desse tema no referido Código foi um enorme reconhecimento sobre a mediação e um incentivo às formas apropriadas de resolução de conflitos. Isso porque a utilização da mediação judicial logo no início do processo, antes mesmo da apresentação da contestação, é fundamental. Nessa fase processual, o conflito, normalmente, ainda não está na sua escala máxima, criando maiores possibilidades de as partes chegarem ao consenso.[172]

Durante as discussões da elaboração da Lei nº 13.140/15, chegou-se a cogitar a exclusão da mediação, nos conflitos que versassem sobre filiação, adoção, poder familiar, invalidade de matrimônio, interdição, recuperação

[172] BERALDO, Anna. M. S; MANDEUBAUM, Helena. *A Mediação no Brasil*, op. cit, p. 17.

judicial ou falência. Esse equívoco foi posteriormente sanado com o Substitutivo do respectivo projeto de Lei nº 7.169/14.

É sabido que, nos litígios familiares, que envolvem forte carga emocional, a mediação é mais apropriada, evitando o desgastante processo judicial. O próprio CNJ (Conselho Nacional de Justiça) aborda a mediação como parte de uma política pública abrangente, que procura levar a ampliação do acesso à Justiça. Por isso, a exclusão da mediação nas causas relativas ao Direito de Família demonstraria uma legislação manca sobre o tema e um retrocesso no desenvolvimento doutrinário e prático do modelo brasileiro de mediação familiar. Aliás, o relator do Substitutivo do projeto de Lei nº 7.169/14, Deputado Sergio Zveiter, na justificativa, reconhece e valoriza o fato de a mediação familiar ser uma das práticas de solução de conflito mais avançadas; portanto, não poderia ser desconsiderada.

Assim, a Lei de Mediação de nº 13.140/15, após vários debates, acabou admitindo a utilização da mediação nos conflitos envolvendo questões de família, consideradas direitos indisponíveis, que admitam transação, conforme dispõe o artigo 3º, §2º, exigindo, para tanto, que, se os mediandos chegarem ao consenso, este deverá ser levado para homologação do magistrado, que só prolatará a decisão após a oitiva do Ministério Público. Trata-se de uma verdadeira demonstração que considera, valoriza e reconhece experiências de mediação já existentes há muito tempo e bem-sucedidas em relação às referidas matérias.

Os mediandos, ao participarem da mediação, assumem a autoria das suas vidas, esforçam-se para uma construção conjunta do entendimento, compartilham as responsabilidades e afastam a litigiosidade, demonstrando a sua preferência pela tomada da decisão conjunta e pacífica.[173]

Felizmente, o novo Código de Processo Civil, no seu artigo nº 694, também prevê a utilização da mediação e da conciliação, para as questões familiares, no esforço de se buscar um consenso entre os envolvidos. Esse entendimento encontra-se reforçado no mesmo diploma legal, no seu artigo nº 165, §3º, cabendo a mediação nos casos em que houver vínculo anterior entre as partes. Por força desse dispositivo, incumbe ao mediador a tarefa de facilitar o diálogo entre elas, a ponto de as mesmas compreenderem as questões em pauta e os interesses em conflito, e identificarem, elas próprias, as possibilidades de se chegar ao entendimento, com ganhos para todas.

---

[173] BERALDO, Anna. M. S; MANDEUBAUM, Helena. *A Mediação no Brasil*, op. cit, p. 18.

O novo Código de Processo Civil, Lei nº 13.105/15, em seu artigo nº 167, §1º, estabelece que o mediador e o conciliador, para requererem sua inscrição no cadastro nacional e no cadastro dos Tribunais Estaduais e Federais, devem preencher o requisito de capacitação mínima, por meio de curso realizado por entidade credenciada, conforme parâmetro curricular definido pelo Conselho Nacional de Justiça, em conjunto com o Ministério da Justiça.

A Lei de Mediação de nº 13.140/15, no seu artigo nº 11, que trata do mediador judicial, foi mais rigorosa. Além de capacitação mínima, definida pelo Conselho Nacional de Justiça, em conjunto com o Ministério da Justiça, estabeleceu que o mediador deverá ser graduado, há pelo menos dois anos, em curso reconhecido pelo Ministério da Educação. Adicionalmente, o mediador deverá ser capacitado em escola ou instituição de formação de mediadores, reconhecida pela Escola Nacional de Formação e Aperfeiçoamento de Magistrados – ENFAM ou pelos Tribunais. Já, para o mediador privado, o seu artigo 9º prevê que pode ser qualquer pessoa capaz que tenha a confiança das partes e seja apta para fazer mediação.

Mais uma novidade introduzida pelo novo Código de Processo Civil é que o Tribunal poderá preencher o quadro próprio de conciliadores e mediadores, mediante concurso público de provas e títulos (artigo nº 167, §6º). Essa situação já existe em alguns Estados da Federação com relatos de experiências exitosas. No entanto, o tema é polêmico entre os especialistas, com argumentos a favor e contra, sobre a função do mediador concursado. A Lei de Mediação nº 13.140/15 silencia a esse respeito.

Outro tema bastante relevante e discutido refere-se à presença do advogado na mediação. De acordo com o artigo nº 10 e seu parágrafo único da Lei de Mediação nº 13.140/15, na mediação extrajudicial, os mediandos poderão estar assistidos por seus causídicos de confiança ou defensor público. No caso de só um deles estar com seu patrono, o mediador, como guardião do processo de mediação, suspenderá os trabalhos, até que todos estejam representados.

Já no âmbito do Judiciário, o controverso §4º do artigo nº 695 do novo Código de Processo Civil determina que as partes deverão estar acompanhadas de seus respectivos procuradores, tornando obrigatório o comparecimento desses profissionais nas sessões. Nesse aspecto, a Lei de Mediação nº 13.140/15 seguiu tal entendimento, conforme preceituou o seu artigo nº 26.

A experiência mostra que, durante a mediação, recomenda-se a não participação dos advogados, principalmente na área da família, para o desenvolvimento do protagonismo dos mediandos e a tomada de decisões que melhor atenda a suas necessidades. Ressalta-se que a presença de seus patronos é fundamental nos encontros de pré-mediação, para o incentivo à adesão, bem como ao final dos trabalhos, para a redação do eventual acordo que, em muitos casos, deverá ser homologado judicialmente. Se, no curso da mediação, aparecerem questões jurídicas que precisem ser investigadas, para tomada de decisões, suspende-se o encontro, para que as partes possam consultar seus patronos a respeito e, assim, dar seguimento aos trabalhos.[174]

Os princípios da mediação são abordados no artigo nº 166 do Novo Código de Processo Civil:

> Art. 166. A conciliação e a mediação são informadas pelos princípios da independência, da imparcialidade, da autonomia da vontade, da confidencialidade, da oralidade, da informalidade e da decisão informada.

No que diz respeito ao sigilo e à confidencialidade, o Código menciona, nos parágrafos do artigo nº 166, que todas as informações verbais e não verbais trazidas pelos mediandos, nos encontros de mediação, são sigilosas. A aplicação desses princípios é fundamental para que se estabeleça um ambiente de confiança e de segurança para os mediandos, a menos que eles próprios deliberem, expressamente, de outra forma, estabelecendo os limites do sigilo e da confidencialidade.[175]

Por essa razão, muitos especialistas já vinham conversando sobre esse controvertido tema, por conta do Substitutivo do PL nº 7.169/14, que se tornou a Lei de Mediação nº 13.140/15. Assim, conforme o disposto no seu artigo nº 30, inciso IV, §§3º e 4º, tais princípios não serão aplicáveis em casos de crime de ação pública, e as pessoas indicadas no referido artigo terão o dever de prestar informações à Administração Tributária no final dos trabalhos. Mais uma divergência em relação ao novo Código de Processo Civil, artigo nº 166, correndo-se o grande risco de a mediação vir a ser pouco utilizada pela sociedade civil, impactando, sobremaneira, na sustentabilidade da mudança de cultura, através da pacificação e da inclusão social.

Além disso, outra inovação significativa, trazida pelo novo Código de Processo Civil, refere-se à intimação das partes para o encontro inicial de mediação, conforme determinam o seu §3º do artigo nº 308 e do artigo nº 334. De acordo com tais dispositivos, as partes devem comparecer, obrigatoriamente, a essa reunião informativa, para que possam decidir, livremente, se desejam ou não dar continuidade aos futuros encontros de mediação.

---

174 BERALDO, Anna. M. S; MANDEUBAUM, Helena. A Mediação no Brasil, op. cit, p. 19-20.

175 Ibidem, p. 20.

É imprescindível esclarecer que, assim como ocorre na Inglaterra, a mediação é sempre voluntária. Ou seja, esse encontro serve para informação sobre o procedimento, esclarecimento de dúvidas e início do processo, se assim os envolvidos desejarem. Trata-se de uma essencial inovação, pois possibilita a criação de um espaço seguro, para a passagem, pelos mediandos, da posição adversarial à colaborativa, favorecendo o diálogo entre eles e o eventual consenso, antes do oferecimento da contestação. Com isso, previne-se a escalada do conflito, que, certamente, aumentaria o grau de animosidade e distância entre as pessoas nele envolvidas.

No mesmo sentido, a Lei de Mediação nº 13.140/15, em seu artigo 2º §1º, determina que, se houver previsão contratual de cláusula de mediação, será obrigatória a presença dos contratantes no primeiro encontro de mediação. E, em seu artigo nº 27, estabelece, de forma abrangente, que, se o autor da ação preencheu todos os requisitos essenciais para a sua propositura, o juiz designará o primeiro encontro de mediação.

Uma novidade da Lei de Mediação nº 13.140/15 se dá em relação à mediação extrajudicial, quando estabelece que a previsão contratual de mediação deverá conter os tópicos dos incisos do seu artigo nº 22, inclusive penalidade em caso de não comparecimento do contratante convidado a participar do primeiro encontro de mediação (inciso IV). E, se não constar tal penalidade na previsão contratual de mediação, a própria lei a estabelece, no mesmo artigo, §2º, inciso IV: ele arcará com cinquenta por cento das custas e honorários sucumbenciais, caso venha a ser vencedor em procedimento arbitral ou judicial posterior e que envolva o objeto da mediação, para o qual foi convidado.

A Lei de Mediação nº 13.140/15 dispõe, em seu artigo 4º, que o mediador extrajudicial ou judicial será designado pelo tribunal ou escolhido pelas partes. Assim, os interessados poderão se valer de referências ou da internet para pesquisar os vários mediadores que atuam no mercado e/ou que são cadastrados pelos Tribunais da Federação (artigo nº 12), e eleger aquele que melhor poderá atender aos interesses e às necessidades dos indivíduos ou organizações.

Sob essa perspectiva, não obstante o enorme passo que se deu com a entrada em vigor do novo Código de Processo Civil (que aborda, em vários de seus artigos, a mediação) e com a promulgação da Lei de Mediação, nota-se que só essas medidas não bastam, pois elas, isoladamente, não trarão uma mudança sistêmica, na sociedade brasileira. É necessária uma alteração estrutural dos Poderes Executivo e Judiciário, com o intuito de informar a população e criar um ambiente propício para a utilização de outros meios apropriados de transformação de conflitos. Será com essa nova dinâmica social que se promoverá, de fato, o acesso à Justiça.

CONSIDERAÇÕES FINAIS

Durante muito tempo no Brasil paradigmas bastante arraigados determinavam que a figura paterna era a provedora e a função da manutenção do lar e educação dos filhos era praticamente exclusiva da mãe.

Após a promulgação do Código Civil de 1916, algumas legislações extravagantes já vinham dando sinais sobre a necessidade de mudança de certos padrões já ultrapassados na sociedade, a exemplo da figura do homem como chefe de família, conforme o artigo nº 233 do Código Civil de 1916.

Transformações significativas ocorreram nas últimas décadas na sociedade, afetando o modo como o Direito regula as relações sociais e, particularmente, as relações familiares. A inserção da mulher no mercado de trabalho; a busca do genitor masculino em ser um pai mais participativo foram mudanças relevantes no âmbito familiar.

A Constituição Federal de 1988 foi a grande responsável por imprimir, de fato, novas diretrizes ao ordenamento jurídico e ao contexto social. A Carta Magna passou a contemplar e priorizar os aspectos existenciais do ser humano, ao escolher a dignidade da pessoa humana como valor fundamental da sociedade.

Atualmente nota-se a funcionalidade das relações jurídicas, de modo que, ao lado da liberdade e da autonomia privada, é preciso que sejam também respeitados os princípios da função social, da boa-fé e da solidariedade.

Essa substituição de paradigmas, com a prioridade nas relações existenciais, trouxe a necessidade de mudança de enfoque. Assim, a família passou a ser amparada não como entidade em si, mas na medida em que houvesse proteção de seus integrantes.

A Constituição Federal também proporcionou a igualdade entre homens e mulheres, a proibição de qualquer forma de discriminação contra os filhos, além de ter dado absoluta prioridade ao princípio do melhor interesse da criança, conforme seu artigo nº 227.

Essa nova perspectiva vem ocasionando a transformação da ordem jurídica, criando funções à entidade familiar, a fim de promover, por exemplo, a parentalidade como fonte de direitos e obrigações em benefício da prole. Portanto, o foco constitucional é proteger a criança e proporcionar meios que beneficiem seu desenvolvimento sadio. Isso inclui o direito à convivência familiar e o afeto como valor jurídico.

Por isso, embora o casal tenha total autonomia para realizar o planejamento familiar, é preciso levar em conta o princípio da paternidade responsável. Assim, não basta gerar uma criança e até mesmo pagar regularmente a pensão alimentícia. É preciso exercer de forma efetiva a autoridade parental, estando presente na criação e desenvolvimento do menor, proporcionando afeto e segurança para aquela criança. Decisões judiciais cada vez mais frequentes a respeito do abandono afetivo dão conta dessa realidade de responsabilização dos pais, para proteção adequada dos filhos.

Nesse sentido, o poder familiar pode ser definido como um complexo de direitos e deveres, pelos quais os pais exercem sua autoridade, visando o melhor interesse de seus filhos menores. Ele compreende tanto o aspecto material, como também o existencial, abrangendo a criação, a educação, o afeto.

A autoridade parental decorre da parentalidade e subsiste enquanto os filhos forem menores. Desse modo, é indiferente se existe ou não relacionamento entre os genitores pois o eventual término dessa relação não altera o vínculo parental, mantendo-se os mesmos direitos e deveres.

Entre os atributos do poder familiar está a guarda dos filhos. No entanto, ao longo do tempo, foi-se conferindo cada vez mais importância à guarda, relegando, indevidamente, o poder familiar a um instituto secundário, de maneira que há uma linha muito tênue entre os dois institutos.

O que a realidade demonstra no Brasil é que há uma contradição, pois, embora o ordenamento enfatize que o poder familiar não se altera com a separação, aquele que não detém a guarda acaba por somente supervisionar as decisões rotineiras do outro genitor e fiscalizar os interesses do filho. O próprio Código Civil, no artigo nº 1.589, menciona as expressões "fiscalizar sua educação", o que demonstraria o papel secundário do genitor não guardião.

No momento atual, o que prevalece em tese é a autoridade parental, que não se altera; mas, na prática, o instituto mais importante é a guarda. Diante disso, mantendo-se os artigos nº 1.632 e 1.589 do Código Civil, o que se nota é certa obscuridade, que acaba gerando imprecisão, dúvidas e incertezas.

Parece que o real intuito do legislador foi o de enfatizar que ambos os genitores devem manter um papel ativo e presente na vida dos filhos após a ruptura conjugal, dando continuidade ao seu papel parental, cumprindo suas obrigações e direitos. Mas, para isso, não era necessário mencionar que o poder familiar não se alteraria, pois, de certa forma, há uma modificação, já que é impossível preservar o mesmo arranjo que havia quando os pais moravam sob o mesmo teto. Uma sugestão seria dispor que a autoridade parental sofreria alguns ajustes diante da ruptura da relação dos pais.

Caso o ordenamento brasileiro optasse por manter a predominância do poder familiar, uma saída seria diminuir a importância prática da guarda, que abrangeria apenas o local em que os filhos iriam residir e o plano de convivência paterno-filial. Assim, os demais direitos e deveres dos pais estariam inseridos no poder familiar, independentemente do tipo de guarda, impedindo, assim, a existência de um papel principal e de um secundário que ocorre no dia-a-dia.

De fato, bastaria levar à risca as disposições do artigo nº 1.632 do Código Civil, em que a única alteração do poder familiar seria a adaptação quanto ao convívio e à residência do menor. Esse é o caso que ocorre na Inglaterra, que tem o instituto da "responsabilidade parental" e, após recentes debates, decidiu-se por substituir a nomenclatura "residence and contact order" por "child arrangement order", com o intuito de alterar a percepção de que há um genitor prevalecente sobre outro.

A problemática no Brasil ocorre porque a prática se diferencia dos preceitos civis, já que na realidade, aquele que não detém a guarda dos filhos acaba relegado a um mero "visitante" e fiscalizador, não tendo um papel ativo na criação dos seus descendentes.

Diante dessa conjuntura que, de certa forma, estimula um natural afastamento entre o genitor "visitante" e a criança, o legislador optou por promulgar a lei da guarda compartilhada (lei nº 11.698/2008).

Pode-se dizer que a referida norma tem uma finalidade mais pedagógica do que jurídica, pois trouxe à tona a importância de que ambos os pais devem participar ativamente da rotina dos filhos. Isso porque o modelo tradicional de família de pai provedor e mãe cuidadora não mais reflete a realidade brasileira atual.

Essa lei foi benéfica no sentido de tentar mudar o panorama de que, com a dissolução da sociedade conjugal, a guarda dos filhos, geralmente, era atribuída exclusivamente à mãe, cabendo ao pai o direito de "visita". Nessa esteira ela serviria como um reforço à ideia de que os filhos se beneficiam da coparentalidade, bem como um incentivo para que os pais busquem uma participação mais efetiva na criação da prole.

Mas, se os ditames do poder familiar fossem exercidos de maneira plena, a lei da guarda compartilhada seria dispensável, pois apenas repete os atributos que já se encontram dentro da autoridade parental.

Nesse sentido, uma sugestão seria substituir o instituto da guarda, que está supervalorizado, por um "plano de convivência", como ocorre na Inglaterra. Isso porque, a terminologia utilizada traz fortes impactos jurídicos e sociais. Dessa maneira, poderia ocorrer até mesmo a diminuição do litígio, pois não haveria mais a figura de um genitor prevalecente.

Entretanto, a simples alteração da terminologia ou a imposição da guarda compartilhada como pretende a Lei nº 13.058/2014, sem a necessária mudança geral de mentalidade, não irá trazer os benefícios esperados. Isso pode ser observado pelo fato de que, apesar de a Lei nº 11.698/2008 ter sido aprovada há cerca de sete anos, somente 5% das guardas dos filhos são compartilhadas. Portanto, é imprescindível realizar uma transformação estrutural e cultural, tanto no ordenamento jurídico, como nos profissionais do Direito e na sociedade como um todo.

Uma das questões levantadas nessa obra foi a ponderação sobre se a guarda compartilhada é, de fato, a solução mais adequada e se ela deveria ser imposta nos casos de litígio.

Certo é que a separação dos pais torna as crianças mais vulneráveis e essa vulnerabilidade é potencializada se os genitores estão em disputa sobre a guarda. No decorrer do processo judicial, que pode perdurar por um longo período, as crianças e adolescentes são as que mais sofrem com essa insegurança sobre sua rotina e com os desentendimentos paternos, que acabam respingando nos menores.

Ademais, as ordens judiciais tendem a funcionar menos do que as decisões tomadas pelos próprios pais. No Judiciário, os genitores colocam nas mãos de terceiros seus conflitos, para serem "resolvidos" por meio de sentenças impostas pelo Juiz. Ocorre que, no Poder Judiciário, a vertente emocional não é contemplada, de modo que as reais necessidades dos demandantes não são ouvidas. Por consequência, é comum que os acordos ou sentenças judiciais não sejam cumpridos, produzindo outros impasses, dando origem a novas demandas. Portanto, de uma maneira geral, a determinação judicial sobre a guarda dos filhos não atende a contento o núcleo familiar.

Ao longo da pesquisa para elaboração desta obra, principalmente ao investigar as especificidades do ordenamento inglês no que tange à responsabilidade parental, essa hipótese da imposição da guarda compartilhada como regra se enfraqueceu e a conclusão é a de que, embora a guarda compartilhada seja positiva, ela não pode ser idealizada. Por isso, o adequado é mencioná-la e encorajá-la no ordenamento, mas não considerá-la uma solução para todos os casos.

Nesse sentido, a própria doutrina inglesa, somada à opinião de especialistas, foi ferrenhamente contra a inserção de uma presunção sobre "shared care". Principalmente porque são nos casos de litígio, ou seja, quando não há cooperação dos genitores, que o Judiciário é chamado a intervir e, portanto, deve ter maior cautela na imposição desse arranjo familiar, que pressupõe o diálogo e a flexibilidade.

Dessa forma, o que se defende é que é o melhor interesse da criança e o caso concreto que devem pautar a decisão judicial. Mas, antes disso, o que precisa ser priorizado é o incentivo a uma participação mais ativa dos pais e a utilização dos métodos apropriados de solução de conflitos para que os próprios genitores consigam chegar a uma decisão referente ao plano mais adequado de convivência para aquele núcleo familiar.

Assim, diante de um momento de natural desgaste que é o término do relacionamento conjugal, é necessário perseguir o melhor caminho para se chegar a um arranjo de guarda que beneficie tanto os menores – cujo interesse deve ser priorizado – quanto os pais, que desejam ter a presença dos filhos em suas vidas, de forma respeitosa e responsável.

A mediação de conflitos, amplamente utilizada na Inglaterra e incentivada pelo Governo, demonstra que ela é um método, entre outros, bastante positivo para facilitar a busca de um arranjo de convivência que proporcione uma maior participação dos pais na criação dos menores e a tão almejada qualidade dessa convivência.

A mediação, uma ferramenta não adversarial de transformação do litígio, pode proporcionar uma mudança na relação dos ex-cônjuges, com o objetivo de buscarem uma visão comum na educação dos filhos. Assim, os mediandos percebem que, em vez de serem adversários, podem ser aliados, criando um ambiente de colaboração e compreensão das necessidades e problemas mútuos.

Quando os genitores decidem consensualmente sobre a guarda dos filhos a tendência é que esses arranjos sejam cumpridos e haja maior flexibilidade, o que beneficia todos os envolvidos.

Outro importante aspecto a ser salientado é que no Brasil a guarda compartilhada foi inserida no ordenamento de uma forma idealizada, no sentido de que seria definitivamente o melhor arranjo de convivência. Ressalta-se que houve a aprovação da lei de nº 13.058/2014 buscando impor, como regra, a aplicação da guarda compartilhada nos casos em que não haja consenso entre os pais.

Certo é que há uma boa intenção do legislador. No entanto, conforme ressaltado ao longo da obra, pesquisas inglesas e australianas demonstram que nesses países, que aplicam o "shared care" há mais tempo, nem sempre esse tipo de arranjo é positivo. A realidade demonstra que muitas vezes ele é benéfico para os pais, mas não necessariamente para os filhos.

Ao se analisar esses diversos estudos internacionais notou-se que os arranjos de guarda são mais bem-sucedidos quando as crianças estão envolvidas nas decisões; suas necessidades e desejos são priorizados; os arranjos são flexíveis, decorrem do diálogo e os menores se sentem à vontade em ambas as residências. Outra conclusão de tais pesquisas foi no sentido de que, mais importante do que a quantidade de tempo com os genitores, é a qualidade de convívio entre pais e filhos.

A guarda compartilhada com divisão de residência, teoricamente e no plano ideal, é o melhor tipo de guarda, pois proporciona à criança uma convivência intensa com ambos os pais. No entanto, o que se observa é que ela é ideal no interesse dos pais e não dos filhos, que tem de viver em constante mudança. Observou-se dos relatos descritos ao longo desse estudo as angústias dos filhos em, por um lado não desagradar os pais e, por outro, não ter uma moradia fixa, o que ocasiona transtornos logísticos e pode dificultar o fortalecimento de relacionamentos entre amigos, dependendo da idade.

Além disso, conforme enfatizado, a guarda compartilhada pode funcionar muito bem para algumas crianças, mas pode ser um fardo para outras, mesmo entre irmãos da mesma família. Por isso, nada melhor do que analisar cada caso individualmente, levando em conta as especificidades de cada família e, principalmente, de cada filho.

Nesse sentido, a utilização de presunções pode ir de encontro ao melhor interesse daquele menor. Por isso, é preciso demonstrar a importância de haver uma participação mais ativa dos pais, sem, contudo, impor ou idealizar um tipo de guarda. Nessa busca, é fundamental achar um arranjo de convivência que procure se aproximar da rotina da criança anterior ao divórcio, para não causar um impacto ainda maior.

Dessa maneira, é necessário fazer um esforço conjunto e levar em conta diversos aspectos como o nível de diálogo entre os genitores; a flexibilidade de se poder alterar determinado arranjo em razão da mudança de circunstâncias; a praticidade; o estágio de desenvolvimento da criança; o grau de envolvimento do filho na decisão e se foram levados em conta seus anseios e angústias.

A formalização da rotina sobre a guarda dos filhos, quando feita voluntariamente pelos pais, tende a ser mais efetiva do que as determinações judiciais no longo prazo, pois é mais adequada ao estilo de vida daquela família e mais fácil de ser adaptada.

Portanto, essa obra procurou demonstrar que, nas questões familiares, principalmente nas que envolvem a guarda dos menores, o Judiciário muitas vezes não consegue atender a contento as necessidades dos pais e, especialmente, dos filhos. Sendo assim, é preciso que haja um comprometimento dos genitores, para que deixem de terceirizar suas divergências e passem a buscar meios que facilitem um diálogo adequado e o protagonismo das partes, a exemplo da mediação de conflitos.

Não se pode esquecer que a Constituição Federal optou por dar absoluta prioridade ao interesse do menor. Por isso, é imprescindível que haja uma mudança estrutural na sociedade, começando pelos pais e passando pelo Estado, por meio de seus poderes Executivo, Legislativo e Judiciário, com o intuito de atingir, de maneira ampla, a sociedade.

No Judiciário, é muito relevante a multiplicação de ferramentas como as práticas colaborativas, as oficinas de parentalidade, a capacitação especializada dos magistrados, a manutenção do prêmio Innovare, que reconhece práticas que valorizam a Justiça no Brasil.

No âmbito do Executivo, é preciso informar os cidadãos sobre a mediação familiar e disponibilizar uma lista desses profissionais para que os genitores tenham fácil acesso a esse método de resolução de conflito.

Positiva também é a criação de centros de mediação em escolas, bairros, para que a população possa buscar soluções fora do Poder Judiciário e antes da escalada do conflito. É extremamente recomendável que informações sobre divórcio e convivência paterno-filial estejam disponíveis para crianças nas escolas, bem como serviços de aconselhamento para os menores.

É imperioso que o Estado apoie e incentive estudos e pesquisas relativos à convivência familiar, assim como ocorre nos países desenvolvidos. A criação ou alteração de leis, partindo somente do aspecto teórico, pode se tornar letra morta. É preciso descobrir se na prática aquela intenção realmente é benéfica e logisticamente possível. Outrossim, por vezes analisa-se apenas um ponto de vista, deixando de lado outros aspectos essenciais.

Diante disso, nota-se que a mudança deve ser sistêmica, no sentido de informar, incentivar e facilitar uma participação mais ativa dos pais na vida dos filhos, independentemente do tipo de guarda escolhido ou determinado judicialmente.

Em conclusão, essa transformação estrutural deve começar pela sociedade, na escolha ponderada de governantes e legisladores capacitados e, principalmente, comprometidos com o bem-estar social.

Ademais, no Judiciário, os profissionais do Direito devem ter em mente que nas questões que envolvem conflitos familiares e suas complexidades, eles têm que analisá-las a partir de uma ótica que também inclua a valorização dos vínculos e dos sentimentos que permeiam essas divergências.

No âmbito social, não se pode esquecer os profissionais e terceiros que lidam com os menores, seja de maneira direta ou indireta, a exemplo dos psicólogos, assistentes sociais, amigos e familiares, para que estejam abertos a essa modificação cultural que privilegie esses indivíduos ainda em estágio de desenvolvimento.

Mas, fundamentalmente, cabe aos pais se conscientizarem de que são eles e não o Estado, os responsáveis por tomar decisões a respeito dos filhos. Afinal o término da relação conjugal não deve afetar a parentalidade. Nesse sentido, a mediação de conflitos pode ser um meio auxiliador nesse processo de busca de um arranjo de convivência que leve em conta os interesses de todos os envolvidos, mas, principalmente de cada filho individualmente.

REFERÊNCIAS

AKEL, Ana Carolina Silveira. *Guarda Compartilhada*. Um avanço para a família. 2 ed. São Paulo: Atlas, 2010.

ALBUQUERQUE, Fabíola Santos. Poder Familiar nas relações recompostas e o art. 1.636 do CC/02. In: PEREIRA, Rodrigo da Cunha (Coord.). *Afeto, ética, família e o novo Código Civil*. Belo Horizonte: Del Rey, 2004, p. 161-179.

_____. As perspectivas e o exercício da guarda compartilhada consensual e litigiosa. In: *Revista Brasileira de Direito de Famílias*, v. 7, n. 31, ago-set/2005, p. 19-30.

ALVES, Leonardo Barreto Moreira. A guarda compartilhada e a lei nº 11.698/2008. In: *Revista Brasileira de Direito das Famílias e Sucessões*, n. 06, Porto Alegre: Magister; Belo Horizonte: IBDFAM, out-nov/2008, p. 36-59.

AMARAL, Márcia Terezinha Gomes. *O Direito de acesso à justiça e a mediação*. Rio de Janeiro: Lumen Juris, 2009.

ANDRIGHI, Fátima Nancy. Apresentação do livro *Mediação no Judiciário*. Teoria na prática e prática na teoria. GROSMAN, Claudia Frankel; MANDELBAUM, Helena Gurfinkel (Orgs.). São Paulo: Primavera editorial, 2011, p. 13-15.

AZAMBUJA, Maria Regina Fay de; LARRATÉA, Roberta Vieira; FILIPOUSKI, Gabriela Ribeiro. *Guarda compartilhada*: a justiça pode ajudar os filhos a ter pai e mãe. Juris Plenum, v.6, n. 31, p. 69-99, jan. de 2010. Disponível em: <http://www.mprs.mp.br/infancia/doutrina/id625.htm>. Acesso em: 4 out. 2014.

BARBOSA, Águida Arruda. Guarda compartilhada e mediação familiar – uma parceria necessária. *Revista Nacional de Direito de Família e Sucessões*, n. 1 – jul-ago 2014, p. 20-36.

_____. Mediação Familiar Interdisciplinar. São Paulo: Atlas, 2015.

_____. Mediação Familiar: uma cultura de Paz. In: *Revista da Faculdade de Direito de São Bernardo do Campo*. Ano 08, n. 10, 2004, p. 23-33.

_____. *Mediação familiar*: instrumento transdiciplinar em prol da transformação dos conflitos decorrentes das relações jurídicas controversas. 2003. Dissertação de mestrado em Direito Civil. Faculdade de Direito da Universidade de São Paulo, São Paulo.

_____. Mediação familiar interdisciplinar como instrumento de prática da dignidade da pessoa humana. In: TARTUCE, Flávio; CASTILHO, Ricardo. *Direito Civil*. Direito patrimonial. Direito existencial. Estudos em Homenagem à professora Giselda Maria Fernandes Novaes Hironaka. São Paulo: Método, 2006, p. 757-765.

_____. Mediação Familiar: instrumento para a reforma do Judiciário. In: PEREIRA, Rodrigo da Cunha (Coord.). *Afeto, ética, família e o novo Código Civil.* Belo Horizonte: Del Rey, 2004, p. 29-39.

_____. Mediação e princípio da solidariedade humana. In: PEREIRA, Rodrigo da Cunha (Coord.). *Família e solidariedade.* Teoria e prática do Direito de Família. Rio de Janeiro: IBDFAM – Lumen Juris, 2008, p. 19-33.

_____. Prática da mediação: ética profissional. In: PEREIRA, Rodrigo da Cunha (Coord.). *Família e dignidade humana.* Anais do V congresso brasileiro de direito de família. São Paulo: IOB Thomson, 2006. p. 55-67.

_____. Guarda Compartilhada. In: *Revista Magister de Direito Civil e Processual Civil.* n. 6 – mai- jun 2005. p. 60-69.

_____. *Mediação*: Além de um método, uma ferramenta para a compreensão das demandas judiciais no Direito de Família – A experiência brasileira. In: *Revista Brasileira de Direito de Família.* n. 7 – out-dez 2000.

_____. Mediação familiar: uma vivência interdisciplinar. In: GROENINGA, Giselle; PEREIRA, Rodrigo da Cunha (Coords.). *Direito de Família e Psicanálise.* Rumo a uma nova epistemologia. Rio de Janeiro: Imago, 2000, p. 339-346.

_____. Questão de Princípio. In: *Boletim IBDFAM.* Julho/Agosto 2004.

BERALDO, Anna. M. S; MANDEUBAUM, Helena. A Mediação no Brasil. Capítulo do livro de PARKINSON, Lisa: *Mediação Familiar*, versão em português. Belo Horizonte: DelRey, no prelo.

BRAGG, Christine; BANHAM-HALL, Mary. Palestra "In court mediation", proferida na Conferência: Family Mediators Association. "Fit for purpose", em 25/9/2012

BRAZIL, Glicia Barbosa de Mattos. A reconstrução dos vínculos afetivos pelo Judiciário. In: *Revista Brasileira de Direito das Famílias e Sucessões,* n. 13, Porto Alegre: Magister; Belo Horizonte: IBDFAM, dez-jan/2010, p. 47-59.

_____. Palestra "A criança vítima da alienação parental", proferida no III Congresso Nacional e I Congresso Internacional de Alienação Parental. *Um novo tempo - A informação transformando vidas*, realizada de 3 a 5 de abril de 2014 no Rio de Janeiro.

BRINIG, Margareth F. Children's Voices and Mediation. Presentation in the workshop: *Voices Heard and Unheard.* University of Exeter, 6 and 7 September, 2012, Exeter, UK.

BUSCATO, Marcela. *Não sou uma mãe pior porque meu filho mora com o pai.* Disponível em: <http://epoca.globo.com/vida/noticia/2014/08/bnao-sou-uma-mae-pior-porque-meu-filho-mora-com-o-pai.html>. Acesso em: 20 ago. 2014.

CANTWELL, Brian. The Emotional Safeguarding of Children in Private Law. In: *Family Law Journal*, Jan. 2010. Children and Families Consultation Group, Hexham. 2010.

CAHALI, Francisco José. *Curso de Arbitragem.* Mediação, conciliação, resolução CNJ 125/2010. 5 ed. rev. atual. São Paulo: Editora Revista dos Tribunais, 2015.

CASHMORE, Judy; PARKINSON Patrick. Children's and parents' perceptions on children's participation in decision making after parental separation and divorce. *Family Court Review*. v. 46, n. 1, jan 2008, p. 91-104.

COLTRO, Antonio Carlos Mathias; DELGADO; Mário Luiz (Coords.). *Guarda Compartilhada*. Rio de Janeiro: Forense; São Paulo: Método, 2009.

CURY, Munir (Coord.). *Estatuto da criança e do adolescente comentado*. Comentários Jurídicos e sociais. 10 ed. São Paulo: Malheiros, 2010.

DAVIS, Bernadette. Shared care disputes in Mediation. In: *Family Law Journal*, dez. 2011.

DAVIS, Gwynn et al. Monitoring publicly funded Family mediation. Report to the Legal services commission. London: Legal Services Comission, 2003, p. 11, apud HERRING, Jonathan. *Family Law*, Longman Law series. 6th edition, Harlow, United Kingdom, 2013, p, 145.

DAY SCLATER, S. Families. London: Hodder & Stoughton, 2000, apud HERRING, Jonathan. *Family Law*. Longman Law series. 6th edition, Harlow, United Kingdom, 2013.

DIAS, Maria Berenice (Coord.). *Incesto e alienação parental*. Realidades que a Justiça insiste em não ver. 2 ed. rev. atual. ampl. São Paulo: Revista dos Tribunais, 2010.

_____. *Manual de direito das famílias*. 4. ed. rev., atual. e ampl. São Paulo: RT, 2007.

_____. Guarda Compartilhada: uma solução para os novos tempos. *Consulex*. Revista Jurídica, v. 12, n. 275. Junho de 2008, p. 26-27.

DINIZ, Maria Helena. *Curso de Direito Civil Brasileiro*. Direito de Família, v. 5, 26 ed. São Paulo: Saraiva, 2011.

______. Direito à convivência familiar. In: TARTUCE, Flávio; CASTILHO, Ricardo. *Direito Civil*. Direito patrimonial. Direito existencial. Estudos em Homenagem à professora Giselda Maria Fernandes Novaes Hironaka. São Paulo: Método, 2006, p. 799-815.

DUARTE, Lenita Pacheco Lemos. *A guarda dos filhos na família em litígio*. Uma interlocução da psicanálise com o Direito. 4 ed. rev., atual. e ampl.. Rio de Janeiro: Lumen Juris, 2011.

EEKELAAR, J. Rethinking parental responsibility. Family Law 31:426. 2001, p. 430, apud HERRING, Jonathan. *Family Law*. Longman Law series. 6th edition, Harlow, United Kingdom, 2013, p. 368.

FACHIN, Luiz Edson. *Direito de Família*. Elementos críticos à luz do Novo Código Civil brasileiro. 2 ed. Rio de Janeiro: Renovar, 2003.

FARIAS, Cristiano Chaves de; ROSENVALD, Nelson. *Curso de Direito Civil*. Famílias. v. 6, 6 ed. Bahia: JusPodivm, 2014.

FARIAS, Fabiana. Blog *Depois que eu descobri*. Disponível em: <http://depoisqueeudescobri.com.br/coisas-da-fabi/sim-joao-vai-morar-com-o-papai/>. Acesso em: 20 ago. 2014.

FEHLBERG, Belinda; SMYTH, Bruce; MACLEAN, Mavis; ROBERTS, Ceridwen. Caring for children after parental separation: would legislation for shared parenting time help children? In: *FamilyPolicy Briefing* 7. University of Oxford. Department of Social Policy and Intervention. Oxford, Maio, 2011.

FIORELLI, José Osmir et al. *Mediação e solução de conflitos*: teoria e prática. São Paulo: Atlas, 2008.

FONSECA, Priscila M. P. Côrrea da. *Guarda compartilhada x Poder familiar*. Um inconcebível contra-senso. Revista de Direito das Famílias, n. 49, ago-set 2008, pp. 07-1x.

FORTIN, Jane; HUNT, Joan; SCANLAN, Lesley. *Taking a longer view of contact*: The perspectives of young adults who experienced parental separation in their youth. Sussex Law School, nov. 2012.

FÜRST, Olívia. *Advocacia colaborativa em Direito de Família*. Disponível em: <http://praticascolaborativas.com.br/home/advocacia-colaborativa-no-direito-de-familia.php>. Acesso em: 25 jul. 2014.

GAMA, Guilherme Calmon Nogueira da. *Princípios Constitucionais de Direito de Família*. Guarda compartilhada à luz da lei nº 11.698-08. Família, Criança, Adolescente e Idoso. São Paulo: Atlas, 2008.

______. *Direito civil:* família. São Paulo: Atlas, 2008.

GEORGE, R.H. *Ideas and Debates in Family Law*, Oxford: Hart, 2012, p. 131, *apud* HERRING, Jonathan. *Family Law*, op. cit., p. 421.

GONÇALVES, Carlos Roberto. *Direito Civil Brasileiro*. Direito de Família. v. 6, 9 ed., 2012.

GORIN, Ilan. *A guarda compartilhada e a paternidade*, 2010.

GREATBATCH, David; DINGWALL, Robert. The marginalization of domestic violence in divorce mediation. *International Journal of Law, Policy and the family*, 13, 1999, p. 174-190.

GRISARD FILHO, Waldyr. *Guarda Compartilhada*: um novo modelo de responsabilidade parental. 5 ed. rev. atual. São Paulo: RT, 2010.

_____. Aspectos polêmicos da guarda compartilhada. *Revista Síntese Direito de Família*. Ano XII, n. 63, dez-jan 2011, pp. 92-95.

_____ et al. *Guarda Compartilhada*. Aspectos psicológicos e jurídicos. APASE – Associação de pais e mães separados (Org.). Porto Alegre: Equilíbrio, 2005.

_____. Famílias reconstituídas. Novas relações depois das separações. Parentesco e autoridade parental. In: PEREIRA, Rodrigo da Cunha (Coord.). *Afeto, ética, família e o novo Código Civil*. Belo Horizonte: Del Rey, 2004, p. 657-675.

GROSMAN, Claudia Frankel; MANDELBAUM, Helena Gurfinkel (Orgs.). *Mediação no Judiciário*. Teoria na prática e prática na teoria. São Paulo: Primavera editorial, 2011.

GROENINGA, Giselle Câmara. *PL 117/13 confunde o que seria o espírito da guarda compartilhada*. 08.12.2014. Disponível em: <http://www.conjur.com.br/2014-dez-08/pl-11713-confunde-seria-espirito-guarda-compartilhada>. Acesso em: 9 dez. 2014.

_____. Direito e Psicanálise. Um novo Horizonte epistemológico. In: PEREIRA, Rodrigo da Cunha (Coord.). *Afeto, ética, família e o novo Código Civil*. Belo Horizonte: Del Rey, 2004, p. 249-263.

_____. *Alienação parental: revisão necessária*. Decisão comentada. TJRS; AI 70028169118; 7ª C. Cív.; Rel. Des. André Luiz Planella Villarinho; DOERS 24/3/2009. In: *Revista Brasileira de Direito das Famílias e Sucessões*, n. 11, Porto Alegre: Magister; Belo Horizonte: IBDFAM, ago-set/2009, p. 109-114.

_____. Guarda Compartilhada. A efetividade do Poder Familiar. In: COLTRO, Antônio Mathias; DELGADO; Mário Luiz (Coords.). *Guarda Compartilhada*. Rio de Janeiro: Forense; São Paulo: Método, 2009, p. 149-170.

_____. *Direito à convivência familiar entre pais e filhos*: análise interdisciplinar com vistas à eficácia e sensibilização de suas relações no poder judiciário. Tese de doutorado defendida na Universidade de São Paulo, 2011, 260 p.

_____. Guarda Compartilhada. A tutela do Poder Familiar. In: PEREIRA, Tânia da Silva; PEREIRA, Rodrigo da Cunha (Coords.). *A ética da convivência familiar e sua efetividade no cotidiano*. Rio de Janeiro: Forense, 2006, p. 101-130.

GRUNSPUN, Haim. *Mediação Familiar*. O mediador e a separação de casais com filhos. São Paulo: LTr, 2000.

HARRIS-SHORT, Sonia. Resisting the march towards 50/50 shard residence: rights, welfare and equality in post-separation families. *Journal of Social Welfare and Family Law*. v.32, 2010, p. 257.

HAUGEN, G. Children's perspectives on everyday experiences of shared residence. 2010.24 *Children and Society* 112.

HERRING, Jonathan. *Family Law*. Longman Law series. 6th edition, Harlow, United Kingdom, 2013.

HUNT, Joan; MASSON, Judith; TRINDER, Liz. *Shared parenting*: the Law, the Evidence and Guidance from Families Need Fathers. In: Family Law Journal, set, 2009.

LEIRIA, Maria Lúcia Luz. Guarda Compartilhada. A difícil passagem da teoria à prática: a realidade da lei nº 11.698/2008. *Revista jurídica*, Porto Alegre, v.59, n. 409, p. 9-25, nov. de 2011. Disponível em: <http://www.rkladvocacia.com/arquivos/artigos/art_srt_arquivo20130422215538.pdf>. Acesso em: 4 out. 2014.

LEITE, Eduardo Oliveira. *Famílias monoparentais*: a situação jurídica de pais separados e dos filhos na ruptura da vida conjugal. 2 ed. rev. atual.e ampl. São Paulo: Revista dos Tribunais, 2003.

LEVY, Fernanda Rocha Lourenço. *Guarda de filhos*. Os conflitos no exercício do poder familiar. São Paulo: Atlas, 2008.

LIMA, Taisa Maria Macena de. Responsabilidade Civil dos pais por negligência na educação e formação escolar dos filhos. O dever dos pais de indenizar o filho prejudicado. In: PEREIRA, Rodrigo da Cunha (Coord.). *Afeto, ética, família e o novo Código Civil*. Belo Horizonte: Del Rey, 2004, p. 621-631.

LIMA, Suzana Borges Viegas de. Guarda Compartilhada: a nova realidade. In: COLTRO, Antônio Mathias; DELGADO; Mário Luiz (Coords.). *Guarda Compartilhada*. Rio de Janeiro: Forense; São Paulo: Método, 2009, p. 331-341.

_____. *Guarda compartilhada*. Efetivação dos princípios constitucionais da convivência familiar e do melhor interesse da criança e do adolescente. Dissertação de mestrado em Direito da Universidade de Brasília. Brasília, 2007, 178p.

LÔBO, Paulo Luis Netto. *Código Civil comentado*. Direito de Família. Relações de Parentesco. Direito patrimonial. Artigos 1.591 a 1.693. vol. xvi. In: AZEVEDO, Villaça, Álvaro (Coord.). São Paulo: Atlas, 2003.

_____. Guarda e convivência dos filhos após a lei nº 11.698 de 2008. In: *Revista Brasileira de Direito das Famílias e Sucessões*, n. 06, Porto Alegre: Magister; Belo Horizonte: IBDFAM, out-nov/2008, p. 23- 35.

_____. *Direito Civil*: famílias. 4 ed., São Paulo: Saraiva, 2011.

LUCHIARI, Valeria Ferioli Lagrasta. Comentários da Resolução n. 125, do Conselho Nacional de Justiça, de 29 de novembro de 2010. In: GROSMAN, Claudia Frankel; MANDELBAUM, Helena Gurfinkel (Orgs.). *Mediação no Judiciário*: Teoria na prática e prática na teoria. São Paulo: Primavera Editorial, 2011.

MAY, V.; SMART, C. *'Silence in court?* – hearing children in residence and contact disputes. 2004 CFLQ 305, p. 308. Apud TRINDER, Liz. Shared residence: a review of recent research evidence. Child and Family Law Quarterly. v. 22, n. 4, 2010, p. 475-498, p. 496.

McINTOSH, Jennifer. Enduring conflict in parental separation: pathways of impact on child development. *Journal of Family Studies*, v. 9, n. 1, April 2003, p. 62-80.

_____; et al. *Post-separation parenting arrangements: patterns and developmental outcomes*. Studies of two risk groups. Australian Institute of Family Studies. Family Matter, 2011, n. 86, p. 40-48.

_____; et al. *Post-separation parenting arrangements and developmental outcomes for infants and children*. Collected Reports. Three reports prepared for the Australian Government Attorney-General's Department, 2010.

_____; et al. Child-focused and child-inclusive divorce mediation: comparative outcomes from a prospective study of postseparation adjustment. *Family Court Review*, v. 46, n. 1, Jan. 2008, p. 105-124. Association of Family and Conciliation Courts.

MILES, Jo. *Family proceedings without legal aid in England and Wales*. Palestra proferida no workshop "Voices Heard and unheard", em 7 de setembro de 2012, University of Exeter, Inglaterra.

MORAES, Maria Celina Bodin de. *Danos à pessoa humana*. Uma leitura civil-constitucional dos danos morais. Rio de Janeiro: Renovar, 2003.

MORINEAU, Jacqueline. *L'esprit de la médiation*. Tolouse: éditions érès, 2010.

MOTTA, Maria Antonieta Pisano. Compartilhando a guarda no consenso e no litígio. In: PEREIRA, Rodrigo da Cunha (Coord.). *Família e dignidade humana*. Anais do V congresso brasileiro de direito de família. São Paulo: IOB Thomson, 2006. p. 591-601.

MULTEDO, Renata Vilela; ALMEIDA, Vitor. Guarda Compartilhada: entre o consenso e a imposição judicial – Comentários ao REsp. 1.251.000/MG. In: *Revista Civilistica*, ano 1 n. 2.2012.

NAZARETH, Eliana Riberti; SANTOS; Lia Justiniano. A importância da co-mediação nas questões que chegam ao Direito de Família. In: PEREIRA, Rodrigo da Cunha (Coord.). *Afeto, Ética, Família e o Novo Código Civil*. Belor Horizonte: Del Rey, 2004, p. 127-139.

PARKINSON, Lisa. *Family Mediation*. Appropriate dispute resolution in a new family justice system. 2 ed. Bristol: Family Law, 2011.

_____. *Mediação Familiar*. Belo Horizonte: DelRey, 2016.

PEREIRA, Caio Mário da Silva. *Instituições de Direito Civil*: Direito de Família. Vol. V, 20 ed. Rio de Janeiro: Forense, 2012.

PEREIRA, Rodrigo da Cunha (Coord.). *Família e dignidade humana*. Anais do V congresso brasileiro de direito de família. São Paulo: IOB Thomson, 2006.

_____. *A ética da convivência familiar*: sua efetividade no cotidiano dos tribunais. Rio de Janeiro: Forense, 2006.

PEREIRA, Tânia da Silva. Famílias possíveis: novos paradigmas na convivência familiar. In: PEREIRA, Rodrigo da Cunha (Coord.). *Afeto, ética, família e o novo Código Civil*. Belo Horizonte: Del Rey, 2004, p. 633-656.

_____ (Coord.). *O melhor interesse da criança: um debate interdisciplinar*. Rio de Janeiro: Renovar, 2000.

_____; FRANCO; Natália Soares. O Direito fundamental à convivência familiar e a guarda compartilhada. In: COLTRO, Antônio Mathias; DELGADO; Mário Luiz (Coords.). *Guarda Compartilhada*. Rio de Janeiro: Forense; São Paulo: Método, 2009.

PERLINGIERI, Pietro. *Perfis do direito civil*. Introdução ao direito civil-constitucional. 2. ed. Rio de Janeiro: Renovar, 2002.

PIOVESAN, Flavia; RUSSO Junior, Rômolo. Direitos humanos, dignidade e direitos da personalidade. In: *O Código Civil e sua interdisciplinaridade*. Belo Horizonte: Del Rey, 2004, p. 3-19.

REALE, Miguel. *Lições preliminares de Direito*. 27 ed. São Paulo: Saraiva, 2002.

RODRIGUES, Silvio. *Direito civil:* direito de família. vol. 06. 28. ed. rev. e atual. por Francisco José Cahali. São Paulo: Saraiva, 2008.

ROSA, Conrado Paulino da. A mediação como proposta de política pública no tratamento dos conflitos familiares. In: *Revista Brasileira de Direito das Famílias e Sucessões*, n. 15, Porto Alegre: Magister; Belo Horizonte: IBDFAM, abr-maio/2010, p. 87-93.

ROYCE-GREENSILL, Amy. *The Children and Families Act 2014* – essential update. Data: 16 de abril de 2014. Disponível em: <http://www.familylaw.co.uk/news_and_comment/the-children-and-families-act-2014-essential-update?#.U-JMeixASM8>. Acesso em: 5 ago. 2014.

_____. *MIAMS* – essential update. Disponível em: <http://www.familylaw.co.uk/news_and_comment/miams-essential-update?#.U_5cuyxASM8>. Acesso em: 7 ago. 2014.

SALES, Lilia Maia de Morais. *Justiça e mediação de conflitos*. Belo Horizonte: Del Rey, 2004.

SAMPAIO, Alice Maria Borghi Marcondes. A mediação familiar e a guarda compartilhada – Reflexões. *Revista IOB de Direito de Família*. Ano XI, n. 53, abr-mai 2009, pp. 225-226.

SIX, Jean François. *Dinâmica da mediação*. Tradução Giselle Groeninga de Almeida, Águida Arruda Barbosa e Eliana Riberti Nazareth. Belo Horizonte: Del Rey, 2001.

SMART, Carol. *Equal shares*: rights for fathers or recognition for children? In: Critical Social Policy. Out., 2004. vol. 24. London: Sage, p. 484-503.

SMITH, Bruce (editor). *Parent-child contact and post-separation parenting arrangements*. Research Report nº 9 (Australian Institute of Family Studies), Melbourne, 2004.

SOLDÁ, Ângela Maria; MARTINS, Paulo César Ribeiro. A nova lei da guarda compartilhada e o princípio do melhor interesse da criança. *Revista jurídica Unigran*, v.12, nº 23, p. 143-154, jan./jun. de 2010. Disponível em<http://www.unigran.br/revista_juridica/ed_anteriores/23/artigos/artigo08.pdf>. Acesso em: 4 out. 2014

SOUSA, Analicia Martins. *Síndrome da alienação parental*. Um novo tema nos juízos de família. São Paulo: Cortez, 2010.

TARTUCE, Fernanda. *Mediação nos conflitos civis*. Rio de Janeiro: Forense. São Paulo: Método, 2008.

TARTUCE, Flávio. *Manual de Direito Civil*. 4 ed., São Paulo: Método, 2014.

TEIXEIRA, Ana Carolina Brochado. *Família, guarda e autoridade parental*. 2 ed. Rio de Janeiro: Renovar, 2009.

_____. A disciplina jurídica da autoridade parental. In: PEREIRA, Rodrigo da Cunha (Coord.). *Família e dignidade humana*. Anais do V congresso brasileiro de direito de família. São Paulo: IOB Thomson, 2006. p. 103-123.

_____. A (des) necessidade da guarda compartilhada ante o conteúdo da autoridade parental. In: _____; RIBEIRO, Gustavo Pereira Leite (Coord.). *Manual de Direito das Famílias e das Sucessões*. Belo Horizonte: Del Rey: Mandamentos, 2008, p. 301-319.

TEPEDINO, Gustavo. A disciplina da guarda e a autoridade parental na ordem civil-constitucional. In: PEREIRA, Rodrigo da Cunha (Coord.). *Afeto, Ética, Família e o Novo Código Civil*. Belo Horizonte: Del Rey, 2004, p. 305-324.

______. Normas constitucionais e direito civil na construção unitária do ordenamento. In: SOUZA NETO, Cláudio Pereira; SARMENTO, Daniel (Coord.). *A constitucionalização do direito*: fundamentos teóricos e aplicações específicas. Rio de Janeiro: Lumen Juris, 2007.

______. Premissas metodológicas para a constitucionalização do direito civil, In: TEPEDINO, Gustavo. *Temas de direito civil*. 3. ed. atual. Rio de Janeiro: Renovar, 2004.

_____. BARBOZA, Heloisa Helena; MORAES, Maria Celina Bodin. *Código Civil Interpretado conforme a Constituição Federal*. v. IV, Rio de Janeiro: Renovar, 2014.

TRENTIN, Taise Rabelo Dutra; CASAGRANDE, Aline. *Guarda Compartilhada*: mediação como meio adequado e eficaz no tratamento do conflito nas relações familiares. Revista dos Tribunais online. Revista dos Tribunais Sul, v. 6 a 8, jul.-dez. 2014, pp. 215-221.

TIMMS, Judith. *Children's view of Court proceedings*. How children can have their say. Palestra proferida na Conferência "Trusting the Family, em 13.07.2012, em Londres, UK

_____; BAILEY, Sue; THOBURN, June. *Your shout too!* A survey of the views of children and young people involved in court proceedings when their parents divorce or separate. London: NSPCC Publications, 2007.

TRINDER, Liz. Shared residence: a review of recent research evidence. In: *Family Law Journal*, v. 40, nov. 2010, p. 1192-1197.

_____. Shared residence: a review of recent research evidence. *Child and Family Law Quarterly*. v. 22, n. 4, 2010, p. 475-498.

_____; SMITH, Leanne; BRYSON, Caroline; COLEMAN, Lester; HOULSTON, Catherine; PURDON, Susana; REIBSTEIN, Janet. The Separated Parent Information Programme: Current Effectiveness and Future Potential, *Family Law*, v. 41, n. sep. 2011, p. 998-1002.

_____. *The Children Act is an act of kindness. There's no systematic bias against fathers in family courts, so no need for ministers to tinker*. "Guardian", 06.02.2012. Disponível em: <http://www.guardian.co.uk/commentisfree/2012/feb/06/no-bias-against-fathers-childrens-act>. Acesso em: 18 jun. 2012.

_____; KELLETT, Joanne, SWIFT, Louise. The relationship between contact and child adjustment in high conflict cases after divorce or separation, *Child and Adolescent Mental Health*, vol. 13, 2008, p. 181-187.

_____; BEEK, Mary; CONNOLLY, Jo. *Making contact*. How parents and children negotiate and experience contact after divorce. York: Joseph Rowntree Foundation., 2002.

TUPINAMBÁ, Roberta. O Cuidado como princípio jurídico nas relações familiares. In: PEREIRA, Tânia da Silva; OLIVEIRA, Guilherme de. *O cuidado como valor jurídico*. Rio de Janeiro: Forense, 2008, p. 357-379.

VENOSA, Silvio de Salvo. *Direito civil:* direito de família. vol. 6, 8. ed. São Paulo: Atlas, 2008.

VICENTE. Rosa Maria Pereira da Silva. Família e mudança. In: _____. *Família e...* Comunicação. Divórcio. Mudança. Resiliência. Deficiência. Lei. Bioética. Doença. Religião. Drogradição. São Paulo: Casa do Psicólogo, 2004, p. 39-51.

VILLELA, João Baptista. *Repensando o Direito de Família*. In: Anais do I Congresso Brasileiro de Direito de Família – IBDFAM, p. 15-30.

ZULIANI, Ênio Santarelli. Guarda compartilhada e visitas: a nova perspectiva de impor sanções por violações ao direito de ter o filho em sua companhia ou de visitá-lo, como estabelecido. *Revista Magister*: direito civil e processual civil, v. 6, nº 35, p. 9-18, mar./abr. de 2010. Disponível em: <http://www.nacionaldedireito.com.br/doutrina/77/guarda-de-filhos-e-a-nova-perspectiva-de-impor-san-es-por-viola-es-ao-direito-de-ter-o-filho-em-sua-companhia-ou-de-visit-lo-como-estabelecido>. Acesso em: 4 out. 2014.

INGLATERRA. Pre-legislative scrutiny of the Children and Families Bill. House of Commons. *Justice Committee. Fourth Report of Session 2012–13*. 14 December, 2012.

_____. *Cooperative parenting following family separation: proposed legislation on the involvement of parents in a child's life*. Summary of consultation responses and the Government's response. Department for Education. November 2012.

_____. *Cooperative parenting following family separation: proposed legislation on the involvement of parents in a child's life*. Consultation. Department for Education. Launch date: 13.06.2012.

_____. *Family Justice Review*. Interim report. Executive summary and recommendations. March 2011.

_____. *Family Procedures Rules*. Disponível em: <http://www.justice.gov.uk/courts/procedure-rules/family/parts/part_03>. Acesso em: 13 jun. 2013.

_____. *Family Mediation Council*. Code of practice for mediators, 2010.

_____. *Family Mediator's Assessment of Professional Competence Scheme*. Disponível em: <http://www.familymediationcouncil.org.uk/wp-content/uploads/2014/02/fmc_apc_guidelines_for_submission_jan_20141.pdf>. Acesso em: 5 jan. 2015.

_____. *Legal aid and mediation for people involved in family breakdown*. National Audit Office. London, 2007. (House of Commons)

_____. *Legal Aid Agency*. Business plan 2013/2014, p. 5. Disponível em: <http://www.justice.gov.uk/downloads/publications/corporate-reports/legal-aid-agency/la-a-business-plan-2013-14.pdf>. Acesso em: 19 abr. 2013.

_____. *The Effect of the Legal Aid, Sentencing and Punishment of Offenders Act 2012 on Legal Aid for Family Cases*. University of Cambridge. Data: 18.06.2012. Disponível em: <http://www.cam.ac.uk/research/discussion/the-effect-of-the-legal-aid-sentencing-and-punishment-of-offenders-act-2012-on-legal-aid-for-family-cases/>. Acesso em: 19 jan. 2013.

_____. *The Government response to the Family Justice Review*: a system with children and families at its heart. Ministry of Justice and the Department for Education, February 2012.

_____. *CAFCASS*. Disponível em: <http://www.cafcass.gov.uk/about_cafcass.aspx>. Acesso em: 18 abr. 2013.

_____. http://www.cafcass.gov.uk/media/2864/PIP%20May%202012%20FINAL.pdf> Acesso em: 15 mai. 2014.

_____. <http://www.fathers-4-justice.org/> Acesso em: 26 abr. 2016.

_____. <http://www.parliament.uk/about/mps-and-lords/about-lords/lords-appointment/>. Acesso em: 1 jul. 2013.

_____. <http://www.separatedparentsinformationprogramme.com/> Acesso em: 15 mai. 2014.

_____. "Children Act 1989"

_____. "Children and Families Act 2014"

_____. "Education Act 1996"

_____. "Matrimonial Causes Act 1973"

_____. "Welfare Reform Act 2009"

APASE: *Associação de pais e mães separados*. Disponível em: <http://www.apase.org.br/>. Acesso em: 27 abr. 2016.

CARTILHAOFERECIDAPELAOFICINADEPARENTALIDADE.Disponívelem:<https://drive.google.com/folderview?id=0B1--3Bo7zwJNU21NQXY2alFtZjg&usp=sharing>. Acesso em: 9 abr. 2014.

CASO BERNARDO BOLDRINI. Disponível em: <http://g1.globo.com/rs/rio-grande-do-sul/caso-bernardo-boldrini/index.html>. Acesso em: 9 dez. 2014.

CASO SEAN. Disponível em: <http://oglobo.globo.com/rio/caso-sean-apesar-de-decisao-judicial-avo-diz-que-nao-ha-previsao-para-reencontrar-neto-7647070>. Acesso em: 9 jul. 2013.

CONSELHO NACIONAL DE JUSTIÇA. *Número de processos em trâmite no Judiciário cresce 10% em quatro anos*. Disponível em: <http://www.cnj.jus.br/noticias/cnj/26625-numero-de-processos-em-tramite-no-judiciario-cresce-10-em-quatro-anos>. Acesso em: 12 mai. 2014.

_____. *CNJ e MJ lançam cartilhas para auxiliar famílias sobre divórcio*. Disponível em: <http://www.cnj.jus.br/noticias/cnj/25746-cnj-e-mj-lancam-cartilhas-para-auxiliar-familias-sobre-divorcio>. Acesso em: 9 jul. 2014.

ENUNCIADOS DO CONSELHO DA JUSTIÇA FEDERAL de 2011.

ESTATUTO DAS FAMÍLIAS. Projeto de Lei nº 2.285/2007, atualmente substituído pelo de nº 470/2013.

FOLHA DE SÃO PAULO. Editorial *Alternativas da Justiça*. 17.08.2014. Disponível em: <http://www1.folha.uol.com.br/opiniao/2014/08/1501560-editorial-alternativas-da-justica.shtml>. Acesso em: 18 ago. 2014.

IBDFAM. *Guarda Compartilhada*: diretor do IBDFAM comenta o modelo de guarda recém aprovado no Senado como regra em casos de dissolução conjugal. Data: 03.12.2014. Disponível em: <http://ibdfam.org.br/noticias/5495/Guarda+-Compartilhada%3A+diretor+do+IBDFAM+comenta+o+modelo+de+guarda+rec%C3%A9m+aprovado+no+Senado+como+regra+em+casos+de+dissolu%-C3%A7%C3%A3o+conjugal>. Acesso em: 5 dez. 2014.

_____. *Projeto que torna a guarda compartilhada obrigatória é aprovado é aprovado no CCJ*. Disponível em: < http://ibdfam.org.br/noticias/5424/Projeto+que+-torna+guarda+compartilhada+obrigat%C3%B3ria+%C3%A9+aprovada+na+CC>. Acesso em: 7 out.2014.

IBGE. Instituto Brasileiro de Geografia e Estatística. *Estatística do Registro Civil de 2013*. Disponível em: <ftp://ftp.ibge.gov.br/Registro_Civil/2013/rc2013.pdf>. Acesso em: 5 jan. 2015.

_____. Instituto Brasileiro de Geografia e Estatística. *Estatística Registro Civil 2013*. Disponível em: <http://www.ibge.gov.br/home/estatistica/populacao/registrocivil/2013/default.shtm>. Acesso em: 15 dez. 2014.

_____. Sala de imprensa. Notícias. 17/12/2012. *Registro Civil 2011: taxa de divórcios cresce 45,6% em um ano*. Disponível em: <http://saladeimprensa.ibge.gov.br/noticias?view=noticia&id=1&busca=1&idnoticia=2294>. Acesso em: 14 abr. 2013.

IBGE *Guarda dos filhos dobra em 2011, mais ainda representa só 5,4% do total*. Disponível em: <http://noticias.uol.com.br/cotidiano/ultimas-noticias/2012/12/17/ibge-guarda-compartilhada-de-filhos-dobra-em-2011-mas-ainda-representa-so-54-do-total.htm>. Acesso em: 13 abr. 2013.

PROGRAMA "ENCONTRO COM FATIMA BERNARDES, em 20.08.2014. Rede globo, disponível em: <http://gshow.globo.com/programas/encontro-com-fatima-bernardes/O-Programa/noticia/2014/08/apos-ceder-a-guarda-do-filho-ao-pai-mae-justifica-decisao-ele-e-feliz-la.html>. Acesso em: 20 ago. 2014.

REVISTA DO ADVOGADO DA ASSOCIAÇÃO DOS ADVOGADOS DE SÃO PAULO: AASP, nº 87, Ano XXVI, setembro de 2006, p. 139-142.

ESTATUTO DAS FAMÍLIAS. Projeto de Lei nº 2.285/2007, atualmente substituído pelo de nº 470/2013.

PROJETO DE LEI Nº 7.169/2014. Disponível em: <http://www.camara.gov.br/proposicoesWeb/prop_mostrarintegra?codteor=1260500&filename=Tramitacao-PL+7169/2014>. Acesso em: 9 dez. 2014.

STJ. REsp 1560594 – RS. Min. Ministro Paulo de Tarso Sanseverino, 3ª Turma. DJe 1/3/2016.

STJ. REsp nº 1.428.596 – RS. Rel. Min. Nancy Andrighi, 3ª Turma. Publ. em: 25/6/2014.

STJ. REsp nº 1.251.000 – MG (2011/0084897-5). Rel. Min. Nancy Andrighi, 3ª Turma. Publ. em: 31/8/2011.

STJ, REsp nº 1.117.793, RJ. Rel. Min. Nancy Andrighi, 3ª Turma. Publ. em: 28/5/2010.

STJ, REsp nº 2009/0125640-2. Rel. Min. Aldir Passarinho Junior, 4ª Turma. Publ. em: 27/5/2010.

TJMG, Ap. Cível nº 1.0024.09.743025-0/001. Rel. Des. Wander Marotta. Julgto: 18/2/2014.

TJRJ, Ap. Cível nº 0445062-73.2012.8.19.0001, Des. Patricia Serra Vieira. Décima Câmara Cível. Julgto: 9/7/2014.

TJRJ, Ap. Cível nº 0109099-24.2005.8.19.0001. Des. José Geraldo Antonio. Sétima Câmara Cível. Julgto: 2/3/2011.

TJRJ, Agravo de Instrumento nº 0014558-26.2010.8.19.0000. Rel. Des. Camilo Ribeiro Ruliere. Primeira Câmara Cível. Julgto: 26/10/2010.

TJRS, Agravo de Instrumento nº 70028169118.; Rel. Des. André Luiz Planella Villarinho. Sétima Câmara Cível. DOERS 24/3/2009.

ANEXO 01

LEI Nº 13.058, DE 22 DE DEZEMBRO DE 2014

Altera os arts. 1.583, 1.584, 1.585 e 1.634 da Lei no 10.406, de 10 de janeiro de 2002 (Código Civil), para estabelecer o significado da expressão "guarda compartilhada" e dispor sobre sua aplicação.

A **PRESIDENTA DA REPÚBLICA** Faço saber que o Congresso Nacional decreta e eu sanciono a seguinte Lei:

Art. 1º Esta Lei estabelece o significado da expressão "guarda compartilhada" e dispõe sobre sua aplicação, para o que modifica os arts. 1.583, 1.584, 1.585 e 1.634 da Lei no 10.406, de 10 de janeiro de 2002 (Código Civil).

Art. 2º A Lei no 10.406, de 10 de janeiro de 2002 (Código Civil), passa a vigorar com as seguintes alterações:

"Art. 1.583. ....

§ 2º Na guarda compartilhada, o tempo de convívio com os filhos deve ser dividido de forma equilibrada com a mãe e com o pai, sempre tendo em vista as condições fáticas e os interesses dos filhos.

I - (revogado);

II - (revogado);

III - (revogado).

§ 3º Na guarda compartilhada, a cidade considerada base de moradia dos filhos será aquela que melhor atender aos interesses dos filhos.

....

§ 5º A guarda unilateral obriga o pai ou a mãe que não a detenha a supervisionar os interesses dos filhos, e, para possibilitar tal supervisão, qualquer dos genitores sempre será parte legítima para solicitar informações e/ou prestação de contas, objetivas ou subjetivas, em assuntos ou situações que direta ou indiretamente afetem a saúde física e psicológica e a educação de seus filhos." (NR)

"Art. 1.584. ....

§ 2º Quando não houver acordo entre a mãe e o pai quanto à guarda do filho, encontrando-se ambos os genitores aptos a exercer o poder familiar, será aplicada a guarda compartilhada, salvo se um dos genitores declarar ao magistrado que não deseja a guarda do menor.

§ 3º Para estabelecer as atribuições do pai e da mãe e os períodos de convivência sob guarda compartilhada, o juiz, de ofício ou a requerimento do Ministério Público, poderá basear-se em orientação técnico-profissional ou de equipe interdisciplinar, que deverá visar à divisão equilibrada do tempo com o pai e com a mãe.

§ 4º A alteração não autorizada ou o descumprimento imotivado de cláusula de guarda unilateral ou compartilhada poderá implicar a redução de prerrogativas atribuídas ao seu detentor.

§ 5º Se o juiz verificar que o filho não deve permanecer sob a guarda do pai ou da mãe, deferirá a guarda a pessoa que revele compatibilidade com a natureza da medida, considerados, de preferência, o grau de parentesco e as relações de afinidade e afetividade.

§ 6º Qualquer estabelecimento público ou privado é obrigado a prestar informações a qualquer dos genitores sobre os filhos destes, sob pena de multa de R$ 200,00 (duzentos reais) a R$ 500,00 (quinhentos reais) por dia pelo não atendimento da solicitação." (NR)

"Art. 1.585. Em sede de medida cautelar de separação de corpos, em sede de medida cautelar de guarda ou em outra sede de fixação liminar de guarda, a decisão sobre guarda de filhos, mesmo que provisória, será proferida preferencialmente após a oitiva de ambas as partes perante o juiz, salvo se a proteção aos interesses dos filhos exigir a concessão de liminar sem a oitiva da outra parte, aplicando-se as disposições do art. 1.584." (NR)

"Art. 1.634. Compete a ambos os pais, qualquer que seja a sua situação conjugal, o pleno exercício do poder familiar, que consiste em, quanto aos filhos:

I - dirigir-lhes a criação e a educação;

II - exercer a guarda unilateral ou compartilhada nos termos do art. 1.584;

III - conceder-lhes ou negar-lhes consentimento para casarem;

IV - conceder-lhes ou negar-lhes consentimento para viajarem ao exterior;

V - conceder-lhes ou negar-lhes consentimento para mudarem sua residência permanente para outro Município;

VI - nomear-lhes tutor por testamento ou documento autêntico, se o outro dos pais não lhe sobreviver, ou o sobrevivo não puder exercer o poder familiar;

VII - representá-los judicial e extrajudicialmente até os 16 (dezesseis) anos, nos atos da vida civil, e assisti-los, após essa idade, nos atos em que forem partes, suprindo-lhes o consentimento;

VIII - reclamá-los de quem ilegalmente os detenha;

IX - exigir que lhes prestem obediência, respeito e os serviços próprios de sua idade e condição." (NR)

Art. 3º Esta Lei entra em vigor na data de sua publicação.

Brasília, 22 de dezembro de 2014; 193º da Independência e 126º da República.

DILMA ROUSSEFF
José Eduardo Cardozo
Claudinei do Nascimento

ANEXO 02

LEI Nº 13.140, DE 26 DE JUNHO DE 2015

Dispõe sobre a mediação entre particulares como meio de solução de controvérsias e sobre a autocomposição de conflitos no âmbito da administração pública; altera a Lei nº 9.469, de 10 de julho de 1997, e o Decreto nº 70.235, de 6 de março de 1972; e revoga o § 2º do art. 6º da Lei nº 9.469, de 10 de julho de 1997.

A PRESIDENTA DA REPÚBLICA Faço saber que o Congresso Nacional decreta e eu sanciono a seguinte Lei:

Art. 1º Esta Lei dispõe sobre a mediação como meio de solução de controvérsias entre particulares e sobre a autocomposição de conflitos no âmbito da administração pública.

Parágrafo único. Considera-se mediação a atividade técnica exercida por terceiro imparcial sem poder decisório, que, escolhido ou aceito pelas partes, as auxilia e estimula a identificar ou desenvolver soluções consensuais para a controvérsia.

CAPÍTULO I
DA MEDIAÇÃO

Seção I
Disposições Gerais

Art. 2º A mediação será orientada pelos seguintes princípios:

I - imparcialidade do mediador;

II - isonomia entre as partes;

III - oralidade;

IV - informalidade;

V - autonomia da vontade das partes;

VI - busca do consenso;

VII - confidencialidade;

VIII - boa-fé.

§ 1º Na hipótese de existir previsão contratual de cláusula de mediação, as partes deverão comparecer à primeira reunião de mediação.

§ 2º Ninguém será obrigado a permanecer em procedimento de mediação.

Art. 3º Pode ser objeto de mediação o conflito que verse sobre direitos disponíveis ou sobre direitos indisponíveis que admitam transação.

§ 1º A mediação pode versar sobre todo o conflito ou parte dele.

§ 2º O consenso das partes envolvendo direitos indisponíveis, mas transigíveis, deve ser homologado em juízo, exigida a oitiva do Ministério Público.

Seção II
Dos Mediadores

Subseção I
Disposições Comuns

Art. 4º O mediador será designado pelo tribunal ou escolhido pelas partes.

§ 1º O mediador conduzirá o procedimento de comunicação entre as partes, buscando o entendimento e o consenso e facilitando a resolução do conflito.

§ 2º Aos necessitados será assegurada a gratuidade da mediação.

Art. 5º Aplicam-se ao mediador as mesmas hipóteses legais de impedimento e suspeição do juiz.

Parágrafo único. A pessoa designada para atuar como mediador tem o dever de revelar às partes, antes da aceitação da função, qualquer fato ou circunstância que possa suscitar dúvida justificada em relação à sua imparcialidade para mediar o conflito, oportunidade em que poderá ser recusado por qualquer delas.

Art. 6º O mediador fica impedido, pelo prazo de um ano, contado do término da última audiência em que atuou, de assessorar, representar ou patrocinar qualquer das partes.

Art. 7º O mediador não poderá atuar como árbitro nem funcionar como testemunha em processos judiciais ou arbitrais pertinentes a conflito em que tenha atuado como mediador.

Art. 8º O mediador e todos aqueles que o assessoram no procedimento de mediação, quando no exercício de suas funções ou em razão delas, são equiparados a servidor público, para os efeitos da legislação penal.

Subseção II
Dos Mediadores Extrajudiciais

Art. 9º Poderá funcionar como mediador extrajudicial qualquer pessoa capaz que tenha a confiança das partes e seja capacitada para fazer mediação, independentemente de integrar qualquer tipo de conselho, entidade de classe ou associação, ou nele inscrever-se.

Art. 10. As partes poderão ser assistidas por advogados ou defensores públicos.

Parágrafo único. Comparecendo uma das partes acompanhada de advogado ou defensor público, o mediador suspenderá o procedimento, até que todas estejam devidamente assistidas.

Subseção III
Dos Mediadores Judiciais

Art. 11. Poderá atuar como mediador judicial a pessoa capaz, graduada há pelo menos dois anos em curso de ensino superior de instituição reconhecida pelo Ministério da Educação e que tenha obtido capacitação em escola ou instituição de formação de mediadores, reconhecida pela Escola Nacional de Formação e Aperfeiçoamento de Magistrados - ENFAM ou pelos tribunais, observados os requisitos mínimos estabelecidos pelo Conselho Nacional de Justiça em conjunto com o Ministério da Justiça.

Art. 12. Os tribunais criarão e manterão cadastros atualizados dos mediadores habilitados e autorizados a atuar em mediação judicial.

§ 1º A inscrição no cadastro de mediadores judiciais será requerida pelo interessado ao tribunal com jurisdição na área em que pretenda exercer a mediação.

§ 2º Os tribunais regulamentarão o processo de inscrição e desligamento de seus mediadores.

Art. 13. A remuneração devida aos mediadores judiciais será fixada pelos tribunais e custeada pelas partes, observado o disposto no § 2º do art. 4º desta Lei.

Seção III
Do Procedimento de Mediação

Subseção I
Disposições Comuns

Art. 14. No início da primeira reunião de mediação, e sempre que julgar necessário, o mediador deverá alertar as partes acerca das regras de confidencialidade aplicáveis ao procedimento.

Art. 15. A requerimento das partes ou do mediador, e com anuência daquelas, poderão ser admitidos outros mediadores para funcionarem no mesmo procedimento, quando isso for recomendável em razão da natureza e da complexidade do conflito.

Art. 16. Ainda que haja processo arbitral ou judicial em curso, as partes poderão submeter-se à mediação, hipótese em que requererão ao juiz ou árbitro a suspensão do processo por prazo suficiente para a solução consensual do litígio.

§ 1º É irrecorrível a decisão que suspende o processo nos termos requeridos de comum acordo pelas partes.

§ 2º A suspensão do processo não obsta a concessão de medidas de urgência pelo juiz ou pelo árbitro.

Art. 17. Considera-se instituída a mediação na data para a qual for marcada a primeira reunião de mediação.

Parágrafo único. Enquanto transcorrer o procedimento de mediação, ficará suspenso o prazo prescricional.

Art. 18. Iniciada a mediação, as reuniões posteriores com a presença das partes somente poderão ser marcadas com a sua anuência.

Art. 19. No desempenho de sua função, o mediador poderá reunir-se com as partes, em conjunto ou separadamente, bem como solicitar das partes as informações que entender necessárias para facilitar o entendimento entre aquelas.

Art. 20. O procedimento de mediação será encerrado com a lavratura do seu termo final, quando for celebrado acordo ou quando não se justificarem novos esforços para a obtenção de consenso, seja por declaração do mediador nesse sentido ou por manifestação de qualquer das partes.

Parágrafo único. O termo final de mediação, na hipótese de celebração de acordo, constitui título executivo extrajudicial e, quando homologado judicialmente, título executivo judicial.

Subseção II
Da Mediação Extrajudicial

Art. 21. O convite para iniciar o procedimento de mediação extrajudicial poderá ser feito por qualquer meio de comunicação e deverá estipular o escopo proposto para a negociação, a data e o local da primeira reunião.

Parágrafo único. O convite formulado por uma parte à outra considerar-se-á rejeitado se não for respondido em até trinta dias da data de seu recebimento.

Art. 22. A previsão contratual de mediação deverá conter, no mínimo:

I - prazo mínimo e máximo para a realização da primeira reunião de mediação, contado a partir da data de recebimento do convite;

II - local da primeira reunião de mediação;

III - critérios de escolha do mediador ou equipe de mediação;

IV - penalidade em caso de não comparecimento da parte convidada à primeira reunião de mediação.

§ 1º A previsão contratual pode substituir a especificação dos itens acima enumerados pela indicação de regulamento, publicado por instituição idônea prestadora de serviços de mediação, no qual constem critérios claros para a escolha do mediador e realização da primeira reunião de mediação.

§ 2º Não havendo previsão contratual completa, deverão ser observados os seguintes critérios para a realização da primeira reunião de mediação:

I - prazo mínimo de dez dias úteis e prazo máximo de três meses, contados a partir do recebimento do convite;

II - local adequado a uma reunião que possa envolver informações confidenciais;

III - lista de cinco nomes, informações de contato e referências profissionais de mediadores capacitados; a parte convidada poderá escolher, expressamente, qualquer um dos cinco mediadores e, caso a parte convidada não se manifeste, considerar-se-á aceito o primeiro nome da lista;

IV - o não comparecimento da parte convidada à primeira reunião de mediação acarretará a assunção por parte desta de cinquenta por cento das custas e honorários sucumbenciais caso venha a ser vencedora em procedimento arbitral ou judicial posterior, que envolva o escopo da mediação para a qual foi convidada.

§ 3º Nos litígios decorrentes de contratos comerciais ou societários que não contenham cláusula de mediação, o mediador extrajudicial somente cobrará por seus serviços caso as partes decidam assinar o termo inicial de mediação e permanecer, voluntariamente, no procedimento de mediação.

Art. 23. Se, em previsão contratual de cláusula de mediação, as partes se comprometerem a não iniciar procedimento arbitral ou processo judicial durante certo prazo ou até o implemento de determinada condição, o árbitro ou o juiz suspenderá o curso da arbitragem ou da ação pelo prazo previamente acordado ou até o implemento dessa condição.

Parágrafo único. O disposto no *caput* não se aplica às medidas de urgência em que o acesso ao Poder Judiciário seja necessário para evitar o perecimento de direito.

Subseção III
Da Mediação Judicial

Art. 24. Os tribunais criarão centros judiciários de solução consensual de conflitos, responsáveis pela realização de sessões e audiências de conciliação e mediação, pré-processuais e processuais, e pelo desenvolvimento de programas destinados a auxiliar, orientar e estimular a autocomposição.

Parágrafo único. A composição e a organização do centro serão definidas pelo respectivo tribunal, observadas as normas do Conselho Nacional de Justiça.

Art. 25. Na mediação judicial, os mediadores não estarão sujeitos à prévia aceitação das partes, observado o disposto no art. 5º desta Lei.

Art. 26. As partes deverão ser assistidas por advogados ou defensores públicos, ressalvadas as hipóteses previstas nas Leis nos 9.099, de 26 de setembro de 1995, e 10.259, de 12 de julho de 2001.

Parágrafo único. Aos que comprovarem insuficiência de recursos será assegurada assistência pela Defensoria Pública.

Art. 27. Se a petição inicial preencher os requisitos essenciais e não for o caso de improcedência liminar do pedido, o juiz designará audiência de mediação.

Art. 28. O procedimento de mediação judicial deverá ser concluído em até sessenta dias, contados da primeira sessão, salvo quando as partes, de comum acordo, requererem sua prorrogação.

Parágrafo único. Se houver acordo, os autos serão encaminhados ao juiz, que determinará o arquivamento do processo e, desde que requerido pelas partes, homologará o acordo, por sentença, e o termo final da mediação e determinará o arquivamento do processo.

Art. 29. Solucionado o conflito pela mediação antes da citação do réu, não serão devidas custas judiciais finais.

Seção IV
Da Confidencialidade e suas Exceções

Art. 30. Toda e qualquer informação relativa ao procedimento de mediação será confidencial em relação a terceiros, não podendo ser revelada sequer em processo arbitral ou judicial salvo se as partes expressamente decidirem de forma diversa ou quando sua divulgação for exigida por lei ou necessária para cumprimento de acordo obtido pela mediação.

§ 1º O dever de confidencialidade aplica-se ao mediador, às partes, a seus prepostos, advogados, assessores técnicos e a outras pessoas de sua confiança que tenham, direta ou indiretamente, participado do procedimento de mediação, alcançando:

I - declaração, opinião, sugestão, promessa ou proposta formulada por uma parte à outra na busca de entendimento para o conflito;

II - reconhecimento de fato por qualquer das partes no curso do procedimento de mediação;

III - manifestação de aceitação de proposta de acordo apresentada pelo mediador;

IV - documento preparado unicamente para os fins do procedimento de mediação.

§ 2º A prova apresentada em desacordo com o disposto neste artigo não será admitida em processo arbitral ou judicial.

§ 3º Não está abrigada pela regra de confidencialidade a informação relativa à ocorrência de crime de ação pública.

§ 4º A regra da confidencialidade não afasta o dever de as pessoas discriminadas no *caput* prestarem informações à administração tributária após o termo final da mediação, aplicando-se aos seus servidores a obrigação de manterem sigilo das informações compartilhadas nos termos do art. 198 da Lei no 5.172, de 25 de outubro de 1966 - Código Tributário Nacional.

Art. 31. Será confidencial a informação prestada por uma parte em sessão privada, não podendo o mediador revelá-la às demais, exceto se expressamente autorizado.

CAPÍTULO II
DA AUTOCOMPOSIÇÃO DE CONFLITOS EM QUE FOR PARTE PESSOA JURÍDICA DE DIREITO PÚBLICO

Seção I
Disposições Comuns

Art. 32. A União, os Estados, o Distrito Federal e os Municípios poderão criar câmaras de prevenção e resolução administrativa de conflitos, no âmbito dos respectivos órgãos da Advocacia Pública, onde houver, com competência para:

I - dirimir conflitos entre órgãos e entidades da administração pública;

II - avaliar a admissibilidade dos pedidos de resolução de conflitos, por meio de composição, no caso de controvérsia entre particular e pessoa jurídica de direito público;

III - promover, quando couber, a celebração de termo de ajustamento de conduta.

§ 1º O modo de composição e funcionamento das câmaras de que trata o *caput* será estabelecido em regulamento de cada ente federado.

§ 2º A submissão do conflito às câmaras de que trata o *caput* é facultativa e será cabível apenas nos casos previstos no regulamento do respectivo ente federado.

§ 3º Se houver consenso entre as partes, o acordo será reduzido a termo e constituirá título executivo extrajudicial.

§ 4º Não se incluem na competência dos órgãos mencionados no *caput* deste artigo as controvérsias que somente possam ser resolvidas por atos ou concessão de direitos sujeitos a autorização do Poder Legislativo.

§ 5º Compreendem-se na competência das câmaras de que trata o *caput* a prevenção e a resolução de conflitos que envolvam equilíbrio econômico-financeiro de contratos celebrados pela administração com particulares.

Art. 33. Enquanto não forem criadas as câmaras de mediação, os conflitos poderão ser dirimidos nos termos do procedimento de mediação previsto na Subseção I da Seção III do Capítulo I desta Lei.

Parágrafo único. A Advocacia Pública da União, dos Estados, do Distrito Federal e dos Municípios, onde houver, poderá instaurar, de ofício ou mediante provocação, procedimento de mediação coletiva de conflitos relacionados à prestação de serviços públicos.

Art. 34. A instauração de procedimento administrativo para a resolução consensual de conflito no âmbito da administração pública suspende a prescrição.

§ 1º Considera-se instaurado o procedimento quando o órgão ou entidade pública emitir juízo de admissibilidade, retroagindo a suspensão da prescrição à data de formalização do pedido de resolução consensual do conflito.

§ 2º Em se tratando de matéria tributária, a suspensão da prescrição deverá observar o disposto na Lei nº 5.172, de 25 de outubro de 1966 - Código Tributário Nacional.

Seção II
Dos Conflitos Envolvendo a Administração Pública Federal Direta, suas Autarquias e Fundações

Art. 35. As controvérsias jurídicas que envolvam a administração pública federal direta, suas autarquias e fundações poderão ser objeto de transação por adesão, com fundamento em:

I - autorização do Advogado-Geral da União, com base na jurisprudência pacífica do Supremo Tribunal Federal ou de tribunais superiores; ou

II - parecer do Advogado-Geral da União, aprovado pelo Presidente da República.

§ 1º Os requisitos e as condições da transação por adesão serão definidos em resolução administrativa própria.

§ 2º Ao fazer o pedido de adesão, o interessado deverá juntar prova de atendimento aos requisitos e às condições estabelecidos na resolução administrativa.

§ 3º A resolução administrativa terá efeitos gerais e será aplicada aos casos idênticos, tempestivamente habilitados mediante pedido de adesão, ainda que solucione apenas parte da controvérsia.

§ 4º A adesão implicará renúncia do interessado ao direito sobre o qual se fundamenta a ação ou o recurso, eventualmente pendentes, de natureza administrativa ou judicial, no que tange aos pontos compreendidos pelo objeto da resolução administrativa.

§ 5º Se o interessado for parte em processo judicial inaugurado por ação coletiva, a renúncia ao direito sobre o qual se fundamenta a ação deverá ser expressa, mediante petição dirigida ao juiz da causa.

§ 6º A formalização de resolução administrativa destinada à transação por adesão não implica a renúncia tácita à prescrição nem sua interrupção ou suspensão.

Art. 36. No caso de conflitos que envolvam controvérsia jurídica entre órgãos ou entidades de direito público que integram a administração pública federal, a Advocacia-Geral da União deverá realizar composição extrajudicial do conflito, observados os procedimentos previstos em ato do Advogado-Geral da União.

§ 1º Na hipótese do *caput*, se não houver acordo quanto à controvérsia jurídica, caberá ao Advogado-Geral da União dirimi-la, com fundamento na legislação afeta.

§ 2º Nos casos em que a resolução da controvérsia implicar o reconhecimento da existência de créditos da União, de suas autarquias e fundações em face de pessoas jurídicas de direito público federais, a Advocacia-Geral da União poderá solicitar ao Ministério do Planejamento, Orçamento e Gestão a adequação orçamentária para quitação das dívidas reconhecidas como legítimas.

§ 3º A composição extrajudicial do conflito não afasta a apuração de responsabilidade do agente público que deu causa à dívida, sempre que se verificar que sua ação ou omissão constitui, em tese, infração disciplinar.

§ 4º Nas hipóteses em que a matéria objeto do litígio esteja sendo discutida em ação de improbidade administrativa ou sobre ela haja decisão do Tribunal de Contas da União, a conciliação de que trata o *caput* dependerá da anuência expressa do juiz da causa ou do Ministro Relator.

Art. 37. É facultado aos Estados, ao Distrito Federal e aos Municípios, suas autarquias e fundações públicas, bem como às empresas públicas e sociedades de economia mista federais, submeter seus litígios com órgãos ou entidades da administração pública federal à Advocacia-Geral da União, para fins de composição extrajudicial do conflito.

Art. 38. Nos casos em que a controvérsia jurídica seja relativa a tributos administrados pela Secretaria da Receita Federal do Brasil ou a créditos inscritos em dívida ativa da União:

I - não se aplicam as disposições dos incisos II e III do *caput* do art. 32;

II - as empresas públicas, sociedades de economia mista e suas subsidiárias que explorem atividade econômica de produção ou comercialização de bens ou de prestação de serviços em regime de concorrência não poderão exercer a faculdade prevista no art. 37;

III - quando forem partes as pessoas a que alude o *caput* do art. 36:

a) a submissão do conflito à composição extrajudicial pela Advocacia-Geral da União implica renúncia do direito de recorrer ao Conselho Administrativo de Recursos Fiscais;

b) a redução ou o cancelamento do crédito dependerá de manifestação conjunta do Advogado-Geral da União e do Ministro de Estado da Fazenda.

Parágrafo único. O disposto no inciso II e na alínea *a* do inciso III não afasta a competência do Advogado-Geral da União prevista nos incisos X e XI do art. 4º da Lei Complementar nº 73, de 10 de fevereiro de 1993.

Art. 39. A propositura de ação judicial em que figurem concomitantemente nos polos ativo e passivo órgãos ou entidades de direito público que integrem a administração pública federal deverá ser previamente autorizada pelo Advogado-Geral da União.

Art. 40. Os servidores e empregados públicos que participarem do processo de composição extrajudicial do conflito, somente poderão ser responsabilizados civil, administrativa ou criminalmente quando, mediante dolo ou fraude, receberem qualquer vantagem patrimonial indevida, permitirem ou facilitarem sua recepção por terceiro, ou para tal concorrerem.

CAPÍTULO III
DISPOSIÇÕES FINAIS

Art. 41. A Escola Nacional de Mediação e Conciliação, no âmbito do Ministério da Justiça, poderá criar banco de dados sobre boas práticas em mediação, bem como manter relação de mediadores e de instituições de mediação.

Art. 42. Aplica-se esta Lei, no que couber, às outras formas consensuais de resolução de conflitos, tais como mediações comunitárias e escolares, e àquelas levadas a efeito nas serventias extrajudiciais, desde que no âmbito de suas competências.

Parágrafo único. A mediação nas relações de trabalho será regulada por lei própria.

Art. 43. Os órgãos e entidades da administração pública poderão criar câmaras para a resolução de conflitos entre particulares, que versem sobre atividades por eles reguladas ou supervisionadas.

Art. 44. Os arts. 1º e 2º da Lei no 9.469, de 10 de julho de 1997, passam a vigorar com a seguinte redação:

"Art. 1º O Advogado-Geral da União, diretamente ou mediante delegação, e os dirigentes máximos das empresas públicas federais, em conjunto com o dirigente estatutário da área afeta ao assunto, poderão autorizar a realização de acordos ou transações para prevenir ou terminar litígios, inclusive os judiciais.

§ 1º Poderão ser criadas câmaras especializadas, compostas por servidores públicos ou empregados públicos efetivos, com o objetivo de analisar e formular propostas de acordos ou transações.

§ 3º Regulamento disporá sobre a forma de composição das câmaras de que trata o § 1º, que deverão ter como integrante pelo menos um membro efetivo da Advocacia-Geral da União ou, no caso das empresas públicas, um assistente jurídico ou ocupante de função equivalente.

§ 4º Quando o litígio envolver valores superiores aos fixados em regulamento, o acordo ou a transação, sob pena de nulidade, dependerá de prévia e expressa autorização do Advogado-Geral da União e do Ministro de Estado a cuja área de competência estiver afeto o assunto, ou ainda do Presidente da Câmara dos Deputados, do Senado Federal, do Tribunal de Contas da União, de Tribunal ou Conselho, ou do Procurador-Geral da República, no caso de interesse dos órgãos dos Poderes Legislativo e Judiciário ou do Ministério Público da União, excluídas as empresas públicas federais não dependentes, que necessitarão apenas de prévia e expressa autorização dos dirigentes de que trata o *caput*.

§ 5º Na transação ou acordo celebrado diretamente pela parte ou por intermédio de procurador para extinguir ou encerrar processo judicial, inclusive os casos de extensão administrativa de pagamentos postulados em juízo, as partes poderão definir a responsabilidade de cada uma pelo pagamento dos honorários dos respectivos advogados." (NR)

"Art. 2º O Procurador-Geral da União, o Procurador-Geral Federal, o Procurador-Geral do Banco Central do Brasil e os dirigentes das empresas públicas federais mencionadas no *caput* do art. 1º poderão autorizar, diretamente ou mediante delegação, a realização de acordos para prevenir ou terminar, judicial ou extrajudicialmente, litígio que envolver valores inferiores aos fixados em regulamento.

§ 1º No caso das empresas públicas federais, a delegação é restrita a órgão colegiado formalmente constituído, composto por pelo menos um dirigente estatutário.

§ 2º O acordo de que trata o *caput* poderá consistir no pagamento do débito em parcelas mensais e sucessivas, até o limite máximo de sessenta.

§ 3º O valor de cada prestação mensal, por ocasião do pagamento, será acrescido de juros equivalentes à taxa referencial do Sistema Especial de Liquidação e de Custódia - SELIC para títulos federais, acumulada mensalmente, calculados a partir do mês subsequente ao da consolidação até o mês anterior ao do pagamento e de um por cento relativamente ao mês em que o pagamento estiver sendo efetuado.

§ 4º Inadimplida qualquer parcela, após trinta dias, instaurar-se-á o processo de execução ou nele prosseguir-se-á, pelo saldo." (NR)

Art. 45. O Decreto no 70.235, de 6 de março de 1972, passa a vigorar acrescido do seguinte art. 14-A:

"Art. 14-A. No caso de determinação e exigência de créditos tributários da União cujo sujeito passivo seja órgão ou entidade de direito público da administração pública federal, a submissão do litígio à composição extrajudicial pela Advocacia-Geral da União é considerada reclamação, para fins do disposto no inciso III do art. 151 da Lei no 5.172, de 25 de outubro de 1966 - Código Tributário Nacional."

Art. 46. A mediação poderá ser feita pela internet ou por outro meio de comunicação que permita a transação à distância, desde que as partes estejam de acordo.

Parágrafo único. É facultado à parte domiciliada no exterior submeter-se à mediação segundo as regras estabelecidas nesta Lei.

Art. 47. Esta Lei entra em vigor após decorridos cento e oitenta dias de sua publicação oficial.

Art. 48. Revoga-se o § 2º do art. 6º da Lei no 9.469, de 10 de julho de 1997.

Brasília, 26 de junho de 2015; 194º da Independência e 127º da República.

DILMA ROUSSEFF
José Eduardo Cardozo
Joaquim Vieira Ferreira Levy
Nelson Barbosa
Luís Inácio Lucena Adams

Este texto não substitui o publicado no DOU de 29.6.2015.

Impresso em setembro de 2016